中华全国律师协会网络与高新技术法律专业委员会 组织编写

网络与高新技术法律前沿

（第十三卷）

U0653947

主　编　雷　莉　何毅琦

副主编　宫步坦

上海交通大学出版社
SHANGHAI JIAO TONG UNIVERSITY PRESS

内容提要

　　本书汇聚了网络和高新技术领域一群走在法律行业前沿的工作者,从区块链、人工智能、大数据、人脸识别、数据爬虫、量子通信、互联网遗忘权、商业秘密,到数字货币、互联网金融、供应链金融,再到个人信息安全法、网络安全、电子商务、消费者权益保护、网络侵权、著作权保护、区块链技术电子存证、可信时间戳、电子签名、电子证据等具体问题,进行深入探讨。书中不仅对互联网及高新技术空白领域的法律问题进行了探讨,而且还总结分享了很多经验,提出了很好的意见和建议。

　　本书适合高新技术管理与法律从业者参考阅读。

图书在版编目(C I P)数据

　　网络与高新技术法律前沿.第十三卷/雷莉,何毅琦主编.—上海:上海交通大学出版社,2019
　　ISBN 978 - 7 - 313 - 22848 - 2

　　Ⅰ.①网… Ⅱ.①雷…②何… Ⅲ.①计算机网络-科学技术管理法规-中国-文集②高技术-科学技术管理法规-中国-文集 Ⅳ.①D922.174 - 53

　　中国版本图书馆 CIP 数据核字(2020)第 017959 号

网络与高新技术法律前沿(第十三卷)
WANGLUO YU GAOXINJISHU FALÜ QIANYAN(DI-SHISAN JUAN)

主　　编:雷　莉　何毅琦

出版发行:上海交通大学出版社　　　　　地　　址:上海市番禺路 951 号
邮政编码:200030　　　　　　　　　　　电　　话:021 - 64071208
印　　刷:上海天地海设计印刷有限公司　经　　销:全国新华书店
开　　本:710mm×1000mm　1/16　　　印　　张:19.75
字　　数:408 千字
版　　次:2019 年 12 月第 1 版　　　　　印　　次:2019 年 12 月第 1 次印刷
书　　号:ISBN 978 - 7 - 313 - 22848 - 2
定　　价:78.00 元

本书编审委员会

把握数字机遇，应对法律挑战
加强合作，深化交流，为网络
与高新技术的发展献计献策

2019 年 9 月 16 日，中共中央总书记习近平对国家网络安全宣传周作出重要指示强调①，举办网络安全宣传周、提升全民网络安全意识和技能，是国家网络安全工作的重要内容。要坚持促进发展和依法管理相统一，既大力培育人工智能、物联网、下一代通信网络等新技术新应用，又积极利用法律法规和标准规范引导新技术应用。2019 年 5 月 26 日，在 2019 年中国国际大数据产业博览会的开幕式上，习近平向会议致贺信②，他指出，当前以互联网、大数据、人工智能为代表的新一代信息技术蓬勃发展，对各国经济发展、社会进步、人民生活带来重大而深远的影响。各国需要加强合作，深化交流，共同把握好数字化、网络化、智能化发展机遇，处理好大数据发展在法律、安全、政府治理等方面挑战。

2019 年 3 月 24 日，全国律协专业委员会主任联席（扩大）会议在北京召开。全国律协会长王俊峰、全国律协秘书长韩秀桃、司法部律师工作局副巡视员黄文军出席会议并讲话。会议强调，各专业委员会要拥抱新时代，坚持用新思想武装头脑；把握新形势，坚持用新措施激发活力；展现新作为，坚持用高标准推进工作。

本次会议中，全国律师协会确定了网络与高新技术专业委员会（简称"网专委"）的新一届主任会议成员，网专委由车捷任主任，陈际红（兼秘书长）、蔡海宁、马克伟、冯帆、雷莉和何毅琦任副主任。会议结束后，信息网络与高新技术专业委员会（简称"网专委"）立即召开了主任会议，讨论制定 2019 年度的工作计划。

全国律协网络与高新技术法律专业委员会（原名为全国律协信息网络与

---

① 《习近平对国家网络安全宣传周作出重要指示》，来源于中华人民共和国中央人民政府网站，http://www.gov.cn/xinwen/2019-09/16/content_5430185.htm，访问于 2019 年 10 月 1 日。

② 《习近平向 2019 中国国际大数据产业博览会致贺信》，来源于新华网习近平报道专集，http://www.xinhuanet.com/2019-05/26/c_1124542854.htm，访问于 2019 年 10 月 1 日。

高新技术法律专业委员会)自2001年成立至今已超过18年。网专委的成立伴随着信息网络技术的高速发展,始终致力于为相关决策层提供建议,开展律师业务研究、指导、交流与合作,拓展律师在信息网络与高新技术领域业务,提高律师执业水平,充分发挥律师在该领域的作用。

自成立以来,网专委为律师业务标准化、规范化建设作出了积极贡献,包括组织起草多部律师业务操作指引,编撰律师业务指导目录,编撰《中国律师业务报告2015》《信息网络与高新技术法律前沿》丛书以及专题研究报告等。同时,通过在全国各省市举办年会、研讨会、研修班、培训班的方式,扩大网专委的影响力,通过技术与法律相结合、理论与实务相结合、案例与规则相结合的培训特点取得了实效,提升了律师办理电子数据证据业务的能力。

此外,网专委也关注社会热点、参与规范制定、引领新业务领域。2011年以来,网专委先后通过全国律协向相关主管部门提交了包括《对＜中华人民共和国网络安全法＞(草案)的修改意见》在内的十余部立法修改建议。多年以来,网专委主要的工作重点包括:

1. 强化地区均衡发展、组织实地调研工作

最初成立时,网专委的委员和特邀委员是30多人,主要来自沿海地区。经过多年来的努力,网专委的委员、研讨员、特邀委员已有约90人,并实现了东部和中西部委员分布的大体平衡。各省律协网专委主任亦加入了全国律协网专委的队伍,为地区的均衡发展奠定了基础。

同时,网专委还将通过与各省律协合办研讨会、培训班的机会,分别组织委员前往各省进行实地调研和考察活动,调研对象与当地律协商议后,拟选择当地有代表性的高新技术产权园区或大型互联网企业,实地走访企业,了解网络安全与高新技术法律实际情况。

2. 继续健全完善主题小组,丰富论坛活动

在专题论坛建设方面,网专委内部先后设立了如下11个专题论坛,网专委将致力于继续健全完善主题小组,丰富论坛活动:

(1)互联网文化政策与法律服务论坛;

(2)互联网金融法律论坛;

(3)电子商务法律服务论坛;

(4)生技医药产业投融资法律服务论坛;

(5)信息网络安全法务论坛;

(6)高新技术知识产权法务论坛；

(7)互联网＋资本市场法务论坛；

(8)电子证据法务论坛；

(9)法律电商论坛；

(10)网络犯罪法务论坛；

(11)网络仲裁法务论坛。

3. 举办"网络安全"专项研讨班及网专委 2019 年年会

继 2019 年 5 月与贵州省律师协会共同主办 2019 年数博会法律分论坛——"人工智能产业与数据跨境业务的法律监管国际论坛"后,2019 年 11 月 29 日,网专委在湖北武汉举办法律实务研讨班,主题为"网络安全",旨在交流学术和实务中遇到的前沿问题。研讨会结束后,同步在武汉举行网专委 2019 年年会,促进委员与全国各地律师之间的深入沟通与交流。

4. 加强专业书籍的出版及专业文章的宣传工作,积极参与立法调研工作

按照全国律协的要求,专业委员会的职责之一是引领全国律师在该专业方向的业务学习,并提高全国律师在该专业方向的执业水平。网专委委员每年须至少提交一篇论文,我们将评选年度"网络与高新技术法律领域"优秀论文并进行表彰,鼓励律师提高专业能力和研究精神。

在此基础上,网专委完成了《信息网络与高新技术法律前沿》第十三卷的出版工作。《信息网络与高新技术法律前沿》是网专委组织编写的系列丛书,收录了网络与信息技术领域的法律综合问题,内容涵盖互联网金融法务、高新技术产业化与资本市场、网络游戏、软件、集成电路、电子数据证据、信息安全、电子商务法、反不正当竞争和知识产权等领域,对学术研究和司法实务都具有一定借鉴参考价值。网专委每年负责收集、评选、编辑上述领域专业论文,并最终整理后出版,一年一卷,截止 2019 年度,《信息网络与高新技术法律前沿》一书已出版至第十二卷。2020 年出版的第十三卷书名改为《网络与高新技术法律前沿》。

同时,网专委已设立官方微信公众账户,未来将定期更新维护网络与高新技术方向的专业文章,为广大律师同仁和社会公众提供权威的解读与分析意见。

2019 年 3 月 4 日,第十三届全国人大二次会议新闻发言人张业遂对 2019 年的立法工作进行解读时提出,2019 年的立法计划中包含了将制定出口管制

法、数据安全法、生物安全法等的计划，以提高防范和抵御安全风险的能力。

在全国律协的指导下，网专委将进一步加强理论和实践工作，并继续积极地参加国家有关部门组织的立法调研工作，为有关标准、规范及法律的制定献计献策，力争把握数字机遇，应对法律挑战，当然民法典的立法建议也是其中重要工作之一。

车捷

中华全国律师协会网络与高新技术法律专业委员会主任

主编寄语

人类社会进入了互联网时代。互联网改变了交易场所、拓展了交易时间、丰富了交易品类、加快了交易速度、减少了中间环节,它对商业企业、工业企业、金融、企业乃至医疗企业、高等院校政府机构产生了广泛而深刻的影响。科学技术推动了法律制度的推陈出新,具有前瞻性的法律更能促进和规范技术的发展。

进入互联网时代仅仅 20 多年,互联网覆盖人群从企业高校走向田间地头,从社会精英到平常百姓,现在我们时刻离不开互联网的影响。这几年,5G商用、物联网、区块链、云计算等新技术出现令人应接不暇,经济形态正在发生剧变,但整个监管体系以及监管的理念、思路却未必与时俱进。互联网具有极强的虚拟性、互动性、广域性和即时性,大大增加了监管的难度。当前,互联网相关产业的发展,面临着一定的法律风险,遇到了不少法律问题。按照互联网技术的发展态势和更新速度,相关业态、运营模式的变化速度还会更快,由此带来的法律问题只会越来越多,有的问题我们难以预料,甚至可能都无法想象与此同时相关技术也形成了法律的真空地带,这片真空地带必是挑战与机遇并存的"新大陆"。

对我国来说,互联网产业虽然起步比发达国家晚,但发展速度却并不比任何一个国家慢,甚至大有后来居上之势。我国的法治本来就不够完善,在这种状态下,很多互联网相关的产业以及经济行为都正在或者曾经经历过"野蛮生长"的时期,灰色地带和灰色交易事实上是存在的。

网络和高新技术领域汇聚着一群走在法律行业前沿、法律专业精湛的同时还是跨领域的技术狂人,他们热爱新鲜事物,又满怀维护法律和社会秩序的担当。不仅解决互联网及高新技术空白领域的法律问题,还热衷于总结经验分享见解。

中华全国律师协会网络与高新技术法律专业委员会就是这样一个为法律人施展才华和担当的平台。从区块链、人工智能、大数据、人脸识别、数据爬虫、量子通信、互联网遗忘权,到互联网公司合规化、数字货币、互联网金融、供应链金融,再到个人信息安全法、网络安全、电子商务、消费者权益保护、网络侵权、著作权保护、区块链技术电子存证、可信时间戳、电子签名、电子证据等具体问题的深入探讨,由此形成的研究成果收录在《网络与高新技术法律前沿》各卷之中。

专委会成立以来,已有十二卷出版。2020年出版的第十三卷正值专委会换届与更名,也反映了专委会成员一年来在网络与高新技术法律实务领域的最新成果。在此对专委会同行的刻苦创作表示衷心的感谢。

最后,致敬我们所处的这个时代!

雷莉　　何毅琦

中华全国律师协会

网络与高新技术法律专业委员会副主任

2019 年 9 月 11 日

目 录

网络平台和电子商务

网络安全和数据保护

互联网金融

反垄断、反不正当竞争和知识产权

电子证据

网络与高新技术相关的其他法律问题

网络平台和电子商务

刍议彩票销售网络平台的入罪问题及治理对策

宫步坦　钟佳佳　湖北金卫律师事务所

2005 年我国互联网销售彩票兴起,也滋生了一系列违法问题,近年来各地公安机关以涉嫌非法经营罪对众多互联网彩票从业者刑事立案侦查,但仅有部分案件获法院判决支持。[①] 立足罪刑法定原则,彩票销售网站违法行为的入罪条件,值得我们认真研究。本文从犯罪防控角度出发,梳理网络平台销售彩票的发展历程及现状,分析网络平台销售彩票的入罪问题及犯罪原因,并提出治理对策。

一、网络时代彩票销售的发展历程及现状

(一)限制发展时期

2005 年 5 月 11 日"两高"《关于办理赌博刑事案件具体应用法律若干问题的解释》(以下简称《司法解释》)第 6 条规定:"未经国家批准擅自发行、销售彩票,构成犯罪的,依照刑法第二百二十五条第(四)项的规定,以非法经营罪定罪处罚。"2009 年 5 月 4 日国务院发布《彩票管理条例》(以下简称《条例》),其中第 3 条规定:"未经国务院特许,禁止发行其他彩票。禁止在中华人民共和国境内发行、销售境外彩票。"

2010 年 9 月 26 日财政部发布《互联网销售彩票管理暂行办法》(以下简称《暂行办法》),首次将受委托或合作在互联网上销售彩票确定为一种合法销售彩票的方式。2012 年 1 月 18 日财政部、民政部、体育总局联合发布《彩票管理实施细则》(以下简称《旧细则》),将《条例》内容进一步细化,明确规定了"非法彩票"的内涵。

(二)全面禁止时期

2015 年 4 月 3 日,财政部、民政部、国家体育总局等八个部委联合发布公告(以下简称:八部委《公告》),明确规定:"彩票发行机构申请开展互联网销售彩票,属于变更彩票发行方式……未经财政部批准,任何单位不得开展互联网销售彩票业务。"[②]2018 年,针对擅自利用互联网销售彩票的行为不断出

---

① 宫步坦、刘斯凡:《互联网销售彩票数亿元被追诉　律师辩护获无罪》,《律师世界》2015 年第 2 期。

② 刘琼:《财政部等八部门发布公告　禁违规互联网售彩票》,http://www.xinhuanet.com//politics/2015-04/03/c_1114869280.htm。

台更为严厉的政策,如财政部、工信部、公安部等 12 个部委联合下达公告(财政部 2018 年第 105 号公告),并称"截至目前,财政部没有批准任何彩票机构开通利用互联网销售彩票业务"。

即使在全面禁止时期,伴随着不少彩票销售网络平台关停或被查处,又不断涌现出新的彩票销售网络平台。

二、网络彩票销售平台涉嫌非法经营罪的入罪分析

要发挥彩票事业对我国经济发展的正向激励作用,需要根据上文列举的法律法规,结合《刑法》第二百二十五条的相关规定,厘清网络平台销售彩票行为在何种情况下构成非法经营罪。

(一)擅自发行、销售彩票行为的入罪分析

根据《条例》和《旧细则》的规定,可能构成非法经营罪的擅自发行、销售彩票行为只有两类:一是未经国务院特许,擅自发行、销售福利彩票、体育彩票之外的其他彩票;二是在中华人民共和国境内发行、销售境外彩票。在互联网上发行、销售上述两类彩票的行为,无疑应当按照非法经营罪论处。[①]

(二)未经财政部批准,在互联网上擅自销售福利彩票、体育彩票品种或彩票游戏的入罪分析

本文所称未经批准擅自销售福利彩票、体育彩票品种或彩票游戏,是指未经国务院财政部门批准擅自销售福利彩票、体育彩票品种或彩票游戏的行为。具体指以下两种情况:

(1)彩票发行机构未经国务院财政部门批准擅自发行、在互联网上销售福利彩票、体育彩票品种和彩票游戏。彩票发行机构擅自发行彩票是指在其具有合法的发行权的基础上增加了福利彩票、体育彩票的品种或者彩票游戏,该行为的法益侵害程度明显小于擅自发行福利彩票、体育彩票之外的彩票乃至境外彩票的行为,互联网经营平台只是负责销售彩票,因而不构成犯罪。

(2)彩票发行机构以外的其他主体擅自发行,在互联网上销售福利彩票、体育彩票品种和彩票游戏。彩票发行机构以外的其他主体包括彩票销售网络平台,不可能获得财政部批准,因而不可能具备发行彩票的资质,其自行增加品种和彩票游戏的行为实际上是一种变相发行彩票的行为,应当视为未经国务院特许,擅自发行、销售彩票的情形,涉嫌非法经营罪。

---

① 宫步坦、刘斯凡:《未经委托在网上销售彩票不宜定罪》,《检察日报》,2013-08-28。

三、网络彩票销售平台的犯罪原因分析

（一）网络售彩的收益巨大

网络销售彩票可以让平台获得比实体店销售更为丰厚的利益。网络平台可以突破空间的限制，相应的彩票销售金额会呈几何倍数的增长。网络售彩的巨大销量会给销售平台带来巨大利益，令其不惜触犯刑法。

以"吃票"现象为例，彩票销售网站声称销售福利彩票、体育彩票并接受彩民在线投注，对中奖号码也完全按照福利彩票、体育彩票的返奖规则予以返奖，但为了牟取更多非法收益，网站并未将彩民投注的全部金额用于购买福利彩票、体育彩票[①]，而只将彩民的部分投注资金用来购买福利彩票、体育彩票，若彩民中了小奖，由于"吃票"网站的利润丰厚，为持续经营的需要，网站会返还奖金；一旦彩民中了巨奖，网络平台会迅速关闭以逃避兑奖，再开通新的网络平台重新销售彩票，继续"吃票"。

（二）欠缺满足市场需求的合法网络售彩平台

彩票作为一种游戏，能够满足彩票参与者生理上和心理上的需要。与一般游戏相比彩票还有着极强的投机性，这与人们总是希望以最少的成本获得最大收益的美好愿望相契合。以福利彩票消费者的购买动机为研究对象，可以发现消费者的动机是多样的，但以物质性为主，以慈善、献爱心和消遣娱乐等精神性为辅共同构成福利彩票购买的综合性动机所占比例最大，多数彩民具有继续购买的意愿，在收入增加的情况下也愿意提高购彩金额，主要原因还是出于希望中奖[②]。网络平台购买彩票的诸多优点使彩民具有较强的通过网络购买彩票的意愿，但国内目前尚无合法的网络平台可以在线购买彩票，只能是"私设"的网络售彩平台填补广大彩民的"刚需"。

（三）行政监管与执法的决心不足

彩票行业有发行销售机构，也有监管机构，但监管机构力量过于薄弱，无法对彩票市场进行全方位监管[③]。另一方面，彩票销售存在地方保护主义现象，省级彩票管理中心为扩大彩票销售金额，往往同意或默许与网络销售彩票平台实现数据对接，一旦出事则矢口否认。假如真的出现全国性的官方网络销售彩票平台，省级彩票管理中心负责的彩票销售金额将会大大降低，省级自留部分也会大大减少。

---

① 宫步坦、刘斯凡：《再论互联网销售福利彩票、体育彩票不宜定罪》，https://mp.weixin.qq.com/s/fgRH5ZsSIXYtvzg_TFE6aA。

② 王素娟、赵静、夏恩君：《我国福利彩票消费者构成特征和消费心理研究》，《河北企业》2008年第3期，第41页。

③ 王薛红、冯百鸣、陈磊：《保障彩票回归公益　亟需制定彩票法》，《法制日报》，2018-11-20。

四、彩票销售网络平台犯罪的治理对策

(一) 立法层面

现行刑法普遍存在的空白罪状的表述方式使得行为人的行为是否构成犯罪往往并不取决于刑法,而取决于行政法规,但行政法规常常滞后于刑法。2005 年《司法解释》采取的罪状描述"未经国家批准擅自发行、销售彩票",其本意是指"擅自发行、销售未经国家批准的彩票",即以发行、销售彩票的种类来确定入罪标准,但其本应作为定语、严格限定入罪彩票种类的"未经国家批准"现多被错误解释为销售彩票行为的状语,从文义上大大扩张了被当作非法经营罪打击的彩票销售行为的范围。

在立法层面,笔者建议尽快明确《司法解释》的罪状为"擅自发行未经国家批准的福利彩票、体育彩票之外的其他彩票",以准确界定罪与非罪的界限,实现更加精准地打击彩票销售网络平台的犯罪行为,避免错误追诉。

(二) 行政监管层面

笔者建议国家相关部门尽快顺应彩票销售的信息化大趋势,允许各省存在一定数量的互联网销售平台,由省级主管部门对符合要求的网络平台颁发经营牌照,在网络平台获得该牌照后,主管部门加强对其动态监管;或者借鉴火车票互联网销售平台 12306 的经验,建立全国统一的彩票销售平台,上线移动端应用程序,培养彩民选择合法的彩票销售网站购买彩票的健康消费习惯。

(三) 行业协会

在允许和规范网络销售彩票合法供给端的同时,还应强化行业协会的作用,促使彩票销售更好地适应市场环境,实现行业自律。引导行业协会对互联网销售彩票出台行业准则,建立综合考评机制,将考核指标细化,定期考评合法的彩票销售网络平台,不定期抽查销售情况,形成系统的反馈机制。

论网约车平台公司在交通事故中的责任承担
——从网约车司机与乘客致第三人人身损害赔偿案说起

邹　毅　北京大成(南京)律师事务所

一、问题的提出

2018年某日,网约车驾驶员胡某驾驶轿车,载乘客王某在某公交站台附近停车。王某开右后门下车过程中,撞上骑电动自行车的顾某,造成顾某连人带车倒地受伤,后顾某经抢救无效死亡。之后,交警部门认定:胡某驾驶机动车在禁停路段未紧靠道路右侧停车以及乘客王某在开关车门时妨碍其他车辆通行是造成事故的原因;认定胡某和王某分别承担事故的同等责任,顾某不承担事故责任。

顾某的亲属遂将胡某、王某、某汽车租赁公司、网约车平台公司、某财保公司、人保公司诉至人民法院,请求法院判令诸被告赔偿损失。法院查明,该轿车为被告某汽车租赁公司所有,事故发生时,被告胡某驾驶轿车与被告某汽车租赁公司系挂靠关系。

法院认为,原告的损失应先后由被告某财险公司、人保公司在交强险责任限额内以及在商业第三者责任险范围内承担赔偿责任。超出保险范围的,法院根据过错程度,依法认定由被告胡某承担70%的赔偿责任,由被告王某承担30%的赔偿责任。网约车平台公司与胡某承担连带赔偿责任。[①]

依《中华人民共和国电子商务法》(以下简称《电子商务法》)第九条[②]的规定,网约车平台的法律地位是电子商务经营者。同时,本案是一起道路交通事故引起的人身损害赔偿案件,其性质是侵权行为所产生的民事责任承担。

那么,依照《中华人民共和国侵权责任法》(以下简称《侵权责任法》)、《电子商务法》等法律法规的现行规定,网约车平台公司对于网约车司机与乘客致第三人的人身损害赔偿,是否应当承担责任?

---

① 南京市秦淮区人民法院(2018)苏0104民初9349号案件。

② 《中华人民共和国电子商务法》第九条第一款规定,本法所称电子商务经营者,是指通过互联网等信息网络从事销售商品或者提供服务的经营活动的自然人、法人和非法人组织,包括电子商务平台经营者、平台内经营者以及通过自建网站、其他网络服务销售商品或者提供服务的电子商务经营者。

二、道路交通事故侵权责任剖析

对侵权行为的认定、归责与责任承担等一系列问题，适用我国《侵权责任法》的规定。而多数人可能忽略地是，我国的民事侵权制度，在 2009 年 12 月《侵权责任法》颁布以前，相关的侵权理论与实务的核心是"侵权行为法"，侵权行为是损害赔偿之债的发生原因。《侵权责任法》从其法条结构与侵权的归责原则、从一般侵权责任到特殊侵权责任，乃至侵权责任的分担方式，已经清晰地表明：《侵权责任法》虽然包含了对于侵权行为予以损害赔偿的内容，但其实质或主要内容是一部"限制责任法"，即从责任的承担主体、范围、方式来限制侵权责任的承担。认清我国《侵权责任法》的理论实质，对于把握侵权行为的民事责任承担具有现实的、法律适用上的指导意义。

对于道路交通事故引起的侵权案件如何承担民事责任，我国《侵权责任法》特别规定了一章"机动车交通事故责任"，其中第四十八条规定，机动车发生交通事故造成损害的，依照道路交通安全法的有关规定承担赔偿责任。

与《侵权责任法》衔接的《道路交通安全法》规定，超过机动车第三者责任强制保险责任限额的部分，按照下列方式承担赔偿责任：机动车与非机动车驾驶人、行人之间发生交通事故的，由机动车一方承担责任；但是，有证据证明非机动车驾驶人、行人违反道路交通安全法律、法规，机动车驾驶人已经采取必要处置措施的，减轻机动车一方的责任。

那么，网约车平台公司是否属于机动车一方？

经检索，现行的法规或行政规章没有对"机动车一方"予以定义。综合《侵权责任法》《道路交通安全法》等现行有效的规定，在实践中认定为机动车一方的六种情形①中，不包括网约车平台。

由此可见，在与《道路交通安全法》配套的法规、规章没有将网约车平台认定为机动车一方的现实情况下，要求网约车平台对网约车司机造成的道路交通事故承担共同侵权责任，突破了现行法律的规定，实际上是扩大了交通事故中侵权主体的范围。这与《侵权责任法》限制责任的立法核心是相悖的。

三、《电子商务法》对于电子商务经营者的责任规定

就国内现有的网约车平台类型而言，无论是滴滴模式，还是"嘀嗒出行"模式，依我国《电子商务法》的规定，网约车平台公司的法律地位均可被确定为电子商务平台经营者，即在电子商务中为交易双方或者多方提供网络经营场所、交易撮合、信息发布等服务，供交易双方或者多方独立开展交易活动的

---

① 指：机动车所有人；租赁、借用机动车发生交通事故的使用人；转让机动车所有权未办理转移登记发生交通事故的受让人；转让拼装或者已达到报废标准的机动车发生交通事故的转让人与受让人；使用盗抢机动车发生交通事故的盗抢者；分期付款购买机动车发生交通事故的买受人。

法人或者非法人组织。

由此可见,网约车平台公司提供的服务并非是出租车服务或者客运服务。本案中,引起交通事故致第三人伤亡的原因是网约车司机胡某与乘客王某之间独立交易的客运合同的履约行为。这如何能成为网约车平台承担侵权责任的事由呢?

此外,《电子商务法》第三十八条第一款规定①的、电子商务平台对消费者应承担的责任。其承担对象是消费者,是特定的。而本案中的事故受害人是路人,不是消费者。

最后,《电子商务法》法律责任一章中又规定,电子商务经营者销售商品或者提供服务,不履行合同义务或者履行合同义务不符合约定,或者造成他人损害的,依法承担民事责任。然而,此处的"依法承担民事责任"的原则性规定,又将承担民事责任的具体条件、认定标准与责任承担方式指向了《侵权责任法》和《道路交通安全法》。

四、结论

网约车服务,以互联网技术为驱动,因其能快速、便捷、安全地满足公众的出行要求,虽然其颠覆了传统的巡游出租车的运营方式与行政监管体制,但仍获得了公众认可与政府的扶持。不可否认的是,这种互联网+的新型商业模式,也发生了一些社会热点案件,引发了一些新的法律问题,特别是网约车服务的安全性、合法合规性、网约车平台对于乘客的安全义务与责任等等方面,需要人们去思考、去解决。

由于道路交通事故赔偿案件在我国民事案件中数量巨大,因此,以道路交通事故中的人身损害赔偿案件为样本,来研究与界定网约车平台的责任限制,更具代表性与现实意义。

无论如何,对于裁判者而言,依法裁判是一项最基本也是最根本的要求。在本案这一道路交通事故引发的人身损害赔偿案件中,将网约车平台公司视为机动车一方,对网约车司机(与乘客共同)造成的第三人的人身伤害,要求网约车平台公司承担连带的赔偿责任,既不符合《电子商务法》《道路交通安全法》对交通事故侵权主体范围与责任边界的规定,更是突破了《侵权责任法》的立法精神与理论。

美国联邦最高法院霍姆斯大法官有一句至理名言:"法律的生命不在于逻辑,而在于经验。"虽然这句名言是基于普通法,且其本意是反对机械死板的司法形式,而不是强调经验大于逻辑,但对于本案的裁判而言,在没有经验

---

① 《电子商务法》第三十八条第一款:电子商务平台经营者依法知道或者应当知道平台内经营者销售的商品或者提供的服务不符合保障人身、财产安全的要求,或者有其他侵害消费者合法权益行为,未采取必要措施的,依法与该平台内经营者承担连带责任。

的情况下,似乎更应当强调逻辑。盲目扩大道路交通事故的责任主体范围,不仅没有法律依据,更有违我国《侵权责任法》限制责任的立法目的。而不正确的裁判结果,貌似对道路交通事故中,处于弱势地位的行人给予了保护,但更可能会形成一个坏的经验,从而破坏网约车这一新兴电子商务商业模式与行业的生态与市场规则。

论人工智能产品侵权的民事责任

朱玲青　贵州法治时代律师事务所主任
王军武　贵州法治时代律师事务所管委会主任
屈　扬　贵州师范大学民商法硕士研究生

人工智能已经击败了世界级的棋手,医疗护理机器人已经被用于医学界,自动驾驶汽车的技术也逐渐成熟……我们有理由预见,在未来社会上的诸多领域将会出现各式各样的人工智能产品,那么将必定会出现造成他人损害的事件,有损害就有救济,因此,智能机器人的民事责任将成为一个不可回避的法律问题,需要立法机关和相关科研机构认真对待并且做出回应。

一、人工智能产品与我国现有的侵权责任制度

未来的人工智能产品不再限于现有的类似扫地机器人的产品,而可能依托算法、程序代码、传感技术等创造出一个能够独立自主学习、升级更新的"大脑",其可以从外部世界汲取知识并且应用于自身,实现自我调整以适应环境的变化。

人工智能产品都具有以下几个特征:①拥有持续自主学习的能力;②拥有可以从数据交换或分析中学习的能力;③具有外在可见的物理性体;④随环境而调整行为的能力。① 为了阅读的方便,防止人工智能产品中的产品与产品责任中的产品相混淆,下文用智能机器人代替这一类别的具有高自主性与学习能力的人工智能产品。

在现有的侵权责任、产品责任的框架下,机器总是人的产物,无论其多么先进,终究是人类所使用的工具,在具体的个案中追究法律责任的时候,还是由当事人作为承担责任的主体。例如在发生交通事故造成人身财产损害的时候,汽车作为人所操控的机器,在现有的民事责任认定体系中(不考虑刑事责任),要么是以产品质量缺陷问题追究生产者的产品责任;要么是以过错为由追究使用者的侵权责任。这表明,在传统的机器所导致的侵权中,由于机器没有法律人格,不是承担责任的主体,根据替代原则,责任都由使用者或生产者承担。但是未来将出现完全自主学习、自主行为的机器,现存的法律规则能否满足新型责任的认定需求,是否会打破现有的责任框架,是值得研

---

① 司晓、曹建峰:《论人工智能的民事责任:以自动驾驶汽车和智能机器人为切入点》,《法律科学》2017年第5期。

究的。

二、人工智能产品侵权与现存责任框架的冲突

（一）产品责任适用于智能机器人所存在的问题

产品责任在侵权责任法中是指产品生产者、销售者因生产、销售缺陷产品导致他人遭受人身损害或财产损失而应承担的特殊侵权责任。致人损害的产品必须是存在缺陷的，它包括制造缺陷、设计缺陷、警示缺陷、跟踪观察缺陷等。[①] 相关规定多载于我国的《侵权责任法》《产品质量法》《消费者权益保护法》等法律中。产品责任属于严格责任，即无过错责任，只要产品存在缺陷，可以向生产者或销售者追究责任，但是两者之间是不真正连带责任，最终承担责任的都是生产者。但是生产者有三项法定的免责事由：一是未将产品投入流通的；二是产品投入流通时，引起损害的缺陷尚不存在的；三是将产品投入流通时的科学技术水平尚不能发现缺陷的存在的。在未来如果要对智能机器人所造成的侵权适用产品责任的认定原则，向相关的制造商主张损害赔偿的时候，那么难免会遇到以下问题：①智能机器人是否拥有民事主体资格。适用产品责任，首先应确定的是智能机器人属于产品。现如今理论界对高度自主的智能机器是否拥有民事主体的资格还尚未盖棺定论，在法律尚未赋予该类智能产品法律地位之前，其在法律上被认定为物是没有争议的，因此适用产品责任也并无不妥。②损害事实与缺陷之间的因果关系是否明确。人工智能技术的发展会使得智能机器人能够超出设计者所制定的算法，自行改善规则，升级性能，这就使得能够"思考"的智能机器人的出现成为可能，其甚至拥有除了情感以外的全部人脑的功能，给产品责任认定所带来的直接后果就是：损害事实的发生无法正确地归因于是智能机器人的产品缺陷还是"后天的学习"所带来的新问题。

（二）侵权责任适用于智能机器人所存在的问题

我国的《侵权责任法》第六条规定："行为人因过错侵害他人民事权益，应当承担侵权责任。"[②]一般认为，侵权行为就是一种民事过错，侵权责任系由违反法律事先规定的义务而引起的，而不是违反合同，因此一般侵权责任的认定要以过错为前提。但是在认定智能机器人的一般侵权行为时，难免会遇到以下问题：①责任主体问题。与适用产品侵权的认定类似，在一般侵权的层面，依托高科技的智能机器人具备高度的分析处理学习能力，智能机器人的行为是否可以认定为其自身独立实施的行为？能否作为承担责任的主体？针对这些对传统法理学理念产生巨大冲击、又介于法律与伦理的重合处的可预见的问题，我国的理论界尚未得出一致的观点。②过错认定问题。传统理

---

① 杨立新：《中华人民共和国侵权责任法》，知识产权出版社 2010 年版。

② 《中华人民共和国侵权责任法》第六条。

论认为,过错的认定要以行为人主观上存在过错,即对明知或应知的违反。但是智能机器人高度"智能化",其也是基于独立的"思考"而做出的行为,询问机器人是否尽到合理注意义务是不切实际的,若直接将认定过错的主观判断标准强行适用于智能机器人上,难免显得牵强。

三、关于完善我国人工智能产品的侵权责任制度的思考

针对未来出现的智能机器人,在分析了产品责任和一般侵权责任的认定所存在的问题之后,不难发现,我国现存的法律制度还不能很好地处理新型的人工智能产品侵权法律问题,法律理论和法律制度面临着巨大的挑战。对此,提出几点完善建议:

(一) 制定新的归责原则

过错责任和无过错责任的归责原则都不能很好地解决智能机器人侵权问题,因此制定一种专属于智能机器人的新型归责原则是有必要的,该归责原则可以介于过错原则与无过错原则之间,根据操作者与机器之间不同的控制程度,智能机器人自身的学习深度,不同类别的智能机器人而制定具有弹性的认定标准。

(二) 设置强制责任保险制度、设立赔偿基金

欧盟立法建议中提及设置强制责任保险、赔偿基金制度,[1]我国可以参照其规定,要求智能机器人的生产者和使用者强制购买保险,如前所述,关于产品责任和侵权责任的证明都较为困难,当发生智能机器人侵权的时候,将会大大地提升受害者获得赔偿的难度,因此强制要求生产者和使用者购买保险可以确保在损害发生时得到及时的救济以保障受害人的权益。赔偿基金则作为一个辅助手段,在损害发生时给予补偿,经费来源可以是社会捐赠、财政拨款等等。

(三) 适用类似"黑匣子"技术

"黑匣子"是从马航 MH370 事件进入我们的眼中的,[2]其实"黑匣子"就是一种飞行数据记录仪,是一种将飞机飞行的情况储存下来的仪器,当"不幸"发生的时候,可以通过一些设备将其数据展示出来以还原当时的真实情况。在人工智能时代,当然可以借鉴类似科技来降低对智能机器人行为辨别的难度,内部信息可以更准确地认定行为的发生原因,识别出错的具体原因,从而更好地进行责任分配。

四、结语

科学发展必然会给法律带来各种各样的问题,针对智能机器人所造成的

---

① 张童:《人工智能产品致人损害民事责任研究》,《社会科学》2018 年第 4 期。
② 李坤海、徐来:《人工智能对侵权责任构成要件的挑战及应对》,《重庆社会科学》2019 年第 2 期。

侵权问题,我国现有的法律尚存在一定的局限性。文中用现有的责任理论框架对智能机器人侵权责任认定的相关问题所做的尝试,旨在抛砖引玉,望更多的学者将焦点聚集于此,研究相关法律问题,改善法律制度,以保障人工智能技术的进步,社会的和谐发展。

电商平台交易规则的合规审查与完善

洪友红　浙江金奥律师事务所

电商平台交易规则是近年来兴起的新事物,其现状如何,是否还存在一系列问题？接下来笔者将通过对电商交易平台规则的现状、相关研究进展进行归纳研究,有针对性地提出问题。

一、电商平台交易规则的现状概述

目前而言,电商平台交易规则缺乏统一的定义,研究之始有必要对其概念进行界定。万物皆有法,因此电商平台交易规则的渊源,是笔者对电商平台交易规则的下一步研究。电商平台交易规则的制定现状是否还存在一些问题,这些问题可曾有较好的解决方案,笔者接下来一一阐述。

(一)电子商务平台交易规则的概念

电子商务平台交易规则简称电商平台交易规则,目前尚无较为权威、统一的定义。相关的概念有《网络零售第三方平台交易规则制定程序规定(试行)》中出现的"交易规则",但是这个概念界定的范围较窄,内容以及表述不够具体[①]。鉴于《中华人民共和国电子商务法》已经于 2019 年 1 月 1 日生效,并且是直接调整电子商务法律关系的法律,笔者主张从中归纳电商平台交易规则的概念。笔者通读《电子商务法》全文,发现第三十二条首次出现"交易规则"字样,同样涉及的还有第三十三条至第三十六条、第四十六条和第八十一条。笔者在归纳以上条文并系统理解《电子商务法》的基础上,由此对电商平台交易规则初步定义为:电子商务平台经营者制定的,调整平台内经营者与平台内买家之间关于交易准入、交易营销、交易成立和结算等交易关系的规则。

(二)电子商务平台交易规则的主要渊源

电子商务平台交易规则的渊源较多,笔者根据渊源层面,分别以法律层面和规章层面进行阐述。

1. 电子商务平台交易规则法律层面的主要渊源

电商平台交易规则法律层面的渊源主要有:《中华人民共和国电子商务

---

①　杨立新:《网络交易规章研究》,《甘肃社会科学》2016 年第 4 期。

法》《中华人民共和国消费者权益保护法》和《中华人民共和国网络安全法》。

《中华人民共和国电子商务法》简称《电子商务法》，全文共七章，八十九条；但未将电商平台交易规则的相关规定独立成章，相关内容散见于其中几个主要条文。最主要的条文即是第三十二条，明文规定电子商务平台经营者享有制定交易规则的"权力"，以明确进入和退出平台、商品和服务质量保障等方面的权利和义务。相对重要的条文还有第三十三条、三十六条，分别规定电子商务平台经营者应在其首页显著位置公示和对平台内经营者违反法律、法规的行为实施警示、暂停或者终止服务等措施的"权力"。其余还涉及电商平台交易规则的修改、生效时效和法律责任等方面。

《中华人民共和国消费者权益保护法》简称《消费者保护法》。《消费者保护法》没有直接规定电子商务平台经营者制定平台交易规则的内容，但是该法涉及的众多交易规则是平台交易规则必须吸收和借鉴的。比如，《消费者保护法》第二十五条规定经营者采用网络等方式销售商品(定作、鲜活等商品除外)，消费者有权自收到商品之日起七日内退货且无须说明理由，即为"七天无理由退货"交易规则的来源。此外还有网络经营者披露经营和交易信息、合法收集和使用消费者个人信息；消费者请求网络经营者赔偿等规定。

纵观我国现有的法律、法规，暂且没有较为统一的形式直接规定和调整电商平台交易规则，除却提及的《电子商务法》和《消费者保护法》，相关的内容还散布在《网络安全法》《侵权责任法》和《食品安全法》等法律，但是关联性相较之前述及的两部法律的较弱。

2. 电子商务平台交易规则规章层面的主要渊源

经笔者研究，电商平台交易规则规章层面的主要渊源有二，分别是工商行政管理总局颁布的《网络交易管理办法》和商务部颁布的《网络零售第三方平台交易规则制定程序规定(试行)》。

《网络交易管理办法》自2014年3月15日起施行，该法第二十五条规定，第三方交易平台经营者应当建立平台内交易规则，要求在其网站显示并从技术上保证用户能够便利、完整地阅览和保存。并且，《网络交易管理办法》还规定了第三方交易平台经营者建立消费纠纷和解和消费维权自律制度、开展自营业务应进行区分和标记以及交易信用评价等内容。在《网络交易管理办法》之前工商行政管理总局曾颁布《网络商品交易及有关服务行为管理暂行办法》，并于2010年7月1日起施行。今年6月5日，工商行政管理总局公布《网络交易监督管理办法》的征求意见稿，通过后《网络交易管理办法》将被废止。

《网络零售第三方平台交易规则制定程序规定(试行)》由商务部于2014年12月24日公布，自2015年4月1日起施行，主要规定网络零售第三方平台经营者制定、修改、实施交易规则的内容。虽然，从字面上看该规章所称的网络零售第三方平台交易规则，与本文论述的电商平台交易规则不吻合，但此为时代发展下称呼变更的情形,从内涵上看两者还是基本统一的。

对电商平台交易规章涉及的主要渊源进行归纳,发现其呈现出吸收与补充并存的局面。一方面规章层面的渊源更迭较快,一些规定被法律所吸收。这一点可以从工商行政管理总局历次颁布关于网络交易的规章,并结合《电子商务法》和《网络交易管理办法》,在对待电商平台经营者的平台交易规则制定权均持肯定态度中看出。另一方面,规章补充或者细化了法律尚未明确的内容,比如《网络零售第三方平台交易规则制定程序规定(试行)》细化了电商平台交易规章的制定程序。

(三)电商平台交易规则的监管现状

自 2003 年起,我国交易平台开始建设,此后 5 年时间内电商平台交易规则的制定处于自由生长状态,缺乏系统的体系,再以后历经探索期、进化期,目前电商平台交易规则正处于变革期①。根据功能,我们大致可以将目前的电商平台分为以淘宝、京东为代表的购物平台,以美团为代表的生活服务平台、以滴滴为代表的交通出行平台、以携程为代表的旅游服务平台和以网易考拉为代表的跨境电商平台五种②。

从电商平台交易规则的监管情况来看,电商平台交易规则缺乏有效的审查机制,主要体现在缺乏法定审查机构、审查标准和流程等。虽然《电子商务法》第八十一条规定市场监督管理部门有权对电商平台经营者未在首页显著持续公示交易规则等信息,以及修改交易规则未在首页显著位置公开征求意见等行为,作出责令限期整改或者罚款的处罚。但是,此规定针对电商平台经营者的具体违法行为而言,例如应该公示交易规则而不为,而非针对交易规则内容的合法性审查。同样的,《电子商务法》第八十二条至第八十四条,也未赋予市场监督管理部门或者知识产权行政部门等机关审查电商平台交易规则的权利。

二、电商平台交易规则的研究进展

电商平台发展已有多年,学界对平台规则相关的学术研究也一直进行,研究的重点主要围绕在几个方面。一是围绕电商平台的性质展开。学术界历来有卖方说、合伙说、委托代理说、居间合同说、技术服务合同说、柜台出租人说和新型法律关系说等等学说③。二是围绕电商平台是否享有规则制定权展开。有的学者认为电商平台作为"裁判"不能同时参与"比赛",因而不应享有规则制定权,主张将制定权交予行业协会④。最新通过的《电商法》已经认

---

① 杨立新:《网络交易规章研究》,《甘肃社会科学》2016 年第 4 期。

② 薛军:《〈电子商务法〉为平台经营者建章立制》,《国际商报》2019 年 1 月 28 日,第 008 版。

③ 李德健:《论第三方交易平台经营者的法律地位》,《山东大学法律评论》2012 年第 00 期。

④ 洪海:《关于网络交易平台规则制定权的思考》,《中国工商管理研究》2013 年第 4 期。

可了电商平台的规则制定权。三是围绕电子商务中的民事责任问题展开。有学者研究了电商平台经营者自营业务的责任①、电商交易中电子支付服务损害赔偿责任②和电商民事责任的立法基础③。四是围绕界定电商主体展开。有的学者单独研究了电商平台经营者的界定方式④;也有比较综合性的研究,除了常见的电商主体外,还研究了物流、电子支付和信用评价三种主体⑤。五是围绕具体的电商平台交易规则的运行展开。在此又主要是从交易规则的适用⑥、交易规则的法理基础⑦和对交易规则的监管⑧等要点进行研究。

以上研究极大地推进了电商平台交易规则的学术进展,为实务提供了巨大的指导价值,但是综合来看,目前的研究还未能满足现实的需要。这有两个方面的原因。第一个原因是《电子商务法》生效不久带来的影响。《电子商务法》生效施行之后,电商平台有义务制定平台交易规则,维护平台交易稳定。但是电商平台应如何制定交易规则,怎样的交易规则才能切实维护平台交易稳定,平台交易规则如何适用? 等等,一系列实践的问题尚无直接的解决方式。第二个原因是,社会的发展迅速,现有的研究已经不能很好地适应当今需要。例如有学者曾对交易规则的适用进行研究,认为交易规则作为民法习惯法,在符合一定要件后可经法官识别和确认而适用,但是目前存在的低价引流、软暴力威胁、屏蔽中差评和虚构交易信息等网络交易乱象⑨,不能简单地通过法官识别和确认后适用。

三、电商平台交易规则面临的问题

电商平台交易规则作为新兴的事物,需要我们不断地完善,对以上研究所得的现状更进一步分析后,归纳了相对重要的问题。虽然大部分电商平台制定了体系化的交易规则,但是缺乏相应完备的审查机制。如何完善? 本文将针对这个问题,是以论之,谓为电商平台交易规则的审查与适用。

(一)电商平台交易规则的法律属性

电商平台交易规则如何适用,与其法律属性息息相关。电商平台交易规

---

① 杨立新:《电子商务平台经营者自营业务的民事责任》,《求是学刊》2019 年第 1 期。

② 杨立新:《电子商务交易中电子支付服务损害赔偿责任及其规则》,《中州学刊》2019 年第 2 期。

③ 杨立新:《电子商务民事责任之立法基础与基本规则》,《甘肃社会科学》2019 年第 1 期。

④ 王泽钧:《电子商务平台经营者的界定——结合〈电子商务法〉第九条的分析》,《人民法治》2018 年第 20 期。

⑤ 杨立新:《电子商务法规定的电子商务交易法律关系主体及类型》,《山东大学学报》2019 年第 2 期。

⑥ 杨立新:《网络交易规则研究》,《甘肃社会科学》2016 年第 4 期。

⑦ 吐火加等:《电子商务市场交易规则的法理分析》,《财经理论与实践(双月刊)》2015 年 3 月。

⑧ 薛红:《论电子商务第三方交易平台——权力、责任和问责三重奏》,《上海师范大学学报(哲学社会科学版)》2014 年第 9 期。

⑨ 韩丹东、晏亦茜:《网络交易乱象呼唤严监管》,《法治日报》2019 年 6 月 5 日,第 4 版。

则如果具有习惯法的性质,则为法律渊源的一种而可以直接适用;当然是否如此应该进一步研究确定。电商平台交易规则的地位,直接影响具体适用,在与法律冲突时何去何从。

1. 电商平台交易规则的性质

我国的法律渊源主要有法律、行政法规、部门规章等,电商交易平台规则是否作为我国法律渊源,与适用问题直接关系。

有的学者在电商平台交易规则适用问题研究中提出,电商平台交易规则是习惯法,理由有五点。①不论何人在电商平台上交易均须遵守交易规则,符合法的确信的主观要件。②电商平台交易规则可以反复适用。③电商交易平台规则填补了立法空白。④电商平台交易规则符合公共秩序和利益。⑤电商平台交易规则得到国家认可①。

对此,笔者不认同。笔者认为电商交易平台不符合以上要件(仅赞同第三、五个要件),不拥有习惯法这一法律渊源属性。就第一要件来说,电商平台交易规则得到电商平台用户的遵守不符合法的确信要件。法的确信比用户遵守规则的认可程度更深、更广,除非电商平台交易规则调整范围和程度与法相当,否则不能当然地断言,否则客流量巨大的商场所制定的商场规则是否也具有法的确信? 显然不是。此外,电商平台规则的刚性与稳定性不强,修改的程序和要求也远比法更低,不应与法相提并论。并且,也正是这种特性,电商平台规则容易在某个时刻违反社会公益(法尚有良法与恶法),或者因情势而变更甚至中止规则,反复适用和符合社会公益便无从谈起。

笔者认为,电商平台交易规则不具有法律渊源的属性,其是合同的一部分。

合同作为双方行为,需要双方意思表示一致,电商平台交易规则非常符合这一点。无论是电商平台内经营者还是用户或者消费者等,其入驻或者注册时都需要阅读并同意各种协议,其中不少内容就是电商平台规则的一部分。不仅如此,《电子商务法》规定电商平台必须在首页显著位置持续公开平台服务协议和交易规则,同时平台交易规则的修改必须公开征求意见,此为对电商平台用户意思的尊重,而非仅仅体现电商平台经营者的意思。

2. 电商平台交易规则的地位

既然电商平台交易规则具有合同属性,那么在整个交易过程中的地位如何? 笔者认为电商平台交易规则是一个"合同池",并非单一的合同,而是由多个甚至不可数的合同组成的合同集合体。

首先,从电商平台交易规则制定与生效上看,并非所有的交易规则都经过电商平台经营者与平台用户的签订,与普通的合同一案一签有所区别。一般而言合同具有相对性,不能突破合同主体与约定的事项,但是电商平台根

---

① 韩丹东、晏亦茜:《网络交易乱象呼唤严监管》,《法治日报》2019 年 6 月 5 日第 4 版。

据法定程序制定的合法交易规则,经公示程序后便生效。同时平台用户在注册时便概括性地同意平台规则,当平台规则依法生效后,便受到平台规则意思的约束。简单来说,合同双方先在一定范围内概括性地达成了合意,在此范围内的约定作为合意的一部分,当约定符合一定条件后便产生约束力,不必再行磋商过程。

其次,电商平台交易规则中存在沉默性规则,在需要时才发生作用或产生约束力,类似于国家对国际条约的认可与加入。具体而言,有这么一种情况:用户在平台注册时可能既不是消费者,也不是平台经营者,那么相关的规则就不能直接约束用户;若其后用户成为消费者,这些规则便对用户产生了效力。在电商平台部分交易规则不能直接约束用户的时候,这些规则并非无效的,只是将约束力"沉默"了。

最后,除了电商平台经营者以外,其他电商交易法律关系的主体对电商平台规则的具体内容无法全面掌握,只能有大概的印象,比如:一般人知道七天无理由退货,但具体如何却不清楚。而一般的合同,除非是遗忘了,否则应该知道合同的基本内容。我们可以形象地理解,"合同池"里有许多合同存在,我们大概知道里面有哪些合同,至于具体的内容我们没有掌握,当我们需要时,再从"合同池"里捞取我们需要的部分。

(二) 电商平台交易规则审查的完善

前文分析并提出电商平台交易规则的审查标准、机构和程序,是为具体审查处理先决问题。对于电商平台交易规则究竟应如何审查,平台经营者和审查机关应该注意哪些问题,笔者将分内容审查和程序审查进行阐述。

1. 对电商平台交易规则的内容审查

我们说恶法非法,是说法律内容不符合公平、正义等要求的法律不能称之为真正的法律,应该否认其效力,这是对法律内容的判别。法律尚且如此,何况电商平台交易规则。电商平台交易规则首先应该符合法律规定,其次必须是合理的。

1)对电商平台交易规则的合法性审查

对电商平台交易规则的合法性审查,主要是依据是否违反法律、法规强制性规定的标准进行,兼顾民法基本原则。民法的基本原则作为民法的基础,为何不作为电商平台交易规则合法性审查的主要标准,主要是考虑到审查中实操性较高的要求,民法基本原则过于抽象,不利于审查效率和标准的控制。

电商平台交易规则的合法性审查,根据现有法律、法规的规定,应该主要从以下几个方面进行。

第一个方面,电商平台交易规则所准许的交易是否符合法律规定。目前而言,大部分的商品和服务除了违禁品、违法服务以外都能通过网络进行交易,但是金融类产品和服务,利用信息网络提供新闻信息、音视频节目、出版以及文化产品等内容方面的服务不能作为网络交易对象①。在此方面中,须审查电商平台交易规则是否对交易对象作出限制,所允许的交易对象是否包含不得网络交易的部分。现有的一般平台交易规则的制定,多以准用相关法律规定的方式处理。以《阿里巴巴中国站规则》为例,其在第三十九条中规定,违禁信息发布是指用户发布国家法律法规或者阿里巴巴中国站禁止或限制发布/销售的产品信息行为,并对该违规行为进行删除产品信息直至账户关闭的处理。第二个方面,电商平台交易规则对平台用户是否作出了不合理的限制。主要体现在交易准入与退出、排除或限制竞争和限制搜索结果等。其中,限制搜索结果需要说明,是指电子商务平台或者电子商务经营者根据消费者的搜索习惯、爱好等特征,有针对性地提供某个范围内的搜索结果。这种根据以往交易数据给出的有限搜索结果,影响了消费者购买其他物品的意向,实质上是对消费者的限制。第三个方面,电商平台交易规则是否保障了消费者权益。关于电子商务中消费者保护的规定多见于《电子商务法》和《消费者保护法》之中,电商平台交易规则应保障消费者的知情权②和选择权、押金、个人隐私、七天无理由退换货等权利,并不得对消费者实施商品搭售、非法收集个人信息和限制责任承担(包括不得违法免除自身责任,并对免除和限制责任的内容提请消费者注意)等行为。第四个方面,电商平台交易规则应该保护知识产权。在知识产权中有两个原则尤为重要,分别是"避风港原则"和"红旗原则",并且法律、法规亦明确要求电商平台交易规则应符合这两个要求③。第五个方面,电商平台交易规则应符合环保要求。电商平台经营者、快递物流服务提供者,在销售、包装和运输商品时,应采用符合环境保护、资源节约的方式进行,须达到资源集约、绿色包装和绿色运输与配送的要求。若电商平台交易规则尚未对此作出具体化规定,或者作出的规定不能满足环保要求的,必须进行修改。

2)对电商平台交易规则的合理性审查

审查一般分为合法性审查与合理性审查,合理性审查的要求高于合法性审查,以通常理解合理性审查是在经过合法性审查之后进行的。但是笔者提倡对电商平台交易规则合法性审查与合理性一同进行,如此可以提高审查的效率,满足社会飞速发展的需要。这里说的一同进行,不代表没有先后,对具体交易规则仍应先进行合法性审查,只是说在同一个审查程序中进行。

合理性审查的难度在于没有准确的审查标准,一般是民法基本原则和一般的道德要求,对此笔者以几个民法基本原则为例,供各方家参考。就平等原则而言,电商平台经营者比普通平台用户拥有更多的资源,并且通过平台

---

① 《电子商务法》第二条第三款之规定。

② 包括要求电商平台经营者对电商平台交易规则进行解释的权利,详见《网络零售第三方平台交易规则制定程序规定(试行)》第十一条。

③ 详见《电子商务法》第四十二条。

的制定和管理处于一个优势地位,但不能利用这种优势地位破坏与平台用户之间的平等地位。具体而言,电商平台经营者不得在平台交易规则中对平台用户作出不合理的限制或者歧视(近年来复杂、多变的优惠规则有价格歧视的嫌疑),不得利用优势地位剥夺平台用户的权利,例如不得约定由平台作出争议终局处理等等。此外,电商平台交易规则必须符合诚实信用原则,表现为:不随意变动平台交易规则的内容;不承诺平台交易规则的最终解释权归平台经营者所有;不得在平台交易规则中使用语言陷阱、歧义词汇或者使一般人难以理解的语句(专业词汇必须作出解释)等等。民法的基本原则不止以上内容,合理性审查亦非仅仅依据民法基本原则,而多在于审查者的心证,笔者不再一一展开。

（三）对电商平台交易规则的程序审查

程序正义与实体正义都是实质正义的要求,程序正义又同时有自己独特的价值,制定电商平台交易规则的程序是否符合要求必须进行审查。依照《电子商务法》《网络交易管理办法》和《网络零售第三方平台交易规则制定程序规定(试行)》,电商平台经营者应当遵循公开、公平、公正原则,并按照以下程序制定平台交易规则。

第一步,电商平台经营者应当在网站主页醒目位置公开征求意见,并采取合理措施确保公众知晓并能及时表达意见,征求意见的时间不得少于7日[①]。审查机构应该着重审查电商平台交易规则公开的位置是否醒目,电商平台经营者是否保障公众表达意见的权利,公开征求意见的是否符合要求。第二步,电商平台经营者应在交易规则实施前7日,于网站醒目位置予以公开。此时的公开与第一步有所区别。第一步公示并征求意见后可能会经历修改或再次修改,之后要么再次公开征求意见要么决定实施,其结果导向是不唯一的。因此,即使公众反馈的意见不够科学甚至没有反馈意见,电商平台经营者亦不能在7日公示后直接适用,必须以施行版本的名义至少公示7日后方能使用。第三步,电商平台经营者应在平台交易规则实施7日内自行登录备案系统,对交易规则、征求的公众意见以及相应答复处理情况进行备案。

为了便于审查机构对平台交易规则进行审查,电商平台经营者登陆备案系统进行备案时应提供相应证明材料,笔者根据规则制定程序归纳以下必要材料,以表1形式供参考。

---

① 详见《网络零售第三方平台交易规则制定程序规定(试行)》第七条、《电子商务法》第三十四条。

表 1

	必要材料	补充材料
征求程序	平台交易规则征求稿;在显著位置公示的截图等;公众意见反馈途径的截图等;履行妥善通知、告知公众义务的证明材料;处理公众意见的形成材料	平台交易规则的制定计划及相关说明;对公众意见处理的说明
公示程序	平台交易规则通过稿;在显著位置公示的截图等	制定的相关合理过渡措施
备案程序	平台交易规则持续公示的截图等	提请消费者注意的提示

四、结语

　　电商平台交易规则虽然已经形成了较为完备的体系,并且法律、法规也对此从多方面进行了规定,但因法律的滞后性而无法对交易规则进行有效规制,现实中又缺乏科学的监督机制,对交易规则进行审查已经迫在眉睫。

　　电商平台交易规则作为合同,必须遵循合同法的要求,不得违反法律、法规的强制性规定,同时应该符合民法基本原则。笔者主张通过省级商务主管部门行使审查权力,对报请备案的电商平台交易规则进行实质审查,并根据情况启动主动、被动审查程序。具体而言,对电商平台交易规则的审查应包括内容审查和程序审查。从内容上看,电商平台交易规则必须合法、合理,不仅要满足法律关于消费者保护、知识产权保护和环境保护等要求,还要符合民法基本原理和一般的社会认知。从程序上看,电商平台经营者在制定、修改平台规则时,需要严格按照法律规定的程序进行,必须经公示、公众征求意见和备案等一系列程序,否则即使内容无瑕疵也将因程序不合法而承担责任。

智能投顾
——以业务模式为视角谈市场准入监管

雷　莉　刘思柯　北京大成(成都)律师事务所

　　智能投资顾问(Robo-Advisor),简称智能投顾,作为互联网金融领域的代表产物,在个人资产管理配置领域具有巨大潜力。根据美国证券交易委员会(U.S.SECURITIES AND EXCHANGE COMMISSION,下称 SEC)的定义,智能投顾是一种通过计算机算法以及有限的人际交流提供在线投资咨询服务的注册投资顾问[1]。简言之,即运用大数据和云计算等技术实现个性化的资产配置建议和管理。得益于低成本和便利性的优势,以及金融科技在财富管理领域的迅速推广,智能投顾有望成为普惠金融的重要依托。据艾媒咨询(iiMedia Research)发布的《2017 年中国智能投顾市场专题研究报告》显示[2],2017 年底,中国互联网理财用户规模已达 3.84 亿人。而招商银行旗下的摩羯智投作为目前智能投顾领域的领军平台,上线一年申购规模即已突破百亿[3]。

　　智能投顾的出现,改善了传统模式下投资顾问和资产管理的诸多缺陷:第一,降低投资门槛,扩大覆盖范围,将客户群体从机构投资者或高净值个人延伸至一般性客户群体[4];第二,计算机算法较人工咨询更为客观、科学、精确,成本更低,且能够根据市场变化实现实时调仓;第三,智能投顾能更好地遵循信义义务,能有效避免恶意交易或利益冲突。但与此同时,法律监管空缺、智能化程度低、信息披露制度不完善、收费标准混乱等因素,也成为阻碍智能投顾在中国市场发展壮大的重要阻碍。为此,理清智能投顾的业务模式,据此制定合理的市场准入标准,是智能投顾法律制度构建必须跨越的第一道难关。

---

① SEC Staff Issues Guidance Update and Investor Bulletin on Robo-Advisers,Washington D.C.,Feb. 23,2017,https://www.sec.gov/news/pressrelease/2017-52.html.

② 艾媒咨询,https://www.iimedia.cn/c400/54723.html,访问日期:2019 年 7 月 9 日。

③ 摩羯智投,http://www.mjzt.com/About.html,访问日期:2019 年 7 月 9 日。

④ 以招商银行为例,其私人银行顾问服务的资金门槛为 1 000 万元,而招行旗下的摩羯智投最低资金限额仅为 2 万元。

一、智能投顾的业务模式

我国目前尚无官方文件对智能投顾进行界定,但《关于加强对利用"荐股软件"从事证券投资咨询业务监管的暂行规定》将与其性质相似的"荐股软件"界定为证券投资咨询业务。而《证券法》第171条、《证券、期货投资咨询管理暂行办法》第24条等条文均规定,投资咨询机构及其从业人员不得代理委托人从事证券投资。受制于上述规定,目前市场上主流的智能投顾软件只能根据客户的资产状况和风险偏好等信息提供资产配置建议,在操作上仍然依赖于人工调仓,呈现低智能、伪职能特征。此外,有个别智能投顾平台试图打擦边球,即通过与海外证券公司合作,将客户资金交由后者在域外进行自动化理财,例如投米RA。但此种办法可能违反《证券公司监督管理条例》第九十五条,涉嫌非法开展证券业务;且海外证券业务的监管、维权相对困难,资金风险较高。[①]

与此相反,在智能投顾行业最为发达的美国,智能投顾当然包含资产配置和管理功能。SEC和金融业监管局(FINRA)联合发布的《投资者警告:自动化投资工具》[②]中明确表示:智能投顾具有自动选择和管理投资组合的功能(select and manage investment portfolios)。FINRA在其2016年3月发布的《数字化投资顾问报告》中则对智能投顾的功能和业务进行了更清晰的界定,认为智能投顾应当具有包括资产配置、投资组合选择、执行交易在内的7项功能[③]。

在国内,智能投顾的业务模式体现出一种逐步开放的趋势。中国证券业协会曾在2015年3月发布的《账户管理业务规则(征求意见稿)》第二条提出证券投资咨询机构可以代理客户进行投资交易,但最终该规则未能正式落地。2018年4月27日,《关于规范金融机构资产管理业务的指导意见》(下称《资管新规》)第二十三条将运用人工智能开展的投资业务分为投资顾问和资产管理两类,并在本条第二款对智能资管业务的报备、风控、披露进行了原则性规定,首次承认了利用人工智能进行资产管理配置业务的合法性。

尽管《资管新规》对此持开放态度,但在《证券法》第171条仍然有效的情况下,开展智能资管业务仍然具有相当的法律风险。有学者认为,禁止全权托管账户有其历史原因,一是防止受托人背弃信义义务损害委托人利益,二是为了防止委托双方串通操纵证券市场[④]。但此种因噎废食的做法也极大遏止了证券市场的发展。由完全禁止逐步过渡为事前审查、事中监管和事后追

---

① 郭雳、赵继尧:《智能投顾发展的法律挑战及其应对》,载《证券市场导报》2018年第6期。

② SEC:Investor Alert:Automated Investment Tools,May 8,2015. https://www.sec.gov/oiea/investor-alerts-bulletins/autolistingtoolshtm.html。访问日期:2019年7月14日。

③ 李文莉、杨玥捷:《智能投顾的法律风险及监管建议》,载《法学》2017年第8期。

④ 吴弘主编:《证券法教程(第二版)》,北京大学出版社2017年版,第324页。

责的监管体系,完善企业风控制度和有关部门监管责任,是推动证券市场技术革命的必然之举。

二、智能投顾的市场准入监管

(一)牌照发放

我国目前对投资顾问、资产管理乃至基金代销业务发放不同牌照[1],主管部门对牌照发放管理较为严苛。以投资顾问牌照为例,据统计,2004年我国共有108家企业获得证券投资咨询资质,但从2016年至2019年5月却一直维持在84家[2],实质上处于停发状态。与此同时,主管部门对基金、股票、债券、保险等不同类型的金融产品实施分业监管,导致新兴的金融科技企业只有选择与牌照齐全的传统金融机构合作才可能"将鸡蛋放到不同篮子里"。

牌照紧缺和分业监管的困境不利于充分发挥金融机构集合资产管理的信息和经验优势,而对个人投资者开放全权委托可说是金融业发展的必然趋势。[3] 为此,笔者认为可从以下方面考虑逐步开放智能投顾的准入监管:第一,当前投资顾问与资产管理资质对于资金、业绩、人员的要求较高,但规范制定之初主要是针对大型传统金融机构。因此可考虑对新兴的金融科技企业降低准入标准,实行牌照的"双证合一",但同时可以对智能投顾平台的募集资金数额进行限制,以控制风险[4]。第二,鉴于全权委托一旦开放,不同金融产品间的界限必将因长尾客户资金的大量涌入而模糊化,因此可根据智能投顾推介或投资的主要金融产品确定其需要取得的牌照,而对于其他次要金融产品,则赋予该平台在一定限额内运作的权利[5]。第三,鼓励传统金融机构和科技企业加强合作[6],通过先试点、后普及的方法,由大型国有金融机构牵头,联合金融科技企业,开展智能投顾在信托、基金、资管计划等领域的先行

---

[1]　例如,《资管新规》第二十三条规定:"运用人工智能技术开展投资顾问业务应当取得投资顾问资质,非金融机构不得借助智能投资顾问超范围经营或者变相开展资产管理业务。"

[2]　2016年之前的数据参见:李文莉、杨玥捷:《智能投顾的法律风险及监管建议》,载《法学》2017年8期。2019年数据参见《证券投资咨询机构名录(2019年5月)》,中国证券监督管理委员会网站,http://www.csrc.gov.cn/pub/zjhpublic/G00306205/201510/t20151028_285725.htm,访问日期:2019年7月15日。

[3]　2016年之前的数据参见:李文莉、杨玥捷:《智能投顾的法律风险及监管建议》,载《法学》2017年第8期。2019年数据参见《证券投资咨询机构名录(2019年5月)》,中国证券监督管理委员会网站,http://www.csrc.gov.cn/pub/zjhpublic/G00306205/201510/t20151028_285725.htm,访问日期:2019年7月15日。

[4]　美国智能投顾公司统一在SEC申请注册登记和领取牌照,且该牌照涵盖智能投顾涉及的所有服务内容。参见:《HCR:中国智能投顾市场发展趋势研究报告》,下载网址:http://www.199it.com/archives/564193.html。

[5]　王波、金鑫:《中国智能投顾的发展困境及其法律突破》,《海南金融》2019年第3期。

[6]　传统金融公司参与也是美国智能投顾行业发展的特征,如2015年贝莱德收购futureadvisor,2016年高盛收购HonestDolla。

试点,再逐步扩大到个人投资者①。如此一来,既可以解决新兴科技企业获取牌照难的现实困境,又可以利用传统金融企业的资金和经验优势为智能投顾做背书。

(二)算法模型

智能投顾市场准入所涉及的第二个问题是算法模型。目前市场上的智能投顾产品大多采用"黑盒"策略,即以商业机密为由不公布系统调仓的运算逻辑,导致投资双方信息严重不对称。市场上很多企业以智能投顾之名,行基金推介之实,大有"蹭热度"之嫌,严重损害投资者利益和市场稳定。而即使对于合格的智能投顾程序,其算法模型也会因核心假设片面、运算逻辑混乱、客户信息不足等因素而存在同质化、编程设计错误等固有缺陷,极容易引发投资市场羊群效应。

因此,完善智能投顾的市场准入标准不仅限于有关投资机构及其从业人员,主管部门还应针对算法模型制定一套数字化准入标准。对算法模型可实行报审登记制度,即在智能投顾程序投入运营前,由证监会或证券业协会按照一定标准和流程对算法的系统安全、交易模式、调仓效率、规避利冲、输出结果与投资预期的一致性等方面进行测评,并对已投入市场的智能投顾程序实行持续性监管。在算法准入的具体标准层面,SEC 和 FINRA 已经制定了较为成熟的规定,我国根据国情加以参考,在此不赘述。

三、结语

解决市场准入问题仅仅是智能投顾法律制度构建的第一步,其发展道路上还面临着诸多法律问题。平台商信义义务的标准与追责、实现软件持续性监管、客户隐私与数据保护、信息披露的标准与范围、如何加强投资者教育、是否引入专业责任强制保险制度,都是智能投顾行业必须扫清的法律障碍。但作为互联网金融行业的代表产物,智能投顾法律体系的构建具有非凡的现实意义,也有利于打造良性金融科技生态圈,故而需要众多法律人集思广益,各倾陆海云尔。

---

① 郭雳:《智能投顾开展的制度去障与法律助推》,《政法论坛》2019 年第 3 期。

电商平台服务协议的合规性研究
——《电子商务法》视角下

詹朝霞　康泳涛　广州金鹏律师事务所

在网络购物和网络交易中,往往有多方主体共同参与,形成复杂的法律关系集合,在这个法律关系集合中,平台服务协议作为链接平台经营者与用户及各个服务商之间的纽带,具有重要意义。因此,2018 年 8 月 31 日正式颁布的《电子商务法》对此问题予以了高度关注,并在第三十二条至三十五条对平台服务协议进行了相关规定。

一、平台服务协议概述

(一)平台服务协议的概念

所谓平台服务协议,是指在网络服务或交易中由电子商务平台经营者事先拟定并公布、确立其与平台内经营者或用户或其他服务商之间的权利义务关系的合同(具体可表现为:用户服务协议、交易或物流配送规则、隐私政策等),根据电子商务交易特性,平台服务协议被事先格式化并被大批量重复地使用,属典型的格式合同(条款),需受到我国合同法中关于格式条款的约束。同时,因平台服务协议依托网络信息技术,以电子方式呈现,形式上属于电子合同。

(二)平台服务协议的特征

1. 服务协议订立的便捷性

平台服务协议属格式条款范畴,所谓格式条款,指一方为了重复使用而预先拟定,并在订立合同时未与对方协商的条款。这意味着,平台内经营者与用户只需在平台服务协议上点击"同意",就达成了与平台经营者之间的合约,省去了中间交流磋商的环节。

2. 服务协议具有持续性

平台内经营者、用户与平台经营者之间订立的服务协议,一般都是重复使用的,服务协议确立了平台为平台内经营者和用户提供持续性交易撮合服务的权利义务关系。

3. 缔约对象不明确

传统的合同一般需根据《合同法》或《民法》的有关规定,对缔约对象、缔约对象的缔约能力加以明确,而由于网络具有虚拟性、流动性、隐蔽性等特征,平台服务协议难以明确缔约对象。

4. 条款更新频繁

平台经营者频繁更新服务协议,主要有以下两方面原因:一方面,平台协议所依据的相关技术、市场、法律法规或政策等在其存续期间发生了变化,客观上要求平台经营者有必要及时对服务协议进行更新;另一方面,电子商务经营者及用户也希望平台经营者能不断优化服务内容及形式,以便获得更好的服务。

二、《电子商务法》实施后对平台服务协议的影响

《电子商务法》实施后,对平台服务协议有何影响呢?以下笔者逐一进行分析。

(一)保障平台内经营者和消费者的知情权

《电子商务法》第三十三条规定:"电子商务平台经营者应当在其首页显著位置持续公示平台服务协议和交易规则信息或者上述信息的链接标识,并保证经营者和消费者能够便利、完整地阅览和下载。"这说明平台服务协议在制定之后,必须以合理的方式让平台内经营者和消费者充分知悉、了解,这不仅可以约束和规范平台经营者在制定服务协议时单方面的决定权,更重要的是保障了平台内经营者和消费者的知情权和选择权。

(二)明确平台经营者的单方变更权

《电子商务法》第三十四条第一款规定:"电子商务平台经营者修改平台服务协议和交易规则,应当在其首页显著位置公开征求意见,采取合理措施确保有关各方能够及时充分表达意见。修改内容应当至少在实施前七日予以公示。"

从上述条款可以发现,《电子商务法》以法律的形式赋予了平台经营者单方变更服务协议条款的权利。可以说,这突破了"当事人协商一致,可以变更合同"的合同法法理,但是这种突破也是基于电子商务的现实考虑:实务中,随着网络技术的持续发展与革新,平台经营者需要通过不断修改平台服务协议来提高服务效率、改善服务质量,最终达到保持其自身市场竞争力的目的;同时,平台内经营者及消费者也希望平台经营者能通过不断优化平台服务协议,从而带来更好的服务体验。可以说这个突破契合交易多方的需求。

(三)对平台经营者单方修改服务协议的行为进行限制

平台经营者在网络交易中处于优势地位,处于相对弱势地位的平台内经营者和消费者对平台单方面修改服务协议的行为往往无力抵抗。为此,《电子商务法》第三十四条第一款设置了意见征集和先期公示制度,限制平台经营者单方修改服务协议的行为。

但是,这种限制只是一种程序性限制,极有可能导致意见征集和先期公示制度在实务操作中流于表面,无法对平台经营者产生实质性的约束。原因在于平台经营者履行征集意见和公示义务之后,《电子商务法》并未进一步规定平台后续义务,如平台经营者是否需采纳各方提出的合理意见,是否应当进行回应等。

(四)明确平台内经营者的单方解除权

《电子商务法》第三十四条第二款规定:"平台内经营者不接受修改内容,要求退出平台的,电子商务平台经营者不得阻止,并按照修改前的服务协议和交易规则承担相关责任。"

根据该款,当平台内经营者认为其在服务协议的变更中遭受到不平等对待时,可以自由退出平台,法律赋予了平台内经营者在不接受协议变更时单方解除合同的权利。

(五)平台经营者不得利用服务协议进行不合理交易行为

《电子商务法》第三十五条规定:"电子商务平台经营者不得利用服务协议、交易规则以及技术等手段,对平台内经营者在平台内的交易、交易价格以及其他经营者的交易等进行不合理限制或者附加不合理条件,或者向平台内经营者收取不合理费用。"

本条明确,平台经营者不得利用其优势地位,通过服务协议对平台内经营者就商品或服务的价格、销售对象、销售地区等进行不合理的限制,否则市场监督管理部门有权依法追究平台的法律责任。

三、平台经营者制定平台服务协议注意事项

结合相关法律法规的规定及电子商务发展实际需求,笔者建议平台服务协议可包含以下核心条款,见表1。

表1　核心条款

序号	条款	条款主要内容	建议
1	提示条款	提醒协议相对方服务协议中需特别注意的重点问题。例如,提示用户审慎阅读服务协议,尤其是免除或者限制责任条款、法律适用和争议解决等条款	对于提示条款,平台经营者可以采取勾选同意或者弹出的方式进行特别提醒和通知,进一步向用户披露这些条款中的关键性内容

（续表）

序号	条款	条款主要内容	建议
2	协议的签署	该条款主要约定签约主体及签署方式,例如:阅读协议后进行注册即视为协议签署并生效	因涉及服务协议的法律效力,建议完整清晰表达
3	定义	对服务协议中有关术语进行解释说明	解释需清楚透彻,避免因歧义引发纠纷
4	平台服务内容	该条系服务协议中最核心部分,平台经营者需根据提供的实际服务需求拟定	突出特色服务,比如食药品等应符合我国相关特别法的规定
5	用户信息的保护和隐私权政策	明确告知平台获取用户信息的范围及途径,并制定相关的隐私权保护政策	建议应包括以下部分:平台如何收集、使用、保护用户信息、如不慎泄露应如何处理
6	签约双方违约及处理	平台经营者应当明确签约双方哪些行为将会被认定为违约,并明确违约责任	应明确约定,作为追究违约责任的依据
7	平台服务协议的变更	平台经营者应当在服务协议中以显著方式提醒用户,平台拥有单方变更服务协议的权利	应严格按照《电子商务法》第三十四条的规定,在变更协议前落实意见征集和先期公示制度
8	通知条款	约定通知方式及送达	应明确约定,作为履行依据
9	协议的终止	给予用户终止协议、退出平台的权利	平台服务协议中应明确用户或平台终止协议的情形,并同步设置协议终止后的处理措施
10	法律适用和管辖	约定法律适用和发生纠纷时的管辖地	应符合《合同法》规定

平台服务协议不仅是平台经营者实现其经营活动和对平台进行管理的重要依据,同时也是电子商务活动得以开展的重要保障。平台经营者应当依法依规制定和完善平台服务协议,保障平台合法权益的同时,兼顾平台内经营者和消费者的合法权益,促进电子商务健康良性发展。

关于 P2P 机构"生前遗嘱"制度的必要性与可行性分析

黄　亮　李里涓子　*湖南金州律师事务所*

一、"生前遗嘱"制度的由来与内涵

"生前遗嘱"(living wills)制度源于美国在 2008 年金融危机中针对"大而不倒"的金融机构所出台的 Dodd-Frank 法案的第 165 条,其制度宗旨是为了解决"大而不倒"金融机构在危机状态下,如何快速而有序处理自身债权债务,主要包括恢复计划(RCP)和处置计划(RSP)两部分。"生前遗嘱"制度主要是适用于"大而不倒"的金融机构,原因在于一旦其产生重大金融风险,则可能引发系统性金融风险,对整个金融系统带来不可估量的后果,因此,有必要对系统重要性金融机构的退出提前设置恢复与处置计划,这样,在发生危机事件时,监管机构也能够在第一时间介入,保障金融体系安全。

恢复计划主要包括以下几项措施:如何降低风险、保全和改善资本脱离一些业务、业务拆分情况、债务重组、提高融资能力等。具体内容包含印发执行计划、恢复计划的启动、执行恢复计划等。

处置计划的主要内容有处置计划的启动条件、程序、步骤和时间、处置资金来源、具体处置措施和方法、存款保险及其他保险计划的支付过程、稳定性保障、处置监督机制、跨境合作等内容。

二、关于 P2P 机构推行"生前遗嘱"制度的必要性分析

笔者认为,在我国推行 P2P 机构的"生前遗嘱"制度有其必要性及制度价值,具体体现在如下几个方面。

(1)提高 P2P 机构的准入门槛,提升监管效率。"生前遗嘱"制度在银行业金融机构中是作为申请经营金融行业牌照的准入条件,在 P2P 行业中推行"生前遗嘱"制度意味着从严把握行业的准入制度。通过设立"生前遗嘱",可以弥补在行业设立监管方面的不足,提升对行业监管的效率。

(2)缓解 P2P 机构爆雷后对各方主体的压力。"金融的根基在于社会公信力","生前遗嘱"制度在 P2P 行业中应用最大的保障在于一旦爆发风险,能够有效处置其资产,降低危机处置和监管成本。

(3)防范 P2P 机构经营者的道德风险。生前遗嘱制度可以让监管尽可能提前意识到风险存在,同时也增加了对经营者的限制,促使其管理和经营更

加规范,降低平台负责人侵吞投资者利益的操作上的可能性。

三、"生前遗嘱"制度在 P2P 监管中的应用与异化

2018 年 12 月 5 日,清华大学五道口金融学院谢平教授在"2018 北京金融安全论坛"上提出,P2P 网贷的监管宜借鉴银行市场准入的"生前遗嘱"制。具体来说,比如网贷平台一旦出现破产,那么信息处理程序如何、未到期借贷合同如何维护、客户资金的分配和客户意见的反映途径等等。而对于涉嫌自融和影子银行的平台,则按照相应法规执行、关闭退出等,相关机构和人员承担相应的法律责任,涉嫌金融诈骗等案例则应该移交司法。

当下,P2P 行业监管中也开始引入"生前遗嘱"制度,但 P2P 机构中的"生前遗嘱"制度的内涵与传统金融机构相比存在着较大的差异。

(一)监管细则中关于 P2P 机构"生前遗嘱"的具体规定

目前明确规定 P2P 机构需制定"生前遗嘱"制度的仅在厦门市网络借贷风险专项整治工作领导小组办公室《关于做好厦门市网络借贷信息中介机构良性退出工作的通知》中有相关明确内容,其规定"对暂不选择退出的网贷机构,要求其设定'生前遗嘱'式退出计划,确保退出工作实现机构全覆盖"。这也是国内关于"生前遗嘱"制度在 P2P 行业中应用的首次尝试。但是截至目前,上述规定仍然是 P2P 行业中关于"生前遗嘱"制度的唯一制度落地,且关于具体的方案内容在上述规定中也没有进一步的细则予以明确。

(二)P2P 机构的"生前遗嘱"不同于商业银行"生前遗嘱"制度内涵

商业银行的"生前遗嘱"制度是一套完善的风险预警和事后救济的系统,包括如何去识别商业银行存在金融风险,以及如何在发生风险后进行资产处置和安排,而其中更为关键的在于事前的风险识别机制,在第一时间化解风险。

从我国关于 P2P 监管中"生前遗嘱"的规定内容来看,该项制度监管的重点仍然落在了风险发生后的应急处置方案等事后处置方案方面,对"生前遗嘱"制度中的恢复计划关注不多。

(三)P2P 机构"生前遗嘱"制度仍主要停留在退出环节中,未纳入准入条件中

从当前仅有的厦门市关于"生前遗嘱"的制度内容来看,其主要是在应对当下 P2P 清退潮的情况下,在其退出环节参考"生前遗嘱"式退出计划。上述规定与行业发展的实际情况相关,是在 P2P 行业监管中创新的有益探索。而根据前文所属,商业银行的"生前遗嘱"制度是一套完整的体系,包括恢复计划与处置计划,并且"生前遗嘱"是金融机构取得证照的前置条件。在 P2P 退出环节参考"生前遗嘱"式退出计划,主要是为了便于在 P2P 机构出现重大危机或者无以为继的情况下,提前进行制度安排。P2P 机构出现现在的清退潮、

爆雷潮有其偶然性，也有其必然性，在行业兴起时，对其监管不严、监管缺位、对于其行业性质定位不准等，就给行业今天的衰落埋下了伏笔，因此，P2P机构"生前遗嘱"制度从目前来看也仅能在退出环节中予以适用。但参考"生前遗嘱"制度的内容和价值来看，未来在P2P机构的设立环节增加有关要求能将对于机构的风控措施大大提前，对行业健康发展有益。

四、关于P2P机构"生前遗嘱"制度的完善

（一）P2P机构"生前遗嘱"制度尚未正式纳入监管要求

"生前遗嘱"制度目前也仅仅在厦门市监管部门有首次规定，从全国到各地的监管实践来看，关于P2P机构"生前遗嘱"制度并未纳入统一的监管标准。如前文所述，借鉴商业银行的"生前遗嘱"制度能在很大程度上规范行业良性发展，理应纳入行业监管标准。

（二）P2P机构"生前遗嘱"制度具体的制度内涵、操作指引仍有待完善

从厦门市对P2P机构的"生前遗嘱"制度的规定来看，仅仅明确这一原则性方向，但对于具体如何落地该制度尚未有明确的规定和指引，这就可能导致在制度适用时，因规定不明确而无法真正发挥该制度的核心价值，甚至产生负面影响与作用。而P2P机构本身就存在从业人员素质参差不齐、行业监管落后的问题，一旦标准不一，更加导致制度无法真正落地。因此，在确定P2P机构"生前遗嘱"制度适用的前提下，有必要对其制度内核进行完善，制定具体的细则。

（三）以成本效益最佳为原则，审慎推进"生前遗嘱"制度在P2P领域的应用

"过犹不及"是金融监管中最难把握却也是最重要的监管尺度要求，对于P2P行业的监管更是如此。"生前遗嘱"制度本身就存在着成本方面的问题与缺陷。首先，金融机构在生前遗嘱计划上需花费大量钱财和精力，且因其是一种风控措施，这种耗费大量成本的制度可能付之东流；其次，生前遗嘱计划还需要相关监管机构的批准，这又需要耗费巨大的人力和物力成本，还可能需要聘请专门的法律和金融提供智力支持并付出额外的经济成本；最后，生前遗嘱制度是否能够成功预测和避免下一次金融危机也不得而知。那么，在合规建设方面远逊于银行的P2P机构，如果采取"拿来主义"的方式直接将"生前遗嘱"制度嫁接至P2P行业监管中，不可避免会产生排异反应，甚至产生副作用。在目前行业可实施的程度内，有步骤地推进"生前遗嘱"制度的应用，逐步融入行业监管，才是对行业发展最为负责任的态度与方法。

【参考文献】

(1)李景杰：《论金融机构的生前遗嘱制度及其对我国的启示》，《经济问题》2014年第

12 期。

（2）丁建臣：《民营银行的"生前遗嘱"》，《中国金融》2015 年第 3 期。

（3）丁磊、金灵：《"生前遗嘱"制度的源流、构架与异化——以 Dodd-Frank 法案对我国金融企业推出机制的影响为视角》，《证券法苑》(2016)第十八卷，第 264－280 页。

（4）王腾飞：《商业银行生前遗嘱法律制度研究》，北方工业大学硕士研究生学位论文，2017 年 5 月 16 日。

浅析电商平台经营者的知识产权侵权责任及对策

陈　顺　江苏剑南律师事务所

一、电子商务平台经营者的知识产权侵权案例

最高人民法院公布的指导案例 83，系威海嘉易烤生活家电有限公司诉永康市金仕德工贸有限公司、浙江天猫网络有限公司侵害发明专利权纠纷案。在本案中，嘉易烤公司的诉请中包括了要求天猫公司撤销金仕德公司在天猫平台上所有的侵权产品链接和连带赔偿嘉易烤公司 50 万元以及承担诉讼费的诉请。后因天猫公司在本案立案后已经对被诉商品采取删除和屏蔽措施，故一审法院判决天猫公司对金仕德公司赔偿数额的 50 000 元承担连带赔偿责任。天猫公司上诉后，二审法院依法判决驳回其上诉，维持原判。

二、电子商务平台经营者对于知识产权侵权的过错责任

我国《侵权责任法》规定的侵权责任规则原则体系是二元归责体系，即过错责任原则和无过错责任原则[①]。根据侵权责任法第三十六条和电子商务法第四十五条之规定，电子商务平台经营者（以下简称平台经营者）对于知识产权侵权行为承担过错责任。由于平台经营者不直接向消费者提供服务，而是提供的网络平台服务，这种平台服务属于中介服务的范畴。电子商务法第四十五条规定的平台经营者的责任属于侵权责任法第三十六条第三款规定的中介责任之列[②]。

电子商务平台经营者属于侵权责任法规定的网络服务提供者[③]。对比发现，侵权责任法第三十六条第三款规定的过错表现形式是"知道"，而不包括"应当知道"；电子商务法第四十五条规定的平台经营者侵犯知识产权的过错表现形式则包括了"知道"和"应当知道"。当然，侵权责任法针对的是网络服务提供者的一般民事侵权行为，电子商务法针对的是电子商务平台的知识产权侵权行为。

---

① 孙佑海主编：《侵权责任法适用与案例解读》，法律出版社 2010 年版，第 22 页。
② 电子商务法起草组编著：《中华人民共和国电子商务法条文释义》，法律出版社 2018 年版，第 134 页。
③ 电子商务法起草组编著：《中华人民共和国电子商务法条文释义》，法律出版社 2018 年版，第 134 页。

平台经营者的过错主要表现为两种形式：一是收到知识产权权利人（以下简称权利人）通知时未依法采取必要措施时的过错；二是平台经营者知道或者应当知道平台内存在知识产权侵权行为但未采取任何必要措施的过错。

三、电子商务平台经营者承担知识产权侵权责任的主要形式

根据电子商务法的有关规定，平台经营者承担知识产权侵权责任的主要形式有以下几种：

（1）平台经营者在接到知识产权权利人通知后，未及时采取必要措施的，对损害的扩大部分与平台内经营者承担连带责任。

（2）平台经营者知道或者应当知道平台内经营者侵犯知识产权未采取必要措施的，与侵权人承担连带责任。

四、电子商务平台经营者预防承担知识产权侵权行为的对策

（一）平台经营者主动预防

根据电子商务法第四十五条之规定，平台经营者在经营管理平台过程中，如采取措施不当，可能将面临承担连带责任的法律风险。笔者认为，平台经营者至少可以从以下几个方面来降低承担法律责任的风险：

（1）进一步规范电子商务平台的运行规则，确保规则不违背现行法律法规；进一步细化投诉、举报和监督的规定，并在电子商务平台公开投诉、举报的详细方式，包括电话、电子邮箱、微信等方式，承诺在一定合理期限内予以答复；对于发现有严重问题的平台内经营者，要在网站上予以公示；对于平台已经出现的问题，要定期进行总结并公示。平台也要设置一个专门窗口或者电子邮箱，以便消费者或者平台内经营者向平台经营者提出意见和建议。该窗口或者电子邮箱由专人负责，并及时予以回复。

（2）平台经营者应当定期和不定期对网络平台进行安全巡查，发现问题及时向平台内经营者予以指出。巡查的方式包括向平台内经营者进行巡查，可以用关键词和敏感词自动搜索引擎、网页的固定、对平台内经营者的身份信息的复查等方式；也可以向不特定的消费者进行抽查，对平台内经营者的服务情况进行满意度调查。对于消费者反映的平台内经营者存在违法违规行为，一经查实，给予消费者一定的奖励措施，鼓励消费者与平台经营者共同监督平台内经营者的服务情况。

（3）平台经营者应当始终保持中立、中介、中间的地位和立场，不得参与、帮助或者变相参与、帮助平台内经营者的经营活动。平台经营者直接实施经营行为导致发生侵权行为的，根据侵权责任法和电子商务法的规定，其应独立承担侵权责任，而不是连带责任。网络服务提供者的侵权行为可以是网络提供者独立实施的侵权行为，也可以是在知道网络用户在其网站实施侵权行

为后,消极地不作为的行为①。

参照最高人民法院《关于审理侵害信息网络传播权民事纠纷案件适用法律若干问题的规定》的有关规定,对于商品或者服务放置在网站首页或者显著位置的、对商品或者服务内容主动进行修改或者编辑等人为改动的、为平台内经营者提供专项排名的,或者其他可以明显感知到电子商务平台经营者具有"知道"或者"应当知道"的情形的,平台经营者至少对于此类行为应当极为谨慎。除非有充分的证据足以证明平台内经营者依法享有知识产权或者合法的财产权的,否则平台经营者应进行法律风险的评估,并进行一些市场调研。

(二)平台经营者被动应对

在上述案例中,虽然天猫公司面对权利人的申请也给予了回复,但并未依法采取必要的措施。这个案例至少可以给我们以下几个方面的启示:

(1)非权利人是否有权向平台经营者主张相应权利呢?法无明文规定,但平台经营者可以将其提出的相关材料作为自行监管的线索材料,不能以其非权利人而置之不理。

(2)权利人向平台经营者提出要求其采取相应的措施后,平台经营者可以要求其提供初步的证据,但不得对证据进行实质性审查,否则很有可能因为对一些专业或者技术问题出现误解从而将权利人的请求拒之门外,导致出现本案例中天猫公司出现违法行为最终被法院判决承担连带责任。

在权利人并未提供初步证据的情形下,平台经营者比较稳妥的做法还是应该履行监管的职责,根据具体情况,采取相应的措施。

(3)根据电子商务法第四十二条之规定,平台经营者可以采取删除、屏蔽、断开链接、终止交易和服务等必要措施,该法使用的是"可以"和"等必要措施"一词,赋予了平台经营者一定的灵活操作的空间,平台经营者可以根据具体情况选择适用必要的措施。

(4)平台经营者不能以自己制定的平台规则来对抗相关权利人,权利人主张的权利有法律依据和事实依据的,依法应予支持。平台的规则如果侵犯了权利人的合法权益出现违法行为,这些规则将可能不会得到司法机关的支持和认可。

总之,不论是权利人还是非权利人向平台经营者主张权利,基于平台管理者和监督者的身份,平台经营者都应予以高度重视,并及时通知平台内经营者,一旦出现纠纷,也应建议双方通过司法途径予以解决,并协助司法机关固定相应的证据,尽可能避免平台经营者自身陷入诉讼之中。

---

① 奚晓明主编:《最高人民法院法官阐释侵权法疑难问题》,中国法制出版社 2010 版,第 115 页。

网络购物平台内恶意投诉行为的法律属性与规制路径

滕卫兴　浙江泽厚律师事务所

网络购物环境下,投诉具有了新的含义。首先,投诉主体范围扩大。网络购物中的投诉不仅仅限于基于消费合同关系的消费者,还扩大到基于侵权关系的权利人。其次,接收与审查投诉的主体不限于《消费者权益保护法》确定的消费者保护协会,而扩展到平台经营者。再次,投诉制度转化为网络购物空间内的纠纷处理机制,能够方便快捷地化解纠纷。投诉制度的这些新特征,使得恶意投诉频发[①],且成为制约网络购物平台健康发展的重要因素。

一、恶意投诉及其所致损害

网络购物环境下,恶意投诉指投诉人明知自己不具备投诉资格,仍出于不正当目的向电商平台进行投诉的行为。从成因上来看,恶意投诉源于信息不对称下的利益驱动。因为相关违法行为的判断具有技术性、权利状态的判定亦具有不确定性,投诉人能够借用平台设置的纠纷处理规则或利用法律规定的通知删除程序,虚假投诉以达到打击竞争对手、扰乱相关经营秩序的目的。一般来说,恶意投诉所致损害主要有以下类型。

首先,平台内经营者损失。平台内经营者损失有因遭受平台方采取的删除、屏蔽、断开链接、终止交易等必要措施而造成的损失,也有因遭受平台经营者基于合同而采取的各种违规扣分措施所损失的利益。尽管相关损失难以确定,但《电子商务法》对平台内经营者损失的救济非常充分,并引入了惩罚性赔偿规则。《电子商务法》第42条规定,“因通知错误造成平台内经营者损害的,依法承担民事责任。恶意发出错误通知,造成平台内经营者损失的,加倍承担赔偿责任。”

其次,平台经营者损失。对恶意投诉对平台经营者造成的损失有两种。其一为必要的审查资源损失。《电子商务法》要求投诉者提交的投诉材料中应包括“侵权的初步证明”,意味着平台经营者应对相关投诉进行一定程度的审查。因恶意而发出的投诉,难免造成审查资源的浪费,如允许恶意投诉大

---

① 杜颖:《网络交易平台上的知识产权恶意投诉及其应对》,《知识产权》2017年第9期。有学者统计了“机车”“花苞”等淘宝热搜词,与其相关的70%的卖家都遭到恶意投诉。

量发生,则此种审查资源的损失可能是巨大的。其二为竞争性损失。不同于因采取不正当竞争手段而导致的直接损失,竞争性损失往往表现为间接地竞争力的削弱[1]。平台经营者基于恶意投诉而采取了下架、终止交易等措施后,难免遭受客户资源的流失损失,即客户资源基于对平台规则的不信任而转投其他平台经营者。从此种意义上来说,恶意投诉间接地损害了平台经营者的竞争能力,同时壮大了其竞争对手的实力。

二、恶意投诉的法律属性

在现有的有关网络购物平台恶意投诉案例中,恶意投诉往往被定性为不正当竞争行为。其能够为平台内经营者所遭受的损失提供较为充分的救济,但对于平台经营者的损失却力有不逮。归其原因,恶意投诉者与平台经营者之间很难认定为竞争关系。

在"浙江淘宝网络有限公司等诉杭州简世网络科技有限公司不正当竞争纠纷案"[2]中,法院认为被告杭州简世网络科技有限公司从事的组织炒信行为,破坏了整个电子商务公平竞争的经济秩序和经营环境,对淘宝网构成不正当竞争。该案的重要意义在于其在一定程度上肯定了平台经营者所遭受的竞争性损失。法院认为,被告的虚假交易行为"增加优质服务的卖家生存难度,平台诚信经营氛围和信用体系也面临冲击,造成消费者和卖家黏性下降"。进而认为"(被告)导致消费者对平台上所售商品的质量产生怀疑、不信任,从而破坏两原告努力营造的公平、透明、诚信的网络购物环境,根本性损害了原告的合法权益"。但是,该案把"刷单"定性为一种不正当竞争行为,既存有一定的理论缺陷,又不利于该裁判逻辑在实践中的普适性推广。首先,竞争关系的认定有范围扩大之嫌。此案中,被告并非平台内经营者,且其主营业务亦与原告不同。其次,该案例不能适用于恶意投诉相关案例。缘于恶意投诉方既有可能是平台内相关业务的经营者,也有可能为毫无关联的第三方主体,甚至是不从事任何商业经营的权利人。此时,并不存在任何竞争关系。

综上,不正当竞争法不能对平台经营者的竞争性损失提供充分的救济。我们必须跳出竞争法思维范式,探索规范恶意投诉行为的合理路径。笔者认为,购物平台内的恶意投诉为一种新型的侵权行为,理由如下。

其一,恶意投诉实为欺诈性陈述,且造成了信赖利益损失,具有侵权行为外观。美国法律研究院通过并颁布的《侵权法重述——纲要》第525节针对"欺诈性不当表述"做了专门规制,即"为诱使他人依据己方的表述采取行为

---

[1]　[美]理查德·波斯纳:《论剽窃》,沈明译,北京大学出版社2010年版,第125页。波斯纳法官曾举例认为,老师给予论文剽窃者的学生一个较高的分数,那么其他学生也遭受了竞争性损害。

[2]　浙江省杭州市西湖区人民法院(2016)浙0106民初11140号民事判决书。

或不行为,而对事实、意见、意愿或法律做出不当表述的人,应对他人因合理信赖该不当表述而遭受的金钱损失承担欺诈责任"①。恶意投诉具有欺骗的故意,并造成了相应的信赖利益损失——商家被扣分或产品被下架后,消费者对商家的信赖降低,消费者与商家对平台业务的信赖亦会降低。

其二,恶意投诉侵犯了新型权利客体。如前所述,"淘宝诉简世"案中,法院认为原告的信用评价体系其核心竞争利益,被告经营的傻推网专门组织刷手实施虚假刷单,破坏了原告构建的信用评价体系,从而损害其市场声誉与竞争力。可见,平台经营者所遭受的竞争性损失源于其信用评价体系的破坏。同样,恶意投诉导致平台经营者对商家课以不同程度的惩罚措施,包括但不限于扣分、降级等,势必破坏其信用评价体系。《电子商务法》第44条要求,平台经营者应对其相关处理措施及时公示。如恶意投诉成功,将会分别造成平台经营者及平台内经营者社会评价的降低及竞争力减损等后果。因此,恶意投诉的侵权客体应为相关经营者的信用。吴汉东教授认为,经营性资信为民事主体在经营活动中享有的经营优势、经营资格、经营信誉的总称,其可成为信用权的客体。②恶意投诉行为将构成对平台经营者信用权的侵犯。

三、恶意投诉的规制路径:从间接模式到直接模式

《电子商务法》起草组在解释第44条的惩罚性赔偿规则时认为,"这一责任的适用前提是故意侵权"③。可见,立法者倾向于把恶意投诉定性为一种侵权行为。但是,由于所涉权利客体难以确定且缺少相关请求权基础,司法实践不得已而采取竞争法规则予以解释。

纵观各国对信用权保护的立法条例,有间接保护与直接保护两种模式。前者通过不正当竞争法予以保护,如我国《反不正当竞争法》第11条规定,经营者不得编造、传播虚假信息或者误导性信息,损害竞争对手的商业信誉、商品声誉。此模式把信用作为广义商誉的一种,并限制在不正当竞争法的框架之内,其保护范围较小、保护力度较弱。后者则赋予民事主体以信用权,并通过侵权法予以规范。如《德国民法典》第283条明确规定,信用可以成为民事侵权的客体,第824条亦规定,传播妨碍他人信用并造成损失的,应赔偿相关损失。

笔者认为,我国对恶意投诉行为的规制应从间接模式调整到直接模式,即突破传统竞争法的裁判范式,而转向侵权法路径。其优点之一在于平台经营者的竞争性损失可以获得合理救济。正是由于《电子商务法》对平台经营者损失的救济手段阙如,实践中,出于对竞争优势损失的担忧,平台经营者易

---

① 〔美〕肯尼斯·S.亚伯拉罕等:《侵权法重述——纲要》,许传玺等译,法律出版社2006年版,第107页。
② 吴汉东:《论信用权》,《法学》2001年第1期。
③ 电子商务法起草组:《中华人民共和国电子商务法条文释义》,法律出版社2018年版,第130页。

与平台内经营者进行利益捆绑，寻找借口而不愿对投诉通知采取相关必要措施。采取绝对权模式对恶意投诉予以规范有利于从根本上改变这一现状。其优点之二为，平台经营者可以充分运用大数据手段对恶意投诉行为进行定位及类别化处理。实践中，平台经营者通过大数据手段对投诉者的投诉次数、投诉目的等进行跟踪与分析，可以成为"恶意"认定的重要辅助手段。但由于相关手段规范于《平台服务协议》中，仅对平台内注册用户具有约束力，其适用于非注册用户投诉行为的合法性颇受质疑[①]。由于绝对权为对世权，侵权法救济模式下平台经营者的上述大数据手段亦获得了合法性基础。

综上，在现有竞争法不能为竞争性损失提供完全救济的情况下，我国可以借鉴证券法关于"虚假陈述"的相关规定，把恶意投诉类型化为一种独立的侵权诉由。恶意投诉行为亦成为一种破坏平台经营者营造的信用体系及平台内经营者的经营优势进而减损其各自竞争力的侵权行为。

[①] 浙江省高级人民法院(2015)浙知终字第 186 号民事判决书：在"威海嘉易烤生活家电有限公司与永康市金仕德工贸有限公司、浙江天猫网络有限公司侵害发明专利权纠纷案"中，法院认为"天猫公司所确定的投诉规制并不对权利人维权产生法律约束力"。

构建中国电子商务消费者权益保护制度的立法研究与思考

张　韬　北京华讯律师事务所

《电子商务法》已于 2019 年 1 月 1 日施行,该部法律中有 30 多处直接规定了对消费者权益的保护,同时对经营者权利和义务、数据信息保护、知识产权保护、市场秩序维护等方面进行了规定,为电子商务健康有序发展保驾护航。笔者自 2013 年起开始参与这部法律起草相关工作,并承担和参与了多个立法课题,现从理论和实践结合的角度分析和研究,就如何构建我国电子商务消费者权益保护制度提出相关思考和建议。

一、国内外电子商务消费者权益保护立法情况

我国《电子商务法》主要有三项立法目的,即促进电子商务健康有序发展、规范市场秩序和保障各方主体的合法权益,而消费者权益保护则是保障权益原则中最重要的方面之一。

在《电子商务法》出台前,我国保障消费者权益的法律制度,是以《民法总则》《民法通则》和《合同法》等法律为基础,以《消费者权益保护法》为主要法律规范而形成的。除上述法律之外,还有大量的行政法规和部门规章,从各个方面规范电子商务中商家的经营活动,保障消费者权益,但是部分规定存在效力不高、立法滞后以及衔接不畅等问题。因而在《电子商务法》制定过程中,非常重视对于消费者权益的保护。

我国《电子商务法》在立足国情的基础上,也参考联合国、其他国家和地区的相关立法。其中联合国的《电子商务示范法》为我国的电子商务立法提供了重要参考。在欧盟的相关立法中,相对注重对消费者权益的保护,例如在隐私权、知情权等方面均有具体规定。而美国在立法中,则提倡通过确立市场调节、尊重合同自由和政府最低干预等原则进行立法,以保障市场主体的权益、维护经济秩序。

我国《电子商务法》将消费者权益保护的规定贯穿在整部法律中,通过规定基本原则、电子商务经营者的义务、电子合同订立与履行、电子商务争议解决等全方位保护消费者权益。虽然这些保护消费者权益的条文分散在各章节中,但更能体现各章节具体内容的连贯性,更符合《电子商务法》的立法特点。

二、电子商务实践中存在的主要问题

针对目前电子商务的发展现状,笔者总结了以下五个电子商务活动中存在的侵害消费者权益的问题。

第一,消费者知情权易受到侵害。在电子商务活动中,交易双方一般是通过远程非面对面方式订立合同,而消费者所获取的信息往往都是由经营者提供的,这就容易引起交易双方信息的不对等问题,侵害消费者知情权。

第二,消费者的选择权容易受到侵害。电子商务是以互联网技术为基础,商家相对较容易利用互联网技术及电子商务的特性来限制消费者行使选择权,例如笔者曾在某著名旅行软件(App)购买飞机票,付款后发现被搭售了保险。经调查才知,该段时间内,在该 App 上购买机票时,App 会自动默认勾选同时购买保险。

第三,消费欺诈。欺诈问题在传统交易和电子商务中普遍存在,但是在电子商务活动中,消费欺诈往往更容易得逞。在电子商务活动中,不法经营者可以使用较低的人力、物力资源大规模地实施欺诈行为,这在传统交易中是相对难以实现的。甚至一些经营者会采取"刷单""炒信"的方式提升知名度,致使消费者产生错误认识,构成对消费者的欺诈。

第四,数据信息和个人隐私存在泄漏、滥用等问题。近年来,由于数据信息和个人隐私的泄露导致大量诈骗案件发生,常常致使消费者权益受损。

第五,消费者维权周期长,维权成本相对较高。一个小额的消费维权纠纷案件,在经历两审诉讼时,其诉讼周期往往长达一年多。巨大的时间成本阻碍了大部分消费者维权的积极性,无形当中也放纵了不法商家。

三、《电子商务法》对解决相关问题的具体规定

针对以上问题,《电子商务法》在我国现有的消费者权益保护体系的基础之上,针对电子商务的特性作出了相应的规定,有利于加强对电子商务消费者权益的保护。

第一,保障消费者的知情权。知情权是消费者的重要基础权利,而为了解决电子商务活动中信息不对称等问题,《电子商务法》中规定,电子商务经营者应当全面、真实、准确、及时地披露商品或者服务信息,保障消费者的知情权。

第二,保护消费者的选择权。面对利用技术手段或者其他方式隐性搭售等问题,《电子商务法》专门规定,电子商务经营者搭售商品或者服务,应当以显著方式提请消费者注意,不得将搭售商品或者服务作为默认同意的选项。

第三,确立平台服务协议、交易规则的制订原则。平台协议、交易规则涉及广大、不特定多数的消费者和经营者的重要权利和义务,为了更好地保障消费者权益,《电子商务法》中,对于平台服务协议和交易规则制订所应当遵

循的原则进行了规定,要求电子商务平台经营者在制订服务协议、交易规则时,应当对于交易的商品和服务质量的保障、消费者权益的保护、个人信息的保护等重要方面均进行明确。

第四,加强对个人信息、数据的保护。在大数据时代,个人信息、数据的商业价值越发受到电子商务公司及其他互联网企业的重视。从电子商务的长远发展来看,个人信息应遵循先保护后利用的原则,对于除个人隐私之外的信息在去身份化后,是可以进行共享和使用的。但在共享和使用时应当切实保护好消费者权益,因为数据、信息主要来源为广大消费者,只有切实从"源头"进行保护,才能让数据信息真正"无害"地服务于消费者,也才能使大数据产业能够可持续发展。对此,《电子商务法》对用户信息的收集、利用等进行了专门的规定。

第五,完善电子商务争议解决机制。电子商务争议解决是对消费者权益保护的重要方面,电子商务争议能否公正、公平、快速解决,决定着消费者权益能否被有效保护。因此,《电子商务法》中规定了争议解决的方式,鼓励电子商务平台经营者建立质量责任担保机制,在线争议解决机制,并规定电子商务平台经营者承担先行赔偿责任,建立便捷有效的投诉举报机制。

此外,《电子商务法》中还对"大数据杀熟"、押金退还、举证责任倒置等热点、难点问题进行专门规定,以更全面地保障消费者权益。

四、推动建立综合性电子商务消费者权益保护制度的立法思考

《电子商务法》的出台,更好地适应了电子商务快速发展的现实需求,但在面对复杂的电子商务实践情况时,还应推动相关配套制度的建立和完善,以更好地保护消费者权益。

第一,促进电子商务信用评价体系的完善和共享,进而使其成为我国社会信用体系的重要组成部分,让失信者寸步难行。

第二,加强电子商务行业自律,引导电子商务企业合法经营、公平竞争。

第三,建立更为有利于消费者的保障机制以及更加严格的惩罚性赔偿制度。

第四,推动在线争议解决机制的发展,并逐步建立小额争议快速裁决制度,快速有效解决纠纷。

综上,希望在现有电子商务消费者权益保护制度基础上,推动以上多个方面的建立和健全,从而构建综合的电子商务消费者权益保护制度,以更全面地保护消费者合法权益。

浅析电子商务中的"通知—删除"法律制度

周海洋　四川发现律师事务所

2019 年 1 月 1 日我国新实施的《电子商务法》是世界上第一部以电子商务为主题的法律,这部法律中有诸多内容都是创新的和前沿的。笔者认为电子商务法,其中采纳吸收并补充完善了在之前的有关法律法规中出现的避风港、红旗等原则或规则,进而确立或形成了一项新的法律制度,即"通知—删除"法律制度。

一、"通知—删除"法律制度由以下原则或规则组成

(一)避风港原则是基础部分

即对于网络服务提供者使用信息定位工具,包括目录、索引、超文本链接、在线存储网站,在其链接、存储的相关内容涉嫌侵权,如果其能够证明自己并无恶意,并在接到权利人的合格通知后,及时移除侵权链接或内容的,则其不承担侵权责任,且无须进一步主动监控网络服务、积极寻找侵权内容或规制侵权行为。

简单讲就是网络服务提供者由于没有能力对海量的信息是否侵权进行事先审查,因此要由权利人主动地按照法定的形式通知网络服务提供者自己的权利受到侵犯,若网络服务提供者及时的移除了相关侵权内容则不承担侵权责任。

(二)红旗原则是特殊部分

即如果网络上的侵权内容是显而易见的,就像红旗飘扬一样,但网络服务提供者假装看不见而没有采取合理措施,也应当承担侵权责任[①]。红旗原则与避风港原则是相对应的概念,是避风港原则的补充和限制,也是它的适用例外。

(三)其他原则或规则作为补充部分

如:恶意加倍赔偿原则等。

[①] 何珂璐:《浅析"避风港规则"》,微信公众号:《星瀚微法苑》,2019 年第 077 篇文章。

二、"通知—删除"法律制度的意义和作用

在我国,避风港原则最早成为《著作权法》中信息网络传播行为的最为重要的原则之一,进而《侵权责任法》把它吸纳为网络侵权的基础规则之一。避风港原则的出现减少了网络服务提供者的经营成本,保护和促进了新兴的互联网产业的健康发展。

它的不断完善与发展,逐渐在最新的《电子商务法》中形成了电子商务领域知识产权保护规则中居于核心地位的"通知—删除"法律制度。同时,这项法律制度的安排是维系对知识产权合法权益的保护与网络服务行业发展之间的利益平衡。随着《电子商务法》的实施及未来相关细则规定的出台和指导,司法实践也将继续对电子商务行业知识产权保护、争议解决纠纷机制及"通知—删除"制度的适用进行积极探索。

三、"通知—删除"制度的适用要件

(一)主体要件

主体要件是指进行了特定范围内普适性技术服务的网络服务提供者,即从事网络信息存储空间、搜索或链接服务、自动接入或传输服务的服务提供商。例如许多个人或公众号主体未经同意而复制转载,则不能适用避风港原则作为免责抗辩事由,属于主体不适格。

(二)主观要件

主观要件指要求不明知也不应知(网络服务提供者不存在显而易见的"明知"或"应知"的主观过错),且网络服务提供者必须没有单独的侵权行为(即第三方网络用户实施侵权行为,网络服务提供者仅是提供平台,双方非合意的共同侵权行为)。

(三)客观要件

(1)明示及静默条件。公开提供者的名称、联系人、网络地址并不得改变服务对象所提供的作品、表演、录音录像制品,要求网络服务提供者只是负责提供存储空间或链接等服务,而不做任何的增删修改(比如内容的选择、编辑或推荐,添加 logo、水印、插播广告等)。

(2)未获利条件。出现提供的网络平台内有知识产权被侵害的行为情形时,此情形并不能给网络服务提供者带来直接的经济利益。判断获利与否应考察获利与侵权行为之间是否存在直接必然联系。

(3)及时措施条件。网络服务提供者接到权利人通知后及时采取了包括删除权利人认为侵权的作品等法律规定的措施。

四、《电子商务法》中"通知—删除"制度要求平台经营者履行的主要法定义务

（1）在接到知识产权权利人的投诉后，及时采取必要措施，防止损害的扩大，否则对损害扩大部分与平台内经营者承担连带责任；

（2）将有效投诉正确转送平台内经营者；

（3）对于平台内经营者发出的不侵权声明，应当转送知识产权权利人；

（4）在权利人收到转送的不侵权声明后十五日内，未收到权利人已经投诉或起诉通知的，应当及时终止采取的措施；

（5）及时公示收到的通知、声明及处理结果；

（6）对于知道或者应当知道平台内经营者侵犯知识产权的，应当采取必要措施，未采取的，与侵权人承担连带责任。

五、"明知"和"应知"的判断标准

《电子商务法》对于平台经营者如何为"知道"或者"应当知道"平台内经营者侵犯知识产权并未进一步详细规定。根据司法实践，判断是否存在"明知"或"应知"需要通过平台注意义务、品牌知名度、是否采取合理措施等因素，并结合平台内经营者侵害信息网络传播权的具体事实是否明显，综合考虑以下因素（参考法释〔2012〕20 号和法释〔2014〕11 号相关规定），来认定平台是否构成"应知"：

（1）提供网络服务的性质、方式和引发侵权可能性的大小，电商平台经营者应当具备的管理信息的能力；

（2）传播内容的类型、知名度和侵权信息的明显程度；

（3）传播内容的社会影响程度或一定时间内的浏览量；

（4）电商平台是否主动对内容进行了选择、编辑、修改、推荐等；

（5）电商平台是否积极采取了预防侵权的合理措施；

（6）电商平台是否设置便捷程序接收侵权通知并及时作出合理反应；

（7）电商平台是否针对同一平台内经营者的重复侵权行为采取了相应的合理措施；

（8）其他相关因素[①]。

---

① 孙倩：《透过案例看避风港原则的适用》，微信公众号：《律茶娱乐法》，2018 年 3 月 19 日文章。

电子商务法起草组：《中华人民共和国电子商务法条文释义》，法律出版社 2018 年第 1 版。

陈少东：《避风港原则到底怎么避风呢？》，微信公众号：《少东言法》，第 14 周文章。

赵显龙、张漠：《关于〈电子商务法〉中知识产权保护及"避风港原则"的解析》，微信公众号：《金杜研究院》，2018 年 9 月 6 日文章。

赵小松：《避风港原则"有效通知"及"必要措施"的认定与适用》，微信公众号：《民商事判例研究》，2017 年 3 月 30 日文章。

六、"有效通知"和"必要措施"的认定与适用

网络服务提供者适用避风港原则主张不承担侵权责任时，如何把握权利人通知的有效性？如何判断采取措施的必要性？

（一）有效通知认定的条件及内容

（1）权利人的身份情况（名称、联系方式和地址）；

（2）权属凭证；

（3）侵权人的网络地址；

（4）侵权事实初步证据；

（5）权利人通知内容真实性承诺；

（6）服务提供者自行设定的投诉规则，不得影响权利人依法维权。

（二）必要措施适用的条件及内容

（1）删除内容；

（2）屏蔽网站或页面；

（3）断开链接；

（4）终止交易和服务；

（5）采取措施应遵循审慎、合理原则，根据所侵害权利的性质、侵权的具体情形和技术条件等加以综合确定。

最高法院公布的指导案例 83 号：威海嘉易烤生活家电有限公司诉永康市金仕德工贸有限公司、浙江天猫网络有限公司侵害发明专利权纠纷一案，为避风港原则中"有效通知"及"必要措施"的认定与适用这一具体问题提供了重要的借鉴和思路。

七、恶意通知的惩罚性赔偿责任

"通知—删除"制度要求网络服务提供者只要收到知识产权权利人及其利害关系人的有效通知，就必须采取删除、屏蔽、断开链接等必要措施，否则将承担间接侵权的不利后果。故而，实践中时常发生权利人甚至竞争对手恶意通知的情况。《电商法》明确规定了因通知错误造成经营者损害的，依法承担民事责任；并且特别规定了恶意发出错误通知，造成经营者损失的，加倍承担赔偿责任。

《电子商务法》实施后由杭州铁路运输法院判决的全国首例恶意投诉案——王垒与江海、浙江淘宝网络有限公司不正当竞争纠纷案。法院认定被告江某并非涉案商标权利人，而是伪造印章、冒用商标权利人的名义，使用虚假的身份材料和商标证书向淘宝公司投诉。其行为违反了诚实信用原则和商业道德准则，损害了原告王某正当商业利益。结合恶意投诉之后的 10 个月营业额下降累计已达上千万元的事实，并综合考虑侵权行为的形态、时间、范

围、经营规模及主观过错程度,参考销量、售价、所在行业利润率及侵权维权的合理开支。最终,法院酌定被告赔偿原告经济损失210万元。

网络安全和数据保护

网络安全背景下中美负面清单模式比较研究

何毅琦　吴华军　浙江五联(义乌)律师事务所

　　负面清单(Negative List)指的是国际投资法领域中,投资东道国在 BIT 中对外国投资列明的一系列不符合国民待遇、最惠国待遇的限制性和禁止性条款,或者仅列出某些行业,声明保留在将来采用特定限制措施的权力,最后将这些行业和措施汇总,以附件的形式置于 BIT 的最后,就形成了负面清单,其正式的法律术语是"不符措施清单"①。负面清单模式相对于以往 WTO 规则体系中采用的正面清单模式,负面清单模式能够直观地列明外资投资的红线,从而给予外商明确的投资指导,提高投资的积极性。

　　负面清单制度主要源自私法中"法无禁止即可为"的法律理念,认为只要法律没有明文规定禁止或限制的投资领域就属于对外国投资者能够自由投资的领域。随着世界各国经贸交往日趋紧密,以往各国普遍采用的"正面清单"模式对新兴领域投资限定的不确定性,正日益成为制约跨国投资流动性和积极性的制度性障碍。近年来,正在谈判中的 TPP、TTIP 和已经签署的北美自由贸易协定和美韩 FTA 均采用了"准入前国民待遇加负面清单"模式为基础的投资协定。

一、中美负面清单的差异

　　在 2019 年出台的《自贸区负面清单》中共列出涉及 13 个行业的 37 条不符合措施。而美方负面清单存在的对应领域共九项,其中中方负面清单中的教育、批发和零售业、制造业、卫生和社会工作、科学研究和技术服务业在美方 BIT 范本负面清单中没有提及。我国对中药和互联网以及相关服务的不符合措施中仍旧有保护本国中药产业和互联网服务提供商的色彩,且特别强调对互联网新闻出版服务的禁止,在美国负面清单中则归纳于负面清单的附件二中,并且对新闻业务的限制几乎没有。我国作为最大的社会主义国家,在保证社会主义体系和意识形态的建设上采取了对教育的外资限制措施,如禁止外资单独设立以中国公民为主要对象的教育机构,外资需要采用合作办学的模式方可对外办学,禁止外资举办义务教育机构,禁止宗教组织在境内办学。虽然自 2013 版自贸区负面清单公布以来不符合措施已经减少了很多,

---

① 余劲松:《国际投资法》,法律出版社 2014 年版,第 144 页。

但我国负面清单运用的能力还不够成熟。

美国 BIT 负面清单中不符合措施,都有相关的草案、来自各方征询意见的汇总以及相关的法律解释说明,而我国政府制定的负面协定仅公布草案及最终的正本。对不符合措施变更的依据和中央的决策过程缺乏详细的说明,不利于外资企业理解中央制定清单的意图,这也加重了外商对中国投资的不确定性的担忧。另外我国负面清单对限制类领域的语言表述上笼统且缺乏明确性。但是同样的问题在美国的负面清单也存在,特别是美方在"国家安全"所涉范围的解释上存在不合理的推断和扩大解释。中方负面清单过长与美方对"国家安全"上的解释成为中美 BIT 谈判的重要分歧点。总体而言,美方负面清单的透明度还是远高于中方负面清单。因此增加负面清单的透明度,才能提高外资吸引力。

二、中美负面清单的差异及运用

长期以来美国都在推行以其所倡导的"准入前国民待遇加负面清单"模式与各国签订"高标准"的世界投资贸易协定。但由于中美 BIT 谈判久拖不决,已经开始成为阻碍中美经贸合作的障碍。据荣鼎咨询《双行道:关于中美外国直接投资》[①]及《世界投资报告》中指出:2017 年美国对华直接投资为 140 亿美元,同期美国对外投资总额为 2 990 亿美元,对华投资仅占美国对外投资的 4.68%;而同期中国对美投资达到 290 亿美元,然而相较于 2016 年中国对美直接投资下降了接近 37%。美中两国双向投资无论在数额还是在趋势上都与两国的经济体量不相称。中美 BIT 作为鼓励、促进和保障中美双向投资的重要协议,不仅能够促进外国投资者在东道国投资,还有利于母国对本国企业对外投资的保障。目前中美负面清单中不符合措施的差异,已在很大程度上成为中美 BIT 谈判的障碍。

中美双方的负面清单中对文化娱乐、文化遗产保护、动植物资源保护、制造业、轨道交通建设上存在很大的分歧。造成上述差异的原因主要在于两国社会经济发展水平和工业门类发展上的差异。美国是现今世界工业化水平最高的国家,其工业主要集中在高端制造的关键部门,相较于我国的船舶、汽车、飞机制造业存在明显的领先优势。因此我国基于保护国内工业发展的考虑,有其自身的合理性。另外第三产业在美国的比重已经超过第二产业,其在全球都有无可比拟的竞争优势。作为互联网技术最早应用的国家,相较于我国,美国拥有巨大的网络技术优势,主导着网络空间治理的规则和话语权。但近年来随着我国企业在互联网通信技术上取得突破性的进展,华为在 5G 技术领域更是处于引领地位,大有挑战美国在互联网信息技术领域的霸主地

---

①　荣鼎咨询:《双行道:关于中美外国直接投资》,http://www.ccg.org.cn/Event/View.aspx? Id = 8883,访问于 2018 年 4 月 18 日。

位。美国政府为了遏制其尖端技术的领先地位受到挑战，更是突破了本国外资投资的一般性审查，屡次向中国企业伸出基础国家安全审查的大棒，以阻止中国企业通过投资并购等手段进入美国市场。由于我国与美国没有具有约束性的 BIT 协议，我国企业对美投资也处于相对弱势的地位。

现阶段美国政府更加重视通过双边经贸谈判来促进经贸往来的趋势已经在美欧、中美经贸谈判中日益现象。负面清单作为中美经贸谈判中的重要内容，需要倍加的重视其作用。

三、网络安全背景下的中美负面清单

中美 BIT 谈判自小布什政府时期开始谈判历经三任美国总统仍未达成最终的实际性成果。特朗普上台以来，美国经贸政策趋向保守，逐渐抛弃以往的多边国际协议模式，开始重视双边国际协议的谈判和对原有协议的更新。特朗普政府自 2017 年执政后以"新愿景"为指导，以"美国优先"为路径，以"让美国重新伟大"为目标，四面出击，在世界形成了"特朗普震荡"①。上台后便先后退出了巴黎气候协议、终止了 TPP 谈判、退出伊朗核协议，并且还频繁利用美国 232 条款和 301 条款以国家安全为由对外国进口货物加征关税，并有借此逼迫原有签订的自贸协定缔约国与美重谈自贸协定的具体条款的意图。其种种举措表现出其与美国政府建制派主张的种种差异。特朗普作为商人总统更加注重 BIT 条约的公平性，争取对美国有利的条款。2017 年美国发布的《国家安全战略报告》②（以下简称战略报告）中更是明确地将中国与俄罗斯列为美国的竞争对手。《战略报告》第二章促进美国繁荣中提出将对各国按照是否遵守公平和自由市场原则进行区分，并会采用新的贸易和投资协议，更新现有的协议。特别指出在这些新协议中将会更加重视在知识产权保护、数字货币结算、农业、环境和劳工保护上的高标准在贸易与投资协议中的设置。2018 年美国首次公布《国家网络安全战略》中，美国政府更加重视网络安全同本国经济、军事、对外影响力等领域的联系。在近期的贸易事件中，美国以数据安全为由，意图"封杀"华为、大疆等我国明星企业。其背后的意图就是美国网络战略中的"以实力求和平"的体现，妄图通过其在高端科技领域的垄断地位，扼杀中国企业的发展，从而维护其在网络技术领域的霸主地位。2018 年发生的多起贸易事件也表明，美国政府在网络安全领域将会更加注重知识产权，审视技术转移，加强网络安全审查，在国际贸易中搞"网络科

---

① 王一鸣、时殷弘：《特朗普行为的根源——人格特质与对外政策偏好》，《外交评论》2018 年第 1 期，第 98 - 127 页。

② The White House. National Security Strategy of the United States of America.[EB/OL].http://nssarchive.us/wpcontent/uploads/2017/12/2017.pdf. Decemb-er 2017。

技壁垒"。① 此外，美国政府正在酝酿《外国投资风险现代化法案》，旨在赋予美国外资投资委员会在审核外国投资项目上更大的权利。自 2018 年来中美经贸磋商经过 11 次最终未能达成美方希望的成果，最终导致中美贸易战的升级，美国在中美贸易上咄咄逼人的态势，更是加剧了世界对中美经贸合作前景的担忧。虽然中美在 2018 年 5 月 20 日公布的《中美贸易联合声明》指出"鼓励双向投资，努力创造公平竞争环境"，但这些声明缺乏约束力，仍旧需要通过中美达成双边投资协定来约束两国政府。中美经贸关系的新变化需要我们注意到中美 BIT 谈判的难度与以往相比只会增加，美方探知中国负面清单底线的举措也会更加的频繁，我们需要做好周全的准备。

　　对比 2017 版和 2018 版负面清单，可见中国已经采取一系列重大措施扩大改革开放，放宽银行、保险、证券行业外资股比限制，放宽外资金融机构设立限制，扩大外资金融机构在华业务范围，拓宽中外金融市场合作领域，放宽汽车行业等制造业外资股比限制。② 外方投资者长期以来认为在中国政治因素往往可以左右中国经济政策的走向。针对此中方提出将会加强同国际经贸规则对接，增强法律政策透明度，强化产权保护，坚持依法办事，研究实施更有力有效的吸引外资政策，加强知识产权保护并计划在 2018 年上半年完成修订外资投资负面清单。通过在自贸区的先行先试为开放提供更多的实践经验。③ 中国的《国家网络空间安全战略》旨在维护我国网络空间主权、依法治理网络空间、保护国家关键信息基础设施，打击恐怖主义和犯罪，维护国家安全，中美的网络安全观有共识也有分歧。美国凭借其领先的网络技术和国家软硬实力，倡导开放自由的网络环境，以推行其普世价值观，并指责中国在国内互联网监管的不透明性。对内则严格审核外国企业进入其网络核心领域，美国总统签署紧急状态令阻止华为参与其本国的网络通信设施的建设。其两面派的做法无疑暴露了其对网络安全之国家利益的重视，更是向外界表明了其对外国企业进入网络安全核心领域的消极态度。

　　与以往美国政府有建制派为多数的传统不同，美国现任内阁中云集了众多的商界精英。美国在对外经济政策上也转向保守，将目光转向国内经济复苏上，关注并提高国内工人就业率和加快国内基础设施的更新，并通过降低企业税收等方式激发投资。虽然美国近年来对中资收购美国企业的监管审查日趋严格，但美国政府在促进国内经济上的一系列措施仍是我国企业扩大海外投资的重要方向。美国对外经济政策的急转带来的风险，使得签订一份

① 王戴林、陈昕宇：《特朗普政府网络安全战略的政策动因与初步影响 ——以新版〈国家网络战略〉为视角》，《法制与社会》2019 年第 1 期，第 110 页。

② 《习近平出席博鳌论坛开幕式并演讲宣布扩大对外开放》，http://news.sina.com.cn/c/xl/2018-04-10/doc-ifyzeyqa2090570.shtml，访问于 2018 年 5 月 28 日。

③ 魏新亚：《自贸试验区负面清单与中美 BIT 谈判对接的基础研究》，《亚太经济》2017 年第 6 期，第 158－164 页。

中美 BIT 对互联网领域投资显得更加得重要。

四、结语

中美两国在网络安全领域的监管都有各自的特点,面对网络安全新威胁、新挑战,美国主要依赖于其软硬件技术与互联网基础研究上的强大实力。中国则在国内互联网领域采取严格的监管措施,以维护国家安全与社会稳定,积极引导中国互联网企业对外投资。以往面对美国互联网企业在全球的强大竞争优势,中国企业往往只能受限于局部市场,无法与美方企业相抗衡。但近年来,我国涌现出诸如华为、大疆和海康威视等具有全球竞争力的企业开始挑战美国的霸主地位。美国为维护其在网络科技领域的优势,开始频繁动用其国内法来扼杀中国企业在海外市场的扩张,这样的做法只会加剧中美贸易摩擦,更有可能引发两国间的全面对抗。现阶段,美国频频以国家安全为由,阻碍中国企业在海外投资,这也使得中国企业赴美投资开展商贸活动的风险日益升高。对此,中美更应深化两国在网络安全领域的高级别对话,管控分歧,协调双方利益,防范网络安全领域的风险。为此中美双方都应及早做出符合本国国情的网络安全管控的具体措施,以出台针对两国互联网领域的网络安全负面清单,来指导互联网企业的海外投资活动。

使用 VPN 进行国际联网是否构成使用非法定信道行为

费震宇　浙江导司律师事务所

一、问题的提出

近来,使用 VPN 进行国际联网被处罚的案例,引起广泛关注。

根据广东省韶关市公安局公布的行政处罚书【2019 年】1 号,朱云枫因在自己手机上安装"蓝灯"(Lantern Pro)App 并连接自己的宽带翻墙上网而被处予警告并罚款,处罚依据是《中华人民共和国计算机信息网络国际联网管理暂行规定》第六条和第十四条,行为定性为"擅自建立、使用非法定信道进行国际联网"。

互联网并非"法外之地",对其进行一定规制是必要的。本文篇幅有限,不讨论上述使用 VPN 软件(或 App)行为的违法性如何,仅就法律和技术层面探讨对使用 VPN 客户端进行国际联网的行为是否应适用"使用非法定信道"条款[①]进行处罚的问题。

二、VPN 问题的由来以及与"信道"有关的问题

网络报道多采用 VPN[②] 被处罚的说法,但是从公布的决定书内容来看,网警部门对上述涉嫌违法事项的定性是"擅自建立、使用非法定信道进行国际联网"。建立非法定信道显然不构成。因此争议焦点其实在于使用,即使用 VPN 客户端是否即使用非法定信道进行国际联网。

VPN 一般指虚拟专用网络,英文名 Virtual Private Network,VPN 是其简称。为什么会使用 VPN 技术呢?企业内部一般都有一个内部网络(intranet),内部网络的大部分数据一般不能向互联网开放,怎么解决员工在外办公访问公司内网的需求同时又能确保公司内网数据对外保密呢? VPN

[①] 《联网暂行规定》第十四条:违反本规定第六条、第八条和第十条的规定的,由公安机关责令停止联网,给予警告,可以并处 15 000 元以下的罚款;有违法所得的,没收违法所得。违反第八条第十条的处理依据,最终仍可归结到第六条的使用非法定信道(理由见本文第二部分),故本文不再作出区分,对违反该三条的处罚均统称为适用"使用非法定信道"条款进行处罚一并讨论。

[②] 网络报道没有区分 VPN 软件和代理服务器软件,但其中转访问的原理相同,本文为方便起见,概称为 VPN。两者具体区分见下文解释。

的解决方法就是在内网中架设一台 VPN 服务器,员工在外地通过互联网连接 VPN 服务器,然后通过 VPN 服务器进入企业内网。为了保证数据安全,VPN 服务器和客户机之间的通信数据都进行了加密处理。有了数据加密,就可以认为数据是在一条专用的数据链路上进行安全传输,就如同专门架设了一个专用网络一样,但实际上 VPN 使用的是互联网上的公用链路,因此 VPN 称为虚拟专用网络,其实质上就是利用加密技术在公网上封装出一个数据通信隧道[①]。

说到 VPN,就不得不说到代理服务。代理(英语:Proxy)也称网络代理,是一种特殊的网络服务,允许一个网络终端(一般为客户端)通过代理服务与另一个网络终端(一般为服务器)进行非直接的连接[②]。例如:A 电脑要访问 B 网站,正常的路径是:A 电脑—B 网站。如果因为某种原因,如 A 电脑想隐藏自己,或者 A 电脑和 B 网站之间路径不通。那么有一种通过中转的方法实现访问 B 网站,即 A 电脑—C 设备—B 网站,只要保证 A 电脑—C 设备,C 设备—B 网站路径是通的,就能保证 A 电脑能访问 B 网站,这里 C 设备就是"代理服务器",实现中转、转发的功能。使用代理服务器可以隐藏访问者的真实 IP,也可以突破自身 IP 访问限制访问原本可能受限的网站。

从以上描述可以发现,VPN 初衷是为访问内网用的,本来并不一定有中转访问直接路径不通的网站的功能,但是由于其自身的数据加密功能,使得通过 VPN 中转访问更为隐秘。当然通过访问普通代理服务器,也可以起到访问受限网站的功能,但是由于缺乏保密功能,容易被发现。所以如果将 VPN 和代理服务器结合起来的话,会有更好的效果:在建立 VPN 的内网内,架设一个代理服务器(有的 VPN 服务器本身就带有代理功能),相比普通代理服务器更具优势,接入 VPN 的电脑或设备是通过加密的方式实现数据访问的,而且接入 VPN 的电脑通过内网 IP 访问代理服务器,代理服务器再访问国际互联网,中转访问的路径以及访问内容就很难被发现。

这是使用 VPN 进行国际联网大行其道的真正原因。现实案例中,很多所谓的 VPN 客户端,其实是更为简单的代理服务客户端,例如前述的"蓝灯"(Lantern Pro)[③]。本文为描述方便,将可以实现中转访问功能的这类软件(App)统称为 VPN。

那么何为信道?

根据维基百科,信道又被称为通道、频道和波道,是信号在通信系统中传输的通道,由信号从发射端传输到接收端所经过的传输媒质所构成。

与信道以及国际联网规范有关的主要法律法规有:《中华人民共和国计

---

① 据百度百科。

② 据维基百科。

③ 据维基百科蓝灯词条,蓝灯 1.X 版本使用 P2P 模式,2015 年推出 2.0 版本,此后的版本均使用代理服务器模式。从朱云枫被处罚的时间来看,应当使用的是 2.0 以后的版本。

算机信息网络国际联网管理暂行规定》（以下简称"联网暂行规定"）、中华人民共和国计算机信息网络国际联网管理暂行规定实施办法（以下简称"联网实施办法"）、计算机信息网络国际联网出入口信道管理办法（以下简称"信道管理办法"）、国际通信出入口局管理办法（以下简称"出入口局管理办法"）。

《联网暂行规定》第六条：计算机信息网络直接进行国际联网，必须使用邮电部国家公用电信网提供的国际出入口信道。任何单位和个人不得自行建立或者使用其他信道进行国际联网。第八条：必须通过互联网络进行国际联网。第十条：个人、法人和其他组织使用的计算机或者计算机信息网络，需要进行国际联网的，必须通过接入网络进行国际联网。

《联网实施办法》第七条、第十条、第十二条的规定基本与以上相同。其中第十条：接入网络必须通过互联网络进行国际联网，不得以其他方式进行国际联网。

《信道管理办法》也有类似规定。

从以上规定可以提炼出两个基本法律要求：第一：进行国际联网，必须通过互联网络和接入网络（接入网络先通过接入互联网络再进行国际联网）实现。第二：互联网络进行国际联网，必须使用邮电部国家公用电信网提供的国际出入口信道（即"法定信道"）。

因此，《联网暂行规定》第十四条对违反第六条、第八条和第十条规定的处罚，最终均可归咎于对第六条即"使用非法定信道"的处罚。

有必要先澄清法规中使用的国际联网、互联网络、接入网络和国际出入口信道的确切含义，法规使用的定义不同于一般的含义。

国际联网，是指中华人民共和国境内的计算机信息网络（包括互联网络、专业计算机信息网络、企业计算机信息网络，以及其他通过专线进行国际联网的计算机信息网络）同外国的计算机信息网络相联结[1]。简单说，就是境内各种类型网络与境外网络的直接或间接联结。

互联网络，是指直接进行国际联网的计算机信息网络；互联单位，是指负责互联网络运行的单位[2]。也就是说，互联网络是指有权合法提供互联网接入业务的 ISP，例如电信、移动、联通所建设运营的中国公用计算机互联网等网络[3]。

接入网络，是指通过接入互联网络进行国际联网的计算机信息网络；接入网络可以是多级联结的网络[4]。例如企业自己搭建的 intranet。

---

[1] 《联网暂行规定》第三条第一款。《联网实施办法》第三条第一款。

[2] 《联网暂行规定》第三条第二款。

[3] 《联网实施办法》第八条：已经建立的中国公用计算机互联网、中国金桥信息网、中国教育和科研计算机网、中国科学技术网等四个互联网络，分别由邮电部、电子工业部、国家教育委员会和中国科学院管理。

[4] 《联网暂行规定》第三条第三款。《联网实施办法》第三条第二款。

国际出入口信道,是指国际联网所使用的物理信道①。国际通信信道出入口,是指国内通信传输信道与国际通信传输信道之间的转接点,例如国际通信光缆、电缆、微波等在国内的登陆站、入境站、延伸终端站;国际卫星通信系统设在我国的关口站、地球站等②。

从以上法律法规和定义,可以明确:所谓的"非法定信道",是和法定的"国际出入口信道"相对而言的,而且必须是物理信道而非逻辑信道。合法的国际联网,应该接入国内合法 ISP 建设运营的互联网络,使用法定的国际出入口信道实现。

非法定信道的事例,例如通过卫星擅自联网;在边界地区通过私接通信电缆光缆连接境外互联网络;甚至通过蹭网(域外 WIFI)的形式,都可以构建非法定信道,当然前提条件都是物理形式的。

三、分析

分析朱云枫的案例可知,朱是用手机通过自己的宽带进行上网,但是利用蓝灯 App 的代理服务翻墙访问境外网站。因此可以判断,朱使用手机能接入的网络,只能是电信、联通、移动或者铁通等合格 ISP 提供的服务,只能接入国家规定的互联网络,并通过互联网络使用的法定信道实现国际联网。因此朱实现国际联网的方式,并未违反《联网暂行规定》第六条、第八条或第十条的规定。至于朱在实现国际联网后,通过蓝灯 App 在境外③的代理服务器中转访问境外网站的行为只能适用其他法律法规处理。对朱云枫的行为,以"擅自建立、使用非法定信道进行国际联网"予以处罚,适用法律错误④。

那么,使用 VPN(或代理服务)访问境外网站,是不是都不适用"擅自建立、使用非法定信道进行国际联网"(《联网暂行规定》第六条)或者其他相关条文(指《联网暂行规定》第八、第十条,下同)呢? 笔者认为应当具体情况具体分析,具体说来根据 VPN 服务器(或代理服务器,下同)在境外境内以及国际联网的实现方式可以分如下四种情形:

第一种,VPN 服务器在境外,连接 VPN 服务器前已经通过法定信道实现国际联网后再连接境外 VPN 服务器。这里的国际联网是接入国内合法 ISP 建设运营的互联网络,使用法定的国际出入口信道实现。那么合法完成国际联网后再次通过 VPN 或代理服务器访问境外网站,这就和是否使用非法信道或是否通过互联网络、接入网络国际联网无关了。对此情形,不应适用非

---

① 《联网实施办法》第三条第三款。
② 《出入口局管理办法》第三条。
③ 之所以判断是境外,是因为该代理服务器如果在境内,那么即使实现了代理服务,也是无法访问受限境外网站的。
④ 罚则见《联网暂行规定》第十四条,该条是对违反该规定第六条(使用法定信道)、第八条(互联网络联网)和第十条(接入网络联网)的统一罚则。

法定信道相关条文处罚。

第二种,VPN 服务器在境外,国内用户通过租用专线等方式首先连接国外服务器(许多跨国企业的中国子公司常常采用这个方式连接境外总公司的服务器),然后通过国外的 VPN 服务器再访问国外网站(实现国际联网)。这种情形下,虽然租用专线联通国外服务器时,仍然使用了法定信道,但是实现国际联网其实是通过境外 ISP 才实现的。虽然没有违反《联网暂行规定》第六条,但是违反了第八条和第十条,没有通过互联网络就进行国际联网。在此情形下可以适用第八条或第十条予以处罚。

第三种,VPN 服务器在境内,那么就涉及该 VPN 服务器进行国际联网的方式,如果该 VPN 服务器也是通过互联网络使用法定信道进行国际联网的话,那么就不存在任何违法情形,使用 VPN 服务本身也不违法。当然这种情形下就不可能访问某些特定网站了。

第四种,VPN 服务器在境内,但是该 VPN 运营商实现国际联网的途径是使用非法定信道。VPN 运营商的违法性是无疑的。但是对于该 VPN 的使用人,且其明知 VPN 运营商违法使用非法定信道的,那么是否也应当予以处罚呢?这个问题值得探讨。笔者认为,基于共同违法理论,只有当使用者的目的是帮助 VPN 运营商实施违法行为的情况下,才构成违法。至于使用者在使用 VPN 后从事的行为本身是否违法,应根据该具体行为的法律性质而定,仅就使用 VPN 行为,未见法律法规的禁止性规定。本文限于篇幅和能力,在此不再展开。

《密码法(草案)》:商用密码监管的放管之道

黄春林　　汇业律师事务所

2019 年 7 月 5 日,全国人大常委会审议并正式发布了《密码法(草案)》(下称"草案")。在此之前,2014 年底,国家密码管理局开始着手密码法起草工作;2017 年 4 月,国家密码管理局正式对外发布了《密码法(草案征求意见稿)》(下称"意见稿")。

由于密码法起草过程中,我国密码(尤其是商用密码)监管制度发生了较大变化,因此 2019 版《草案》吸收了国务院行政许可事项改革及商密国标制定过程中的一些制度创新,最终内容相较于 2017 版《意见稿》就更加科学精细和包容审慎。

汇业黄春林律师团队结合我国商用密码立法的历史沿革及监管实务口径,详细解读《密码法(草案)》背景下的我国商用密码监管的放管之道。

一、《密码法(草案)》与《密码法(草案征求意见稿)》比较

尽管条文数量差距不大,但从立法体例到具体制度,2019 版《草案》相较于 2017 版《意见稿》都发生了较大变化,主要体现在:

(一)立法体例大幅调整,法律适用更加清晰

尽管两版都坚持密码分类管理这一基础逻辑,但 2017 版《意见稿》是按照密码应用、安全、促进及监管这一纵深逻辑构建立法体例,该体例的缺点是不同分类密码的法律适用及合规要求相对混乱;2019 版《草案》完全贯彻了分类管理思想,从立法体例上就将"核心密码、普通密码"和"商用密码"分开专章监管,立法体例及法律适用更加清晰科学。

(二)进一步细化了核心密码、普通密码的监管合规要求

2019 版《草案》专章规定了核心密码、普通密码的合规要求,例如明确密级适用,安全管理制度要求,监测预警及应急处置要求,人员录用及用工管理要求,等等。

(三)取消了电信、互联网企业的解密支持义务

2019 版《草案》删除了 2017 版《意见稿》中争议极大的条文:"因国家安全或者追查刑事犯罪的需要,人民检察院、公安机关、国家安全机关可以依法要求电信业务经营者、互联网服务提供者提供解密技术支持。电信业务经营

者、互联网服务提供者应当配合,并对有关情况予以保密。"

尽管如此,但电信、互联网企业仍应当按照《反恐怖主义法》《网络安全法》等规定履行有关协助、支持义务。

此外,2019 版《草案》还调整了部分违法行为查处机关,例如销售或者提供未经安全认证、安全检测或者安全认证不合格、安全检测不符合要求的商用密码产品或者服务的,由市场监督管理部门查处。其他变化如删除了商用密码产品销售、使用及进出口许可有关条文,增强了横向立法的兼容性等,详见下文部分。

二、放:取消"管企业"与留白"管产品"

与我国近期商用密码监管实践一脉相承,相较于 2017 版《意见稿》及国务院 273 号令,2019 版《草案》监管思路从"管企业"到"管产品",很好地体现了立法的包容审慎性,具体体现在:

(一)取消商用密码生产、销售及使用单位许可/审批

在国发〔2017〕46 号等规定的基础上,《草案》从立法层面取消了商用密码产品生产单位审批、商用密码产品销售单位许可、外商投资企业使用境外密码产品审批、境外组织和个人在华使用密码产品或者含有密码技术的设备审批。

但实践中,根据汇业黄春林律师团队经验,仍然对商用密码产品销售企业实行登记备案制度,且会登记审核进口密码产品的最终用户和最终用途。

(二)在安全可控的基础上的"管产品"立法留白

2017 版《意见稿》沿袭国务院 273 号令的监管思路,明确规定销售、使用及进出口商用密码产品以及从事商用密码服务的机构实行许可;但 2019 版《草案》删除了前述条文,仅规定该等行为应当符合有关法律、行政法规(例如国务院 273 号令、国发〔2017〕46 号文等),在法律层面保持了未来立法、修法的灵活性。

监管实践中,按照国务院 273 号令、国密局字〔2017〕336 号文、国密 2005第 5 号文等规定:①境内企业生产、销售商用密码产品的,产品本身仍应当办理《商用密码产品型号证书》;②外商投资企业、境外组织和个人需要从境外进口密码产品或者含有密码技术的设备自用的,该产品或设备仍应当办理《密码产品和含有密码技术的设备进口许可证》。

三、管:建立商用密码安全评估、检测认证等制度

2019 版《草案》并非一味地"放",在商用密码产品准入、安全评估、安全审

查、检测认证、进出口管制清单、事中事后监管等方面也实现了"管",具体体现在:

首先,依法要求使用商用密码进行保护的关键信息基础设施的运营者,应当开展商用密码应用安全性评估。汇业黄春林律师团队了解,实践中,很多企业已经开始按照 GM/T 0054 - 2018 等要求开展商用密码应用的合规性、正确性及有效性评估,俗称"密评"。

其次,《草案》规定了商用密码检测、认证制度。对用于网络关键设备和网络安全专用产品的商用密码服务实行强制检测、认证制度;其他商用密码从业单位实行自愿检测、认证制度。

再次,《草案》规定,商务部、国家密码管理局对涉及国家安全、社会公共利益且具有加密保护功能的商用密码实施进口许可、出口管制清单制度。

最后,《草案》还规定密码管理部门和有关部门建立日常监管与双随机抽查相结合的商用密码事中事后监管制度。

四、等保、CII 等制度下的商用密码监管延伸合规要求

2019 版《草案》没有求大求全,而是增强了横向立法的兼容性,有效衔接了《网络安全法》规定的等保制度、CII 制度、网络关键设备和网络安全专用产品目录管理等制度。

首先,2019 版《草案》分级分类管理的整体思路,与《网络安全等级保护条例(征求意见稿)》(下称"等保条例")有关规定衔接。例如,《等保条例》明确规定企业应当根据网络安全等级定级情况采取不同的密码合规要求,其中,三级以上网络只能使用国家密码管理部门许可/批准的密码产品,且必须强制开展密码应用安全性评估并依法办理备案。而作为密评主要依据的 GM/T 0054—2018,也很好地贯彻了网络安全等级分级管理的要求。

其次,《关键信息基础设施安全保护条例(征求意见稿)》也有关于密码使用、管理的指引性规定。

最后,根据《网络安全法》等规定,一旦商用密码产品因涉及国家安全、国计民生、社会公共利益被列入网络关键设备和网络安全专用产品目录(定期更新)后,应当开展强制性监测及认证后方可提供或销售。

五、外资企业商用密码合规概览

见表 1。

表 1　外资企业商用密码合规概览

行为	产品类型	合规要点		其他
		企业	产品	
生产	境内商用密码产品	原则上不再需要指定(根据 2017 年 12 月修订后的国密 2005 第 5 号文)	应当取得《商用密码产品型号证书》	应当符合等保、CII 及 0054 等有关合规要求
销售	境内商用密码产品	实行销售备案制		
使用	境内商用密码产品	—	应当取得《密码产品和含有密码技术的设备进口许可证》	
	境外商用密码产品			
	含有密码技术的境外设备			
	密码口令	—	—	

大数据产品的法律属性及其合规路径

许力先　赖　力　浙江六和律师事务所

2017 年我国大数据产业规模达到 4 700 亿元,预计到 2020 年将突破 8 000 亿元,大数据技术在金融、政务、电商等行业起到了重要作用,大数据产业所体现出的商业、战略价值推动着数据采集、数据交易不断繁荣。随着数据的市场价值不断被挖掘出来,个人因数据权益与数据经营企业产生了系列法律纠纷,产生纠纷的一个重要原因在于未能有成熟的法规政策平衡二者的利益,数据应用的合规审查制度不完善,权责不明。我国大数据产业仍处于发展的初级阶段,其健康发展对我国经济发展、个人数据安全保护有重要的战略意义。

一、数据产品保护的现实困境

(一) 数据应用引发的权益纠纷

从作为数据来源的个人与运营数据的企业发生的纠纷来看,随着大数据技术的进步,数据的商业应用愈发侵犯到个人的隐私权、安宁权、名誉权、知情权等领域。近年来,不乏网络科技企业利用网络"爬虫技术"等技术获取公民姓名及电话号码等个人信息进行交易的案件。例如 2018 年 7 月,曾被誉为"国内大数据行业第一股"的数据堂多名员工(包括实际控制人等)因涉嫌传输公民个人信息被公安立案调查。

从数据运营企业之间的纠纷角度看,数据产品的成熟、数据市场规则的不完善、相关法律法规的不全面,导致了数据产品市场的混乱。有关数据的不正当竞争颇多,但直接关联到大数据产品的司法判例直到 2018 年 12 月才有了第一例。

(二) 现有保护制度二元分立的缺陷

传统民法理论中,对于个人数据的保护分为两种类型。一种为人格权式保护,即认为数据承载的是指向个人信息的人格权利益,从而制定严密的人格权保护制度以保个人的人格权不受侵害;另一种是在互联网经济的推动下,认为个人数据可以作为一种财产,以财产权保护制度和市场运行规则等方式对个人财产予以保护。前述两种保护方式在实践中难以找到联通的桥梁,进而对于数据应用产业的保护也呈现出低效率的缺陷,具体分析,有如下

原因:

首先,数据产品权属不明,权益分配难以进行。司法实践中,出于对个人诉权难以集中、民法制度未予以明确大数据产品是否具有财产权属性、其产生的利益是否能为数据运营企业所享有等问题的考量,裁判理由中总会存有缺憾。其重要的原因在于,在当前立法体系下,授权行为并不能隔断数据权属问题。如依据人格权树立严密的保护制度,将个人数据交易的财产权利完全隔离在外,大数据产业失去内生动力和基本资源。司法实践中,并没有肯定数据运营商通过获得用户授权而获得数据或是数据产品的财产所有权,而仅作"由数据产品带来的权益归运营公司所有"的表述,未明确表示数据运营商享有完整的权利。如深究下去,既然数据运营商仅享有财产收益权,那么是否意味着肯定了数据产品的财产属性? 如肯定了大数据产品是一种财产,那么财产所有权人为何? 如数据运营企业仅享有收益权,其享有的基础为何?

其次,过于严格的个人信息保护制度将掣肘我国数据产业的发展。我国现行法律对个人信息的保护体现在对隐私权、安宁权、名誉权等的保护上。在大数据背景下,个人单一的数据不整合到大数据集合中,对于商家来说没有规律的参考性,难以转变为财产权益;对个人而言,个人信息汇入具体的数据集后,难以主张其个人的数据权益应当从网络平台大数据权益中获得有效的补偿。

综上,在互联网快速发展的今天,数据产品所引起的纠纷频发,究其根本在于数据产品的基本属性、权责问题未得到明确规定。从而对于数据产品如何合规,如何保护个人信息安全等问题自然难以明确。

二、数据产品的法律属性

(一) 对现有学说的评判

数据产品的基础来源于公民个人的数据,针对数据产品合规及个人数据保护路径存在的现实缺陷,笔者认为,厘清数据产品这一事物的法律属性是决定其规制路径的基础。

针对"物权理论"来说,数据产品的基础属性为物权违反了物权的客体理论。通说认为物权法中所指的物系指"除人之身体外,凡能为人力所支配,具有独立性,能满足人类社会生活需要的有形物和自然力"[①],物权法所保护的客体为有形物,数据产品依赖于计算机等基本载体,学界已公认了其无形性,其特性即不能满足物权法对客体的要求。

针对"知识产权理论"来说,知识产权的特征之一即是知识产权是具有独创性的、智力劳动的成果。大数据产品可以是企业对数据源通过自有算法计算的结果,也可以是自有数据通过他人算法产出的产品。其多元性来源于算

---

① 　王泽鉴:《民法物权》,北京大学出版社 2010 年第二版,第 42 页。

法的不同和数据源的不同,因此该产品并不属于智力成果,而算法才应当是知识产权保护的对象。

(二)确定数据产品的财产权属性

回归数据产品诞生的目的,即是交易。数据产品的根本来源是个人将其个人信息以授权的形式交付给数据运营商使用,数据运营商通过付出一定的劳动,将零散的数据整合、去标识化,产出针对电商、医疗、政务等不同领域的数据产品。不能否认的是,个人信息未接入互联网成为数据之前,个人对自己的信息享有完整的人格权和财产权,而当数据运营商通过符合法律要求的步骤获得该类数据的使用权后,法律应当肯定数据运营商对自己产出的数据产品基本的财产权利。

在国际上,有关数据权属的一般观点认为,企业对匿名化的数据集享有所有权,但目前也呈逐渐限制的趋势①。我国现有法律规定我国禁止公民个人信息的出售行为,但随着数据产业的逐步发展,当法律法规能够与产业发展相配合,未来个人信息的交易合法化也并非完全没有可能。

三、大数据产品规制建议

当前我国尚无专门针对大数据及其产品合规的审查标准,审视数据产品是否合规的现行基本法律依据分布在《网络安全法》《电子商务法》等相关法律法规中。通过整理可以发现,当前数据的合规路径主要体现在两方面:第一,以不能侵犯公民个人信息权利为基本原则的系列规定;第二,以保障市场公平正义的竞争法系列规定。基于我国现有法律法规,参考欧盟GDPR等国际规则,笔者从审查主体、审查方式和负面清单等方面提出对专有法律立法原则的建议。

(一)审查主体

针对我国现阶段大数据产业的发展,需对应配备保障数据安全、监测数据产品质量、内容合法性等行政职能。参照贵州省大数据发展管理局的职能,可以将前述职能、大数据应用和产业发展纳入全国各省大数据管理局行政职责中,以政府力量推动数据合规规则的制定,建立数据跨省互通制度,促进大数据交易平台的融合发展。

(二)审查方式

在数据产品合规审查方式上,可以分为事前和事后两个阶段的审核。事前,对于从事数据交易的平台、数据运营公司的经营范围可采取行政许可制。只有具备完整网络安全等级保障的机器设备及运行规则,拥有一定从业资质的数据管理人员,才能从事数据运营。在数据企业的运营中,可以对主要数

---

① 中国信息通信研究院,《大数据白皮书》(2016年版),第49页。

据产品采取备案制度,实时接收针对数据质量的投诉并对查证的企业予以处罚。

(三)负面清单的制定

对于数据运营商来说,合规的第一步即是建立严格的审核制度,将负面清单中的数据类型排除在交易之外。随着社会价值体系的不断演变和科学技术安全性的不断增强,可交易数据的范围也会不断扩大,在制定负面清单时,需从长远的角度多以概括性表述进行框定,并通过实践不断进行修正。

四、结语

本文通过明晰大数据产品的财产属性以回应信息时代的发展变化,需要说明的是,国家安全、个人隐私、企业商业秘密绝不是过时的概念,但同样,大数据不应当被视为侵犯信息安全的洪水猛兽,其所蕴含的社会价值应当被正视。正是基于此,明确的数据合规专门法的出台对企业数据产品的发展显得前所未有的重要。

论网络数据产品的权益保护

王天楚　李　雪　山东琴岛律师事务所

　　网络数据产品,是网络运营者通过收集、使用由巨量网络用户信息所转化的原始网络数据,将该等原始网络数据通过云计算、大数据分析等方式,加以提炼分析、系统整合等技术处理后,所形成的与原始网络数据不再具有对应联系的、并可以为用户所识别使用、提高用户各方面效能的衍生数据。

　　淘宝诉安徽美景公司案[①]是全国首例网络数据产品不正当竞争纠纷生效案例。该案缘起于淘宝公司开发的名为"生意参谋"的数据产品,其目的是通过对市场行情的分析为淘宝、天猫商家提供数据化的商业参考信息,而安徽美景公司通过引诱已经购买"生意参谋"产品的淘宝用户共享其子账户的方式将这些子账户在其经营的"咕咕互助平台"上进行出租,同时为咕咕平台用户提供远程登录技术,帮助其登录该等子账户,获取"生意参谋"产品所提供的数据信息,并据此非法牟利。淘宝公司遂以不正当竞争为由起诉安徽美景公司,美景公司在诉讼中指出淘宝公司开发的"生意参谋"产品未经用户同意违法获取用户信息数据,侵犯了用户的隐私权,不具有合法性。最终,法院认定淘宝公司收集使用用户信息的行为符合法律规定,"生意参谋"系合法的数据产品,淘宝公司对其享有合法的竞争性财产权益,美景公司对淘宝公司构成不正当竞争,应当承担赔偿责任。

　　目前,网络数据产品这一概念在我国法律中尚属空白,因此,有必要结合本案,对数据产品的合规和权益保护进行探讨。

一、数据产品的开发形成

　　数据产品的数据内容来源于网络运营者所收集、使用的原始网络数据,而这些原始网络数据仅为网络用户信息外化为数字、符号、文字、图像的表现形式。网络用户依据《网络安全法》对其个人用户信息享有获得安全保护的权利,因而,网络运营者收集并使用网络用户信息是否符合相关法律规定、是否具备正当合法性、是否存在侵害网络用户信息安全的行为,将成为数据产品是否依法享有法定权益的基础,进而成为该数据产品的网络运营者主张利益保护的权利根基。

[①]　详见杭州市中级人民法院(2018)浙01民终7312号判决书。

因此,探讨大数据产品的形成,考量大数据产品是否凝聚和承载了法定财产权益,首先应当考察信息收集和处理的合法性与正当性。

(一) 网络用户信息的收集的原则

根据《网络安全法》第四十一条的规定,网络运营者收集、使用个人信息应当遵循合法、正当、必要的原则。据此,网络运营者在收集网络用户信息过程中应当遵循的两个最为重要的原则分别是:

(1)用户知情并同意原则。《网络安全法》针对个人信息、非个人信息这两种不同的信息种类,对网络运营者收集、使用网络用户信息的安全保护义务作出了严格程度不同的法律规制,但均规定网络运营者应当取得网络用户的明确同意和授权。

(2)必要与最小限度原则。该原则系为了平衡个人隐私权保护与企业数据收集之间的利益矛盾,即要求网络运营者基于其为用户提供网络服务的必要,在影响最小的范围内,收集实际经营业务所需的用户信息。在实践中,存在许多 App 超越必要性要求,获取用户敏感权限或要求用户概括授权的情况①,这些行为均违反了必要与最小限度的原则。

(二) 网络用户信息处理的标准

根据《网络安全法》第四十二条的规定,网络运营者未经被收集者同意,不得向他人提供个人信息,但是经过处理无法识别特定个人且不能复原的除外。据此,网络运营者在处理信息时,应当遵循以下两个标准:①信息经处理后应当不能识别特定个人身份;②经过处理的信息应当不能通过技术手段复原。

二、网络数据产品的定性

淘宝诉美景案中,法院对互联网大数据产品的定义为:"在巨量原始网络数据基础上通过一定的算法,经过深度分析和过滤、提炼整合以及匿名化脱敏处理后形成的预测型、指数型、统计型的衍生数据"。从法院对大数据产品的认识可以看出,网络数据产品主要有以下两个特点:

(一) 网络数据产品是基于原始数据而形成的衍生数据

互联网大数据产品的第一个特点在于其是基于原始网络数据而产生的,通过网络运营者的分析、整合,最终形成新的衍生数据。对于原始网络数据,网络运营者不享有权利,其只能依据用户的授权,在授权范围内进行使用。但数据产品则不同,其最终的形态已经脱离了原始数据,不同于原始数据的散乱繁杂,数据产品展现了有序、概括性等特点。

---

① 详见上海市消费者权益保护委员会针对手机 App 涉及个人信息评测结果通报,http://www.315.sh.cn/news/detail.aspx? id=824。

（二）数据产品中包含了网络运营者大量的投入及智力劳动

网络运营者的劳动及经济投入是原始数据向数据产品进行转化的原因，这也是网络运营者针对数据产品享有财产权益的关键。网络运营者付出人力、物力、财力经过长期积累形成的数据产品，具有显著的实用性，能够为购买该产品的用户提供经济利益，同时也为网络运营者取得相关市场的竞争优势。

三、大数据产品权益的保护

关于数据产品的合法权益应采取何种模式予以保护的问题，因对数据开发者针对数据产品享有何种权益问题存在不同观点，相对应的，理论上也存在不同的保护模式。①物权保护模式：认为数据权利属于物权财产权利；②知识产权保护模式：认为原始数据经过网络运营者深度开发形成数据产品后，该数据产品可以看作网络运营者的智力成果，应当给予其知识产权保护；③反不正当竞争保护模式：不承认数据产品具有物权或知识产权属性，只承认网络运营者对其付出劳动和资金最终形成的产品具有竞争性财产权益，只有在竞争者通过不正当手段削弱其竞争优势时，网络运营者才能够获得法律救济；④商业秘密保护模式：将数据产品作为企业的商业秘密加以保护。

从保护的范围和力度上看，①②④模式的保护程度均要高于反不正当竞争法的保护程度，但这三种模式也都有其各自不适宜之处。物权保护模式下，因"物权法定"原则，数据权利尚未有法律上的规定，且数据产品处于一种无形的动态变化的过程中，其价值取决于市场、消费人群等多种因素，具有不确定性。相比之下知识产权保护模式，更符合数据产品无形性的特点，但著作权需要以作品具有独创性为前提，专利权有新颖性、创造性、实用性的"三性"要求，从这些方面来看，数据产品似乎并不能满足知识产权法所保护的智力成果的相关要求。而商业秘密保护模式下，网络运营者可以将数据产品作为其商业秘密进行保护，但数据产品产生的目的即是为了数据共享、传播，与商业秘密隐秘性的特点并不相符，同时一旦数据产品成为商业秘密，作为数据产品基础的原始数据将处于何种法律地位，是否会与个人信息权利相冲突是需要考虑的问题。相比上述三种保护模式，反不正当竞争保护模式本身不存在问题，以淘宝诉美景案为例，无论"生意参谋"数据产品的性质如何，在其受到美景公司不正当行为损害其财产权益的情况下，美景公司"搭便车"的不正当竞争行为都应受《反不正当竞争法》所规制。

对于大数据产品的定性和权益保护，尚未有明确的法律规定以及足够的司法实践，从目前的情况来看，虽然反不正当竞争保护模式的保护范围有限，但将其作为一种过渡性方式不失为一种好的选择。

浅析虚拟专用网络的风险管理与合规问题

原　浩　江苏竹辉律师事务所

2017年3月广东省东莞市第一人民法院对一起涉及制作出售虚拟专用网络（VPN）软件的案件作出一审判决，被告构成提供侵入、非法控制计算机信息系统程序、工具罪，判处有期徒刑九个月，并处罚金5 000元。该案亦被称为"VPN第一案"。随后各地发布多起类似刑事案例，多年以后再次引发对VPN软件销售合法性的关注。2019年5月浙江省海宁市某企业由于业务需要，由员工通过网络购买、注册翻墙软件并多次访问境外网站，属地公安部门根据《计算机信息网络国际联网管理暂行规定》认定其行为构成擅自建立、使用非法定信道进行国际联网，给予责令停止使用翻墙软件并给予警告的行政处罚，境内企业使用VPN的合法性成为热议。本文综合公开信息及笔者代理的相关刑事案例，就VPN（软件为例）经营、使用的相关法律风险进行初步分析并提出合规建议。

一、相关概念解析

目前对VPN监管的主要法律依据仍为上述《计算机信息网络国际联网管理暂行规定》及《国际通信出入口局管理办法》等。规定未经信息产业部批准，任何单位和个人不得以任何形式设置国际通信出入口。在境内从事国际通信业务，必须通过信息产业部批准设立的国际通信出入口进行。任何组织和个人不得利用其他途径进行国际通信。规定实质上明确了国际通信的行政许可方式，应按《电信条例》《外商投资电信企业管理规定》《电信业务经营许可管理办法》办理经营许可证。《电信业务分类目录2015》（含增订）将国内互联网虚拟专用网业务（IP-VPN）纳入第一类增值电信业务。实践中使用VPN概念，涵盖了虚拟、专用的所有形式，而不论是在哪一网络（协议）层面上实现，或基于何种分类的通信。

二、适用性风险分析

（一）经营可能涉及罪名的法律分析

实践中行为人运营VPN的方式可能是制作或购买VPN软件。在笔者代理案件中，作为多层级的销售模式，行为人将购买的VPN客户端稍做"改头换面"后通过即时通信工具宣传销售，用户通过计时付费方式登录服务器端使用。在我国《刑法》涉及"计算机信息系统"章节中，上述制作、销售归入了"提供"的范畴。该行为可能涉及的刑法罪名包括：

一是认定为刑法第225条规定的非法经营罪。在某些案件中，对于是否构成非法经营罪有所讨论。目前的主流观点认为不宜以非法经营定罪。主要理由包括：①涉案行为主要目的和方式在于"访问国内（大陆地区）IP不能访问的外国网站"，涉案行为并不以扰乱（合法的）市场秩序为主要目的，即该"市场秩序"本身即为非法；②涉案行为同时涉及"计算机信息系统"的相关罪名，从行为关联性上，应在"计算机信息系统"相关罪名下特定化涉案行为和后果。

二是认定为刑法第286条的破坏计算机信息系统罪。在笔者代理的案件中，行为人获取可访问和可加速的计算机"通道"方式主要通过购买"肉鸡"，故该行为会在"肉鸡"计算机中安装、部署或设置相关软件或功能，该行为可能会"对计算机信息系统功能进行删除、修改、增加、干扰，造成计算机信息系统不能正常运行"或"对计算机信息系统中存储、处理或者传输的数据和应用程序进行删除、修改、增加的操作"，这也是某些案件中公诉机关倾向于认定的罪名。但本文也认为一般而言VPN不构成该罪名。理由在于：①从涉案行为原意"访问国内（大陆地区）IP不能访问的外国网站"上，VPN软件的经营在于通过提供"通道"而获益，破坏计算机信息系统非其本意，实践中多数VPN软件不会对包括"肉鸡"在内的计算机系统、应用程序或数据造成明显的改变（当然实际上会在系统中建立和产生相应的数据和日志），在现有的技术环境下对系统、网络运行的影响微乎其微；②刑法285条和286条已经将"入侵软件"和"恶意软件"（计算机病毒等破坏性程序）进行了区分，"黑灰市"上的软件多同时具有两种功能，例如新近流行的勒索软件即同时具有计算机病毒的传播与加密特性、入侵软件的获取系统控制和重要数据的特性，关键看其行为目的和实施效果；③此外还有至关重要的一点是从行为定性的认定上，既然已知案例按照刑法285条按照三年以下定罪量刑，同一行为在不同案件中适用罪名不一致而选择刑法286条的五年以下刑罚，有悖于刑法的统一与谦抑。

三是按照刑法第285条第三款认定为提供侵入、非法控制计算机信息系统程序、工具罪。按照两高《关于办理危害计算机信息系统安全刑事案件应用法律若干问题的解释》，涉案行为接近于"具有……未经授权或者超越授权对计算机信息系统实施控制的功能的""专门用于侵入、非法控制计算机信息系统的程序、工具"，即涉案软件通过未经授权的控制和代理访问等方式，实现了计算机信息系统在目前法律环境的正常使用场景下不应具有的访问功能。

此外实务中还有构成拒不履行信息网络安全管理义务罪等个别案件。当然在具体个案中，还应结合行为的具体涉案行为对其罪与非罪进行充分论证。例如在笔者代理的案件中,涉案人员在整个销售网络中的地位和层级、涉案软件的主要功能在于访问未经授权的网站还是主要用于游戏加速也都是需要充分举证和探讨的基础问题。

(二)使用的法律风险

2017 年工信部就清理规范互联网网络接入服务市场发布了《工业和信息化部关于清理规范互联网网络接入服务市场的通知》(工信部信管函〔2017〕32 号)等文件,清理规范工作后延至 2019 年 3 月。规定"基础电信企业向用户出租的国际专线,应集中建立用户档案,向用户明确使用用途仅供其内部办公专用,不得用于连接境内外的数据中心或业务平台开展电信业务经营活动",据此并结合《计算机信息网络国际联网管理暂行规定》第 10 条规定,使用 VPN 大致可以区分为三种情况:①外资企业与境外总部(股东)建立联系;②为经营目的与境外客户或第三方(如通过云平台,但因为云平台特性将无法知晓其最终用户或用途)建立联系;③不可预知的其他用途。

使用 VPN 软件的法律风险,除了因违反《计算机信息网络国际联网管理暂行规定》导致的行政处罚,即由公安机关责令停止联网,给予警告,可以并处 15 000 元以下的罚款;有违法所得的,没收违法所得之外,在《网络安全法》下可能还会涉及进一步的法律风险,主要包括:①因数据泄露导致的网络运营者安全保障义务责任;②由于涉及数据出境问题,可能导致个人信息和重要数据出境的相关法律风险,即未经评估的数据出境,将按照《网络安全法》及配套规定追究法律责任;③部分 VPN 软件本身的安全性问题(例如存有安全漏洞等),或带有计算机病毒的某些特性,可能会对企业造成资产风险。在发生上述风险时,由于用户所购买使用的 VPN 软件本身的合法性存疑,故将无法向软件提供者追偿。

三、合规建议

在现有法律体系下,经营和使用 VPN 软件存在的法律风险需要通过技术、管理和法律的综合评估和措施予以规范。作为用户而言,除了使用 VPN 应履行向属地公安机关备案的基本动作外,应进一步从供应链安全的高度考虑前置的风险因素,主要包括:①对 VPN 提供者的经营资质进行法律评估,以取得专门增值电信服务经营许可证为基本条件;②对 VPN 软件的安全性进行必要的技术评估,以确保不存有恶意软件、信息泄露等安全风险;③对 VPN 软件的隐私策略和日志功能进行技术、管理和法律的综合评估,特别是对所谓的"无日志"隐私保护功能可能存在的深层次"悖论"问题:在假定隐私保护功能通过不留存日志能够部分实现的前提下,无论是经营者还是使用者不留存日志的行为本身可能构成对《网络安全法》下网络日志留存强制性规定的违反,同时也将导致在合规过程中无法实现"保存有关记录"的证据要求。

浅析我国网络个人信息安全法律制度
——借鉴欧盟《通用数据保护条例》的经验

黄　鹏　北京观韬中茂（杭州）律师事务所

网络个人信息安全问题日益引起各界重视，各国从立法、执法等多角度对网络个人信息安全保护制度提出了更高的要求。

个人信息泄露发生的原因之一是黑客对相关企业的网络或数据库漏洞进行攻击，由此获得大量数据信息。例如 2013 年申通快递被曝存在 13 处系统安全漏洞，黑客通过漏洞下载了三万余条个人信息，随后又非法买卖。而近年来更多的泄密事件是由于企业内部管理不当而引发的，如 2018 年脸书网（Facebook）约 5000 万用户数据被剑桥分析公司下载利用，以此影响了部分选民在美国大选中的选择。

本文将通过对比中外对于个人信息的定义，以及欧盟与中国对于网络个人信息的保护制度，针对我的网络个人信息安全法律制度提出一些建议。

一、何为个人信息

由于法律传统和习惯的不同，各国在个人信息界定上存在差异。

美国采用隐私型定义法，尝试通过进行隐私保护而间接达到对于个人信息保护之目的[1]。《隐私法案》中通过"记录（Record）"和"数据记录（Statistical Record）"将个人信息描述为任何关于个人的类目、集合或信息组，其包括但不限于教育经历、金融交易、医疗记录或个人身份证号码、标志或其他用于识别个人的信息，例如指纹、声音或照片[2]。实践中美国采用分散立法方式，各个行业就该问题拥有其自身的法律规则和准则以规制各类信息的收集、持有、使用和传输。

欧盟倾向识别型定义法。《通用数据保护条例》第 4 条将个人信息（personal data）定义为任何与已经或可以识别自然人（数据主体）有关的信息，其中可识别自然人可以通过直接或间接方式识别，尤其指通过姓名、身份证号、住址等类似识别信息，网络识别信息，或可用于识别自然人的物理、生

---

[1]　王利明：《论个人信息权的法律保护——以个人信息权与隐私权的界分为中心》，《现代法学》2013 年第 4 期，第 62 - 72 页。

[2]　5 U.S. Code §552a.

理、遗传、心理、经济、文化或社会身份的因素①。欧盟对个人信息的外延做了较大扩展,但最终适用对象的外延究竟几何,还需根据欧盟执法情况来判断。

我国也选择识别型定义法,《网络安全法》第七十六条第五款明确个人信息为"以电子或者其他方式记录的能够单独或者与其他信息结合识别自然人个人身份的各种信息,包括但不限于自然人的姓名、出生日期、身份证件号码、个人生物识别信息、住址、电话号码等"。

二、《通用数据保护条例》对于个人信息的保护

2018 年 5 月 25 日,欧盟正式生效实施《通用数据保护条例》(General Data Protection Regulation,以下简称 GDPR)。

GDPR 对于个人信息权利设置了更高的保护,强化了公民现有权利,并赋予新的权利,给予公民对于其个人数据更有力的控制权。主要表现在以下四个方面:

(1)公民可以通过更为简单、便捷的渠道获取其个人数据,且相关企业若确实持有申请人的个人数据,应当免费向公民提供相关数据。

(2)赋予数据传输更多的空间,使不同服务供应商之间公民个人数据传输更为便捷。

(3)GDPR 明确赋予公民个人数据"可被忘却的权利(right to be forgotten)",这是欧盟较我国更为具有前瞻性的规定。在个人不想其个人数据被处理或保存时,可以要求相关数据控制人对此修订或删除。

(4)公民有权知悉其个人数据何时遭遇网络攻击事件。当个人数据发生泄露或其他严重事件时,持有数据的企业或组织需要告知相关个人与独立监管机构。

GDPR 出台所带来的影响是多方面的。在企业层面上,许多本土企业或外国企业在欧盟的总部纷纷调整自身的产品和服务以适应 GDPR 的要求,比如重新设计产品获取个人数据的方式,网站需要重新获得用户的授权;另一方面,该条例也让欧盟以外的企业在与欧盟发生交易关系时不得不调整交易规则以符合新规要求。在国家层面上,GDPR 带动了欧盟成员对于国内法的修订,比如爱尔兰、西班牙、比利时等;而非欧盟国家,如阿根廷、巴西、印度、泰国等,也相继修改其国内数据保护法规以期与 GDPR 保持一致。GDPR 正在用其对个人数据安全极高的要求影响着全球对于个人信息安全制度发展的前进方向。

---

① 详见 Article 4,REGULATION (EU) 2016/679 of the European Parliament and of the Council of 27 April 2016 on the protection of natural persons with regard to the processing of personal data and on the free movement of such data.

三、我国对于网络个人信息保护的法律制度

我国对于网络个人信息保护的制度散见于多部法律法规之中。2013 年新修的《消费者权益保护法》明确提出要对个人信息进行保护[①]。随后，2016 年发布的《网络安全法》较为集中地对网络个人信息安全问题做出一些规制，要求网络运营者在收集用户信息时，需要获得用户的许可，同时对持有的用户信息进行保密。收集与使用个人信息应当遵循合法、正当、必要的原则，收集所得信息不得泄露、篡改、毁损；未经被收集者同意，不得向他人提供个人信息[②]。

我国当前网络个人信息安全监管属于多头管理。根据《网络安全法》的相关规定，国务院电信主管部门、公安部门和其他有关机关在各自职责范围内负责网络安全保护和监督管理工作[③]。此外还有其他部门参与其中，对其所管辖的行业、领域中关键信息基础设施进行安全规划、指导并监督相关工作，其中可能涉及能源、交通、水利、金融、公共服务、电子政务等部门及行业[④]。相关的网络服务供应商在实际操作中，需要与多个部门进行接洽，处理相关的许可或监管事务。

当网络个人信息权利受到侵害时，当事人可以采取的救济手段十分有限。首先个人可以在权利受到侵害时向网络运营者提出自己的诉求，要求其更正错误或删除。当然，若通过自我救济的途径无法解决争议时，个人可以向法院提出诉求。若确认网络运营者等参与者确有违反相关法律法规的情形，则行政主管部门可以责令其改正，并处警告、没收违法所得、罚款、暂停相关业务、停业整顿、吊销相关许可证等处罚措施。但是这些处罚所针对的情形大多以正面清单的形式出现，无法对网络市场中所有权利侵害事件进行规制。另一方面，当事人所遭受的损失难以获得补偿的同时可能还需要付出高昂的维权开支。

四、对我国网络个人信息安全保护立法的建议

当前我国的国情与立法者的态度都明确地表达了对于网络个人信息安全进行系统立法的强烈意愿，但是通过前文之描述，不难发现我国在该领域的立法还有很长的路要走。借鉴欧美的经验，本文提出以下建议以供参考。

---

① 《消费者权益保护法》第十四条规定，"消费者在购买、使用商品和接受服务时，享有人格尊严、民族风俗习惯得到尊重的权利，享有个人信息依法得到保护的权利"。

② 详见《网络安全法》第四十、四十一、四十二条。

③ 详见《网络安全法》第八条。

④ 详见《网络安全法》第三十一、三十二条。《关键信息基础设施安全保护条例（征求意见稿）》第 4 条也做出了类似的规定，"国家行业主管或监管部门按照国务院规定的职责分工，负责指导和监督本行业、本领域的关键信息基础设施安全保护工作"。

首先，参考欧盟与德国的立法经验，一个国家对于个人信息的立法大多会经历部分到全部，阶段性推进的过程。从我国实际发展情况出发，我国应当有序地对网络个人信息安全进行立法，例如尝试从某个行业开始立法，再及于其他行业。

其次，对于网络个人信息立法所规制的范围不应只是国家机关对于公民信息的保持与利用，同时还需要对市场经营者的信息行为进行规制，规制的范围应涉及公法与私法两个领域①。

最后，建立健全网络个人信息管理制度，整合监管机构职能。基于网络个人信息行为存在多个参与方，一个有力的监管机构能够对相关行为进行有效监管，并且同时减轻企业和行政机关在相关工作中的运作成本。

① 蒋舸：《个人信息保护法立法模式的选择——以德国经验为视角》，《法律科学（西南政法大学学报）》2011 年第 2 期，第 113－120 页。

关于数据资源保护的若干思考

汪　政　浙江泰杭律师事务所

一、背景

近年来，数据成为社会各界广泛提及的事务，马云更是称"数据"是未来发展引擎里燃烧的能源，数据资源的商业价值不断被挖掘并广泛受到社会各界的重视。但是，数据资源的安全性问题也将给个人隐私、社会稳定等带来巨大的潜在威胁。如何应对这新兴而又巨大的挑战，成为社会各界和政府亟需面对并解决的问题。

我国政府高度重视数据在新常态中推动国家现代化建设的基础性、战略性作用。2016 年 3 月发布的《十三五规划纲要》专章提出"实施国家大数据战略，加快推动数据资源共享开放和开发应用，助力产业转型升级。"2017 年6 月正式实施《网络安全法》，对数据安全和个人数据保护进行了制度性的规范和立法意义上的完善。2018 年《个人信息保护法》被列入立法目录。2019年浙江省政府提出《深化数字浙江建设实施方案》，指明数字社会为浙江省一号工程。

放眼全球，世界各主要发达经济体都在迅速发展并完善数据市场，保护其国家和国民的数据隐私安全。2016 年欧洲议会投票通过了《一般数据保护法案》（"GDPR"），法案重点关注数据本地化和隐私保护，其通过意味着欧盟对个人信息保护及其监管达到了前所未有的高度。2018 年，美国加利福尼亚州颁布了《加州消费者隐私法案》（"CCPA"），旨在获得无歧视的市场准入和实现数据自由流动，被认为是美国国内最严格的隐私立法。

从《网络安全法》、GDPR 和 CCPA 三部法律出台的共同背景看，通过立法加以规范，在促进产业发展的同时构建有效全面的数据资源保护体系，成为全球主要经济体未来共同致力的方向。

二、对于数据资源的界定

"数据资源"这一新的概念在现有的法律框架中并无定义。一方面，数据来源于使用产品从而产生数据的人，其个人隐私及信息安全应得到保护，故数据具有人格属性；另一方面，应用系统收集到的海量数据，其数据经过加工和解释便具有社会效益和经济效益，因此具有财产属性。可见，数据资源的权属形成于人而体现于物，是一种人格权与财产权混同的新型复合权利。

三、对于数据应用的思考

海量数据资源的管理使用过程中出现了一系列充满争议的法律问题，其中最主要的是数据与隐私的矛盾，以及数据寡头垄断等问题。

（一）数据与隐私问题

随着数据资源逐渐被软件应用商视为珍贵的资源，公民的隐私受到了前所未有的伤害：人们的上网痕迹、朋友圈点赞、网购行为、外卖习惯等，都可以通过快捷有效的数据挖掘技术而整合成传统媒体时代未曾出现过的数字化隐私。特别是近两年来数据安全事件、个人信息泄露事件频发，例如：2018 年 Facebook 因泄露超 5000 万用户数据，2019 年 7 月 24 日美国联邦贸易委员会（FTC）对其处 50 亿美金罚款，Facebook 同意支付该罚款并接受新的限制以及对每个产品、服务或业务进行隐私审查；2018 年 8 月，华住旗下酒店开房记录泄漏共 140G 约 5 亿条，堪称互联网史上最大规模泄漏事件。

随着数据挖掘分析技术的不断发展，个人隐私保护和数据安全变得非常紧迫：①大数据环境下人们对个人信息的控制权明显下降，导致个人数据能够被广泛、翔实的收集和分析；②数据被应用于攻击手段。未来，我国关于个人隐私和数据保护的法律法规会越来越健全，相信能够找到既能有力保护个人隐私权，又能将数据信息进行商业化和社会治理共享的平衡点。

（二）数据寡头垄断问题

数据要发挥边际效应的最大作用，必须依赖于大量的数据。互联网巨头为了保护自身利益，往往不会把得到的大数据共享出来，比如阿里的支付宝和腾讯的微信相互限制分享模式，继而形成壁垒，防止其他同行竞争，这在一定程度上形成了垄断，变成数据寡头。

要打破数据寡头的垄断，一方面需要对数据寡头的权利进行限制。另一方面建立法律制度保障。通过权利限制及利用制度保障从而打破原有的数据寡头垄断数据的局面。

四、应对数据资源问题的解决方法

（一）权利限制

互联网企业在数据资源管理中享有的数据权利必须是有限制的。

第一，从权利产生的源头上，大数据产生的基础是海量个人用户的原始信息。在数据利用的授权层面，企业利用涉及用户个人数据原始信息授权的形式必须严格规制，不能是只通过用户协议的默认勾选方式，而应该单独明确地提示用户所有关键条款，让用户主动选择授权的范围和时效。同时，不能因为用户不同意授权而对用户进行主要功能使用的限制,这些应当被认定为侵权行为,需受到法律的惩戒。

第二,企业对数据资源的占有必须遵循明示同意原则、目的限制原则与必要限制原则。具体来说数据管理企业对于用户数据的采集无论是主动还是被动的方法,都必须向用户明示,告知用户数据采集的方式和种类以及数据处理后的应用后果,并经用户明确授权表示同意。同时,使用数据的目的应当与数据采集时告知用户的目的严格一致,不得过度收集所提供业务需要的必要限度之外的无关数据。

(二)法律保障

为有效加强对数据资源的治理和监管,保护公民个人信息的安全,2018年《个人信息保护法》已进入立法规划。目前,我国已基本形成了"立法—国家标准—执法规范"的数据安全保障法律体系。

立法层面:我国《民法总则》第一百一十一条明确规定自然人的个人信息受法律保护。《刑法》第二百五十三条规定违反国家规定,向他人提供公民个人信息,情节严重的,将受到刑事处罚。2017年6月《网络安全法》已正式实施,在数据和个人信息合规方面,主要从"个人信息保护""数据存储与跨境安全""数据内容安全"和"数据系统、平台、设施安全"等几方面予以规制。2017年6月,最高法和最高检发布《关于办理侵犯公民个人信息刑事案件适用法律若干问题的解释》,对侵犯公民个人信息犯罪活动,保护公民个人信息安全等作出了具体详细的规定。

推荐性国家标准:全国信息安全标准化技术委员会《个人信息安全规范》(国家标准 GB/T 35273—2017)于2018年5月实施后,成为实践中在个人信息保护方面最为普遍参照和执行的制度性文件。该国标以个人信息控制者为主要规范主体,针对个人信息收集、保存、使用、共享、转让、公开披露等处理活动,提出了超过130项具体的个人信息保护措施,规定详细,指导性强。

执法层面:在个人信息保护方面,中央网信办、工信部、公安部、市场监管总局四部门联合发布《关于开展 App 违法违规收集使用个人信息专项治理的公告》,对 App 违法违规收集使用个人信息行为认定方法作出了具体规定,并以工作组的形式开展专项治理。经过两年的执法实践,网信部门按照《互联网信息内容管理行政执法程序规定》进行执法的模式已较为成熟,其中关于管辖、立案、调查取证、听证、约谈、决定、执行等各环节的具体程序要求可供数据资源行政管理执法者参考。

五、结语

互联网、大数据技术的发展速度远超人们的想象,长远来看,通过立法规范和标准自治去同时平衡个人信息保护和数据资源的利用,才是真正的解决之策。只有通过监管层严密的依法监管,数据行业标准化自治,各数据资源管理者合法使用收集所得的数据资源，公众的合法利益才能得到有效的保障。这也将是律师行业服务法治社会、服务数字时代新的发展领域和社会贡献！

浅析网络直播之隐私权保护的必要性

李　聪　陕西德伦律师事务所

自 20 世纪 50 年代互联网诞生至今不到 70 年的时间里,从最初简单局域沟通到如今网络对生活的全方面覆盖,互联网已经成为现今社会不能缺少的生产生活基础设施。在此之下,互联网经济的发展与繁荣,造就了如今的超距离网络帝国,放眼互联网新经济,网络直播行业毫无疑问的正是互联网新经济最为成功的互联网业态之一。

但是,随着互联网科技的发展给人们带来便利和社会协作效率提升的同时,隐私泄露与侵犯、互联网公司粗暴的霸王条款、用户隐私的地下买卖产业都越来越成为一个个不得不去面对的困境。看到这些问题的同时,也侧面反映了互联网新经济对应的法律的空白和政府相关部门管理的缺失。本文主要就网络直播对个人隐私权的侵犯及保护等问题展开论述。

一、网络直播的发展现状

直播行业起源于游戏的副产品语音软件,当时,许多游戏例如魔兽争霸、魔兽世界等等大型游戏由于需要团队协作配合,语音软件就此诞生。2000 年到 2008 年 YY、新浪 UT、盛大 ET、久聊等一大批语音平台进场,语音平台的出现也让游戏的社交性更加丰富、玩法更加多样化,以 YY 的 K 歌、杀人夜、聊吧最为成功。2008 年,视频时代到来,这一年天鸽进军线上演艺市场,形成了以 9138、六间房、YY 三大品牌为首的视频行业市场,随后 56 秀场、优酷来疯、爱奇艺秀场也纷纷入局。其间 2004 年视频直播行业大变动,斗鱼的横空出世以及对直接竞争对手 YY 的许多当红主播的抢挖签约让 YY 失去了市场老大的地位。随后虎牙、熊猫也相继进入视频直播行业,就此网络视频直播行业大洗牌完成。

当然,互联网科技的发展也使得原本需要上万其至几十万、几百万的专业仪器设备才能完成的网络直播工作,如今只需要一台手机一个手机架就可以完成。网络直播也从最初的单一化走向了如今的多元化,例如:游戏、户外、美食等等一些种类繁多的门类。让直播真正走向大众化的还要说户外直播。户外直播堪称是网络直播的新变种,同时受到了各个直播平台的重视。户外直播包括野外求生类直播、街头搭讪类直播等等。

就易观发布的《2017 年 4 季度中国移动直播行业市场季度盘点分析》报

告来看，2017年我国直播行业总收入超过300亿元，比2016年增长39%。再看从业人数，以北京这个直播行业高密集地为例，北京直播行业就业人数达55万人；而从用户使用数量来看，直播用户总数约4.22亿人。因此面对中国13亿的人口基数，我们完全有理由相信直播行业还有很多可以挖掘的潜力。

二、网络直播引发的关于个人隐私安全问题

2015年有报道称一个名为"俺瞧瞧"的视频直播网站引发热议，在该网站上，可以看到全国各地甚至国外的监控摄像头的免费直播，包括街景、餐厅、商店、办公室，甚至市民家中的情况。其中，广州市有185个地点的监控画面被网站直播，除了公共空间的监控视频外，不乏室内场景直播。2016年2月，四川德阳一名幼儿园教师因在网上直播班上小朋友上课以及午休的情况引发各方关注，当地公安部门表示，老师的行为违反了《未成年人保护法》，侵犯了孩子的肖像权和隐私。2017年12月12日一篇名为《一位92年女生致周鸿祎：别再盯着我们看了》的文章发表了。该文章指出，部分暗中安装360智能摄像头的店铺，在未告知顾客的情况下进行直播，涉嫌侵犯隐私。

搭讪式直播更是"裹挟"了不知道多少不知情的路人暴露在镜头中。其中就有新闻报道，湖北武汉市一名男网络直播人员直播时强行搭讪路人并"索吻"并骚扰当事人。另一则报道则是一位男网络直播人员在公共场合借魔术直播为由，侵犯多名女性胸部，在当事人小郑明确拒绝的情况下多番语言及肢体行为骚扰并尾随，所幸小郑最后还是摆脱了其男子的骚扰，但依旧给小郑留下不小的阴影。户外主播为满足观众的猎奇心理不惜铤而走险游走在法律的边缘、道德底线之下，主播们敢堂而皇之、光天化日、乾坤朗朗之下做出如此让人气愤的事情，不也是侧面反映了在法律制度方面、在制度规章方面、在市场监管方面存在着空白和欠缺吗？

三、网络直播之隐私权保护

2004年我国将"国家尊重和保障人权"写入宪法。2007年在十七次全国人民代表大会中明确提出全面落实依法治国的基本方略。经过数年的普法、讲法、用法，人民的法律意识和个人隐私意识早已觉醒。直播平台和互联网公司要发展必须尊重法律、尊重用户，应当在正确的企业价值引导下谈产品和服务。尤其是互联网龙头企业，更应该在保护用户隐私方面率先垂范，尽力提高隐私保护能力，而不是滥用群众对信息的"不敏感"，将其作为随意拓展企业行为边间的幌子，甚至成为企业的"掘金机"。

行业的兴起带动了市场的繁荣、经济的提升、社会的发展。但是面对新行业的新问题，我们决不能有"鸵鸟心态"。有错必改、有问必究是政府一直以来的态度。看到行业内如此混乱不堪，2016年11月网信办公布《互联网直播服务管理规定》，对平台资质、主播实名、内容审核等方面做了详尽规定。

平台必须同时拥有《信息网络传播视听节目许可证》《网络文化运营许可证》。在 2018 年 3 月 26 日举行的高峰论坛上,百度公司董事长兼 CEO 李彦宏表示,"中国人对隐私问题更加开放,会愿意用自身隐私换气便捷互联网服务"。同时他还表示,网络数据 80%存在于企业手中之后还要实现指数级增长。随后李彦宏的言论通过媒体迅速发酵,不仅在网民中引起强烈反感,同时央视、新华社、人民日报等国家级媒体也点名强烈批评。央视新闻发表《谁说中国人愿意用隐私换便利》一文,对李彦宏的"隐私论"持强烈的批评态度。文章指出:"人们害怕的不是李彦宏往枪口上撞,说错话,而是科技巨头们对用户的核心权利的轻视与淡漠成为一种真心不自觉的脱口而出。"《人民日报》用看似调侃的语气严肃批评,发表了一篇名为《用隐私换效率谁愿意啊!》。这一件件一桩桩的事件说明了,只有强有力的法律才能守住人民的权力。

在如今科技大爆发的时代,新技术的每一次创造与迭代都是对社会生产与协作的一次提升,但我们不应该成为新技术普及的牺牲品,更不应该存在隐私让步于技术产品的状况。追根究底,技术是服务于人类的,它应该在法律约束中,道德底线之上谋求生存,造福人类。企业应该通过正确的、优秀的、以人为本的价值观引领企业发展,做出符合市场、用户喜爱、造福社会的优秀产品。

笔者相信,随着法律制度和政府监管的完善、市场的成熟,互联网的未来会更加值得期待,让我们拥抱科技,让法律和制度为人类的繁荣保驾护航。

网络游戏推广刑事风险之"诈骗罪"

刘　威　上海市锦天城（南昌）律师事务所

伴随着经济水平的提高，网络游戏快速发展，越来越多年轻人愿意通过网络游戏放松心情，甚至结交朋友。众多游戏平台为了吸引玩家，采取了多种方式来进行游戏推广，其中一些推广行为往往涉及比较多的法律隐患。而网络游戏推广过程中普遍存在的隐瞒、虚构身份进行推广的行为，已经引起了有关部门的重视。由于前期并无此类案件的先行判例，司法机关对此类案件的定性也存在一定争议，因此本文针对相关游戏推广行为分析其具体法律性质，并对该行为进行定性分析，以便正确区分罪与非罪的问题。

一、游戏推广行为的具体表现形式及特征

据笔者调查了解，网络游戏推广方式多样。有游戏运营商自建推广部门的，也存在类似代理外包推广的模式。但在具体推广过程中，推广者一般分为三类角色，推广人员、"师傅""团长"。其中推广人员到处寻找玩家（甚至到别家游戏平台中寻找玩家），找玩家私聊并索要玩家的联系方式；然后由"师傅"加玩家的联系方式，并通过聊天等方式引导玩家进入自己公司的游戏中；再由"团长"组成一个战队，陪玩家一起玩游戏。玩家在游戏中充值，推广人员、"师傅"、"团长"便可以提取一部分的抽成比例，玩家充值的越多，推广员的提成点也会越高。

该类游戏推广行为通常有以下特征：首先，推广人员、"师傅"、"团长"在与玩家的沟通中，一般会隐瞒自身游戏推广人员的身份，并存在以男扮女号等方式与玩家沟通互动，与玩家沟通的过程中，甚至存在以谈恋爱等方式来刺激玩家消费的情况。玩家玩游戏的过程中，尤其是在战斗力相当的玩家之间，推广人员会利用玩家的攀比心理，通过一些信息不对称的方式来刺激玩家消费；其次，该类行为组织性强。通常该类游戏推广为团体方式进行，有一定的组织形式，且各类成员分工明确，各环节紧密相关，过程严谨，并且形成了一定的规模；再次，该类游戏推广行为涉及金额较大，一般的玩家通常可以在一款游戏中充值几千到几万块，部分大玩家可能充值几十万甚至几百万。

二、相关推广行为法律性质分析

在我国，对社会危害不大的行为往往不认定为犯罪，但并不代表该行为

完全合法,此类行为同时也可能违反民法的规定,也可能违反行政法的规定,违反不同的法律需要承担不同的责任。

(1)民事法律责任。在《民法通则》及相关的司法解释规定,在设立、变更、终止民事权利与民事义务中,故意告知对方虚假情况,或故意隐瞒真实情况,诱使他人做出错误的表示行为属于民事欺诈。而推广人员在推广游戏的过程中,均隐瞒了推广人员的身份,让玩家在不知情的情况下做出了充值消费的意思表示和行为。而民事欺诈行为导致的法律后果是该民事行为无效,推广人员需要承担退还充值的民事责任。

同时该类推广行为还可能侵犯了消费者的知情权,消费者有权利知道其购买、使用商品的真实情况的权利,推广人员在推广游戏中隐瞒身份,扮演玩家,构成不诚信,已经侵犯了玩家的知情权。

(2)行政法律责任。在网络游戏推广过程中,为了吸引玩家,推广人员在与玩家的沟通中可能会发布一些色情、暴力等广告来吸引玩家,此行为触犯了网络游戏暂行管理办法,相关行政部门可以对该游戏推广经营单位罚款甚至吊销营业执照。

(3)刑事法律责任。对于推广行为是否构成犯罪需要从几个方面进行分析:首先,在犯罪客体方面,行为人需要侵犯了公民的财产权利;其次,犯罪主体方面,需要达到法定刑事年龄,具有一定的刑事责任能力,但往往该类游戏推广操作是一个团体式的,往往是以法人的形式出现,但仍可以追究单位负责人和直接负责人的刑事责任;再次,犯罪主观方面,要求具有故意并具有非法占用的目的,从推广行为的主观分析,推广行为的主观目的就是为了诱导玩家充值,完全符合故意并获取利益,但同时玩家是得到了相应游戏中的元宝、装备等,因此是否具有非法占用的目的存在争议。

三、游戏推广刑事法律风险分析

推广过程中的不规范行为,可能存在诸多刑事法律风险,诸如不正当竞争行为引发的损害商业信誉、商品声誉罪等,但目前网游推广过程中核心刑事风险还在于推广过程中的隐瞒身份行为是否构成诈骗罪。笔者认为推广行为被定义为诈骗罪,通常需要满足以下条件:

(一)符合欺诈行为的本质要求

每个犯罪行为都有特有的属性用以区别其他的犯罪行为,欺诈行为通常具有以下属性,行为人对被骗者有虚假表示、该虚假表示导致被骗者陷入处分财产的错误认识并造成财产的减少、欺骗行为与玩家处分财产的行为有因果关系。

具体到游戏推广行为,推广人员隐瞒身份、男扮女号,甚至向玩家表达谈恋爱、交朋友的意思表示,以上皆对玩家传递一种虚假信息,符合欺诈行为的第一个属性,但该虚假表示是否导致被骗者陷入处分财产的错误认识,是否存在因果关系，一直存在争议。

对于玩家处分财产造成财产的减少，可以参照德国的整体财产减少说与个别财产减少说[①]，个别财产减少说并不意味着玩家的财产整体上出现价值的减少，而是玩家处分财产并未收到预期的理想，就应当认为造成财产损失。

而两者是否存在因果关系呢？玩家在游戏中充值消费主要原因是推广人员以男性玩家交朋友的心态或玩家相互攀比的心态来诱导玩家消费，但往往此种行为仅是起到一定的干预作用，并非控制，玩家可以按照自身的意见不到该游戏平台，也可以不在该游戏平台进行充值消费。玩家在整个过程中有一定的自主权。一般的诈骗行为是该虚假表示直接影响了玩家的充值行为，而间接对玩家充值行为的影响是否构成欺诈行为，也是争议点的存在。

（二）以非法占有为目的

任何行为都需要考虑主观目的，而诈骗行为的主观是需要行为人具有非法占有的目的，而实际司法中，一直存在着争议。笔者认为，在分析时因将传统的非法占有适当的扩大化，"占有"在文义解释中通常为所有的意思，而玩家充值消费，获取了游戏的装备，看似是一种等值的交易，玩家并未有损失。但平台及运营商在玩家非真实意愿的前提下获取充值收益，推广人员则通过玩家的充值行为获取提成，应该认定为具有以非法占有为目的。

（三）行为人诈骗一定金额的财物

诈骗行为有满足其入罪的数额要求，这里既包括行为人单次诈骗的数额，也包括累计诈骗的数额。在推广行为过程中，推广人员往往一天做几百个推广，而玩家充值的比例虽然低，但在累计的过程中，仍超过了入罪的数额要求。同时，如果平台及运营商有组织的在推广过程中采取欺诈的方式，则构成诈骗罪的数额应当以整体经营收入计算。

通过上述的分析，虽然此类（通过隐瞒、虚构身份等方式诱导玩家消费）游戏推广行为在定义为诈骗罪仍存在一定的争议，但该类行为从外观到实质，仍然符合诈骗罪的基本要素，同时考虑到国家近年来对互联网行业的规范措施，最终定性为诈骗罪或许只是时间问题。

四、结论

"游戏推广"涉嫌诈骗是今年兴起的新型案件，由于实施行为人的手段方式多样、涉及金额巨大，侵犯了我国公民的财产权利，故受到规制是必然的趋势。但在实际司法实践中，还是需要针对不同的情况，具体分析，对其行为进行定性，适用正确的法律、正确的罪名，也更有利于现阶段网络游戏的监管。而对于前期已经发展起来的游戏平台、运营公司等，更需要与时间赛跑，在某

[①] 郑泽善：《诈骗罪的财产损害》，《北方法学》2013 年第 4 期，第 104 页。

些推广行为被定性（产生实际判例）前，通过必要手段（目前已有健全的合规及风控工具，笔者另行行文阐述）规范自身推广行为，阻断崩塌式经营风险。

近距离看被遗忘权

车　捷　付　鑫　国浩律师(南京)事务所

1998 年,西班牙律师冈萨雷斯因不能清偿社保债务,导致个人房屋被政府拍卖,相关拍卖公告被刊登在了西班牙的《先锋报》上。2009 年,冈萨雷斯使用谷歌搜索自己的名字时,竟然再次发现了当年的房屋拍卖公告,认为有损自身名誉的他当即要求谷歌删除该搜索结果,沟通未果后他又向西班牙数据保护局投诉,案件随后辗转到了欧盟法院。2014 年,经过审理,欧盟法院根据 Directive 95/46/EC("95 数据保护指令")规定的数据主体的更正权和拒绝权,最终认定冈萨雷斯的主张成立,谷歌应当移除相关"不恰当的、不相关的、过时多余"的检索结果(未要求报纸删除文章),本案也因此称为"被遗忘权第一案"。本文拟从被遗忘权在欧盟和中国的近期发展,讨论关于构建被遗忘权制度的相关思考。

一、被遗忘权在欧盟的发展

(一)冈萨雷斯案判决后被遗忘权的最新发展

冈萨雷斯案判决生效后,谷歌火速上线了移除搜索链接的申请页面。欧盟数据保护工作组(Article 29 Working Party)也在冈萨雷斯案判决后为数据控制者如何应对该判决制定了指南。谷歌在 2015 年组织若干数据隐私的权威专家就如何平衡公共权利与个人的被遗忘权形成了专家讨论委员会,于 2015 年 2 月做出了关于被遗忘权的报告。

根据 2019 年 7 月访问谷歌透明度报告中(Transparency Report)关于被遗忘权的结果显示,谷歌从 2014 年至 2019 年 7 月收到了大约 280 万次请求,同意移除大约 125 万次请求,最终被同意的只占 45%。谷歌称他们会根据众多因素考虑相关内容是否应当被移除,包括但不限于:相应内容是否与要求提出者的职业生涯、过往罪行、政治职务、公开身份有关,或者相应内容在性质上是否属于自著内容、包含政府文件或属于新闻报道。毫无疑问的是,被遗忘权制度的设立为包括谷歌在内的互联网企业带来了巨大的成本和技术的挑战。

2016 年,谷歌曾面临法国数据保护机构 CNIL 的指控,后者认为谷歌所有版本的搜索网站(而非仅限欧洲范围内的搜索网站)都应当包括用户的被遗忘权。在诉讼中,谷歌提出了各国拥有独立的数据主权、此举不利于言论自由等多项理由主张欧盟数据主体的被遗忘权仅能在欧盟范围内执行。2019 年 1 月 11 日，欧盟法院总法律顾问 Maciej Szpunar 就案件发表初步意见（目前欧盟法院最终意见尚未作出，但一般会遵从该初步意见），支持了谷歌的主张。他认为，被遗忘权应当与公民对数据的知情权、信息的自由流动相平衡。同时，他也认可某一国家的数据保护机构无法决定世界范围内的其他国家的执法尺度，但同时强调谷歌应采取"地区封锁"（Geo Blocking）等技术手段保证该类信息不得在欧盟范围内访问——防止用户通过变更域名的方式访问本应在欧盟范围内不得访问的内容。

2017 年 3 月 9 日，欧盟法院下达了另一份判决，对被遗忘权进行了限缩。该案中原告要求删除的是其曾任职董事的某破产公司的记录，判决认为：基于被遗忘权制度的复杂性，无法就相关信息的最长保存期限决定；鉴于案件中相关公开的信息极为有限，且对于保护公共利益意义重大，因而拒绝了原告的主张。

（二）被遗忘权与 GDPR

前述冈萨雷斯案件审理时，欧盟通用数据保护条例（"GDPR"）正在制定过程中。2018 年 5 月 25 日，GDPR 正式生效，从法律层面正式确立"被遗忘权"，只是已在该案判决的基础上做出了重大变化。

GDPR 第三章数据主体权利第 17 条中规定了"被遗忘权"，从体系上说此处的被遗忘权实质上是删除权（又称"擦除权"）的扩展和延伸。从内容上看，该条第 2 款的规定与被遗忘权的要求更为接近：在数据控制者将个人数据公开传播的情况下，在技术手段合理、成本可控的情况下他应该采取所有合理的方式予以删除，并有责任通知处理其他数据控制者，删除与数据主体所主张的个人数据相关的链接、备份和复制件。

为避免给数据控制者带来太大负担，也为了保护信息的自由流动和言论自由，第 17 条第 3 款也规定了该条适用的例外情形，如为了行使表达自由和信息自由的权利、为了公共健康领域的公共利益以及为了提起、行使或辩护等主张的事由时，数据控制者可不予删除相关信息。

二、被遗忘权在中国的司法实践

（一）中国被遗忘权第一案

"任甲玉诉百度案"（二审案号为（2015）一中民终字第 09558 号）被称为中国司法领域关于被遗忘权的第一案。该案中，原告任甲玉除依据传统的姓名权、名誉权主张不再显示相关搜索结果的同时，还主张其享有一般人格权意义上的被遗忘权，由于其已经不在原机构任职，且该机构业内声誉不好，进而认为相关搜索结果的显示损害了其合法权益。两审法院从相关信息的真实性、信息所记载的内容、信息对社会公众的影响等角度出发，认为依据一般人格权主张其被遗忘权应属一种人格利益,法院认为该人格利益若想获得保护,任甲玉必须证明其在本案中的正当性和应予保护的必要性,但原告任甲玉并不能证明上述正当性和必要性,因而不能支持其诉讼主张。

(二)同案不同判?关于该判决的进一步延伸

虽然冈萨雷斯案与我国的任甲玉在诉讼主体、诉讼标的以及诉求方面具有一定的一致性,但却取得了截然不同的结果,但笔者认为这并不是所谓的"同案不同判",理由是:

考察原告任甲玉的诉讼请求能够发现,即使在欧盟的法律体系之下,原告的诉请也很难被全部支持,如原告要求的"在百度搜索界面中输入'任甲玉'进行搜索,搜索结果中不得出现'陶氏超能学习法''超能急速学习法''超能学习法'等关键词,似乎意味着除断开特定名字的搜索结果,还需断开其他搜索结果所显示的信息,可能导致权利行使的边界过于放大"。值得注意的是,百度在该案中强调的答辩重点之一是技术中立,主张相关搜索结果的显示无人为干预,进而强调百度公司并未在"相关搜索"服务中针对任甲玉进行特定的人为干预,一二审法院采纳了该答辩观点。

同时值得一提的是两审判决对于我国并未设立的被遗忘权并未采取回避的态度,而是从实务的角度精巧地进行了分析,既避免了理论的争议,又实现了实践的指导意义,正如该案二审法院在其就本案的评述文章中提到的:"真正决定是否给予司法保护的,应该是'被遗忘权'或'删除权'这样的表述之下所涵盖的,在具体案件中的权利内容或利益内容。而当这些具体的利益内容确有保护必要时,现行法律又基本能够提供保护的入口。"去年,南大教授梁莹学术不端的传闻甚嚣尘上,也有社评就学术不端制度不应提供被遗忘权的保护发出了有意义的讨论。

三、关于构建被遗忘权制度的难点思考

如前所述,我国当前并未设立被遗忘权制度,本文也无意鼓吹该制度在当下的中国应当建立,仅是希望从欧盟和我国实践的角度,讨论下被遗忘权制度构建的难点思考,由于篇幅有限,难免挂一漏万。

首先,有权主张被遗忘权的主体尚不确定。有说法认为高级公务员、明星等社会公众人士应接受广泛的监督,不应当享有被遗忘权。其次,行使被遗忘权的规则尚不清楚,是否仅涉及断开搜索结果,还是应当扩充至原始网页(以及当前火热的自媒体)的屏蔽也尚无定论。再次,像谷歌、百度这样的搜索引擎应该如何处理被遗忘权的请求,以及是否应当公开其内部处理的规则(是否应在不同地域采取不同的规则)当前都没有法律规制。最后,被遗忘权的主张因原始信息来源于新闻杂志还是来源于用户自我上传而有所不同也尚不清晰。

也有学者认为,我国当前正处于数字经济高速发展的时期,设立被遗忘

权制度可能会加大我国企业的竞争难度与成本,不利于我国高新技术企业的发展(也有观点认为美国未设立被遗忘权制度即与其在网络领域的绝对霸主地位有关)。需要关注的是,尽管我国已通过《个人信息安全规范》等规定了用户的"删除权",但该规定相比较被遗忘权制度还比较谨慎。同时,用户在行使注销账户的法定权利时等还存在诸多乱象,仍有待进一步的规制。

数据共享行为的法律要素初探
——兼以数字资本市场为视角

陈　巍　任愿达　通力律师事务所

随着《网络安全法》的颁行以及数据共享行为的市场化发展，进一步完善我国数据共享行为规制的配套法规体系迫在眉睫。近期，有专家在中国金融四十人论坛上提出了数字资本市场概念①，其中一层内涵即为数字资本/资产的出现会最终促成"数字资本"市场，而这一概念及其理解在目前的一些市场案例中亦有所因应：某上市公司出于物流供应链安全性考量而恪守信息防火墙等原因，控股股东放弃了将贸易业务纳入上市公司体内；另有拟上市企业，其披露的募投项目之一系搭建一套完善内部数据分享的信息化管理系统，这两则在数据共享领域内"一张一弛"的案例亦印证了数据安全性与数据效率性之间的博弈对数据共享业务的影响。笔者认为，这一结果会随着相关市场进一步细分以及相关制度的不断完善而产生渐变，而结合数字资本市场的法律语境，剖析数据共享行为的法律要素，将进一步有利于廓清数据共享行为合规性的法律边界。

一、数据共享行为的分类思路

对数据共享行为进行类型化、多维度的分析，有利于揭示基于这一诉求而形成的市场的范围与业态的内涵。

从流向的维度观察，可将数据共享行为界分为单向的数据开放行为以及双向的数据交换/交易行为，这一维度的分类有利于在制定技术规则时进一步明确不同行为之间义务履行完毕的判断时点；从有偿的维度观察，可将数据共享行为界分为数据等价/等量交换行为与数据有偿/定价交易行为，这一维度的分类有利于在数据侵权行为发生时适当"量化"侵权责任的外延；从法域的维度观察，可将数据共享行为界分为境内共享行为与跨境共享行为，这一维度的分类除可明确相关行为法律适用的层次、提示适用域外法律的风险

---

① 2019 年 7 月，在中国金融四十人论坛（CF40）和金融城在北京举办"第四届全球金融科技（北京）峰会"上，有专家就数字资本市场做了详细阐释。对于何为"数字资本市场"，其解释道，数字资本市场主要包括两方面，一是"数字资本"市场，比如将会出现数字资本或数字资产，这些最终会形成市场；二是"数字"资本市场，也就是说，整个资本市场的发行、交易结算都会数字化，这两个市场是相辅相成、相互促进的。

外,亦有利于在经济全球化的环境下,促进单一法域内的立法在数据确权这一基本观念和前提形成与其他法域立法间可协调、可弥合的机制;从主体的维度观察,可将数据共享行为界分为同一主体内部的共享行为与不同主体之间的共享行为,这一维度的分类有利于立法者进一步关注同一主体控制下关联企业(例如金融控股集团、跨境贸易集团等组织结构复杂的主体)间数据共享的合规边界。

进一步,流向的维度、有偿的维度、法域的维度、主体的维度亦从商事法/金融法视野下之行为法的角度明确了交易行为的工具属性、价值属性、规范属性与对象属性,为技术规则制定者在梳理不同类型法律关系、在确立技术规则时防范制度"洼地"提供了可予参考的立足点。

二、数据共享主体的厘定思路

对数据共享主体进行精细化、多角度的分析,有利于揭示数据共享主体在实践中的多元化特点。实践中,市场化的数据共享除使用环节外,服务环节与管理环节已经成为必不可少的内容,尽管各方主体的权利义务因其角色不同而各有差异,但立法者在完善配套制度体系时仍应将各方主体视作同等重要的考量因子,由点及面、由面及体地就相关规则进行立体化、系统化、均衡化的制定。

从使用的角度观察,数据共享主体可界分为数据提供方与数据使用方,并可再根据政府数据、企业数据、个人数据、其他数据的数据分类,形成坐标化的规范模型;从服务的角度观察,数据共享主体将增加平台管理方[①]与服务提供方[②]两方,鉴于数据分享及相关技术的专业性,数字资本市场语境下的数据共享市场主体势必不止于提供方与使用方,主体的明确增加有利于提示相关制度规范突破纯粹的双方合意观念而有所扬弃;从管理的角度观察,数据共享主体还将增加自律主管方与业态监管方,鉴于数据分享及相关业态的前沿性,数据分享的结构化、多环节属性会成为"新常态",明确、平衡、协调自律主管方与业态监管方的法律权益(立法框架之内对该等主体监督权、执法权的授予),由其对相关业态各司其职并进行具体行为规制、规范释明具有积极意义。

进一步,使用的角度、服务的角度、管理的角度亦从商事法/金融法视野下之组织法的角度明确了交易行为的直接参与方与间接参与方、横向参与方与纵向参与方[③],为法律规则制定者在细化实体法律制度(多方不同属性的主

---

① 平台管理方主要系指为供求双方提供标准化、平台化条件及运维措施的主体。
② 服务提供方主要系指为各方提供技术服务及其他配套服务(包括数据确权、数据登记等服务,就广义而言,该等配套服务亦属于利用技术提供服务的"技术服务"之一种)的主体。
③ 从一般商事行为的角度观察,所涉的法律关系一般系横向法律关系,而在金融组织法的范畴内,相关的监管关系则将涉及纵向参与方。

体参与，民事、行政乃至刑事交叉）与程序规范制度（常规纠纷解决机制与契合新技术、新业态、新市场的伦理与逻辑的替代性纠纷解决机制）方面提供了可作校验的试金石。

三、数据共享机制系统性优化的考虑

笔者认为，在廓清共享行为模式、厘定共享行为主体后，数据共享机制系统性优化的思维进路可以包括以下三个维度：

第一，优化该机制的厚度。具体而言，是指在规范框架体系（包括但不限于法律法规体系、安全管理制度、规范标准体系、安全技术机制）层面的进一步契合。例如，在政府数据开放的模式下，除了网络安全与信息保护的专项法律法规外，还将涉及其他行政管理规定中的专项适用条款，该等规定的表述侧重于法律效果的实现，工信、网信部门的安全管理制度要求则为实现前述法律效果提供了技术路径上（法律权益具体履行时）的行为范式，相关数据开放主体参考规范标准体系后设置的安全技术机制则为对接前述行为范式提供物理与应用层面的实施条件，实施条件—行为范式—法律效果的逻辑闭环完全依赖于法律规则与技术规则的深度融合。

第二，优化该机制的深度。具体而言，是指在规范适用体系层面（细化不同共享行为主体、模式的具体规范）的进一步丰富。例如，关联企业间的数据共享与非关联企业间的数据共享在行为规范及监管规范上、核查方式及自律模式上均会存在差异化的口径，在侧重保护信息与鼓励数据共享的不同基本法下，执法机关、司法机关在适用法律上的适度弹性（如合同法下的诚信义务及信托法下的信义义务在不同案例中的选择适用等）将对科技创新、产品创新、交易创新产生重大影响。

第三，优化该机制的高度。具体而言，是指在规范监管体系层面的进一步完善。例如，可通过借鉴监管沙盒[①]的理念，在"技术中立"原则的范畴内，对于开放、服务、管理、使用等不同环节中相关主体先验性的"选择—同意（权）（OPT-IN）"[②]"选择—放弃（权）（OPT-OUT）"[③]进行一定程度的包容。此

---

① 监管沙盒（Regulatory Sandbox）的概念由英国政府于 2015 年 3 月率先提出。按照英国金融行为监管局（FCA）的定义，"监管沙盒"是一个"安全空间"，在这个安全空间内，金融科技企业可以测试其创新的金融产品、服务、商业模式和营销方式，而不用在相关活动碰到问题时立即受到监管规则的约束。简而言之，监管者在保护消费者/投资者权益、严防风险外溢的前提下，通过主动合理地放宽监管规定，减少金融科技创新的规则障碍，鼓励更多的创新方案积极主动地由想法变成现实，在此过程中，能够实现金融科技创新与有效管控风险的双赢局面。

② OPT-IN 模式主要系指网络服务商只有在征得数据主体同意的情况下方可链入第三方应用开发者进行数据共享，但当数据主体取消授权第三方应用开发者的继续共享，网络服务商应当立即断开连接，第三方也应删除相应链接。

③ OPT-OUT 模式主要系指数据主体默示同意网络服务商与第三方应用开发者进行数据共享，只有当数据主体明示表示拒绝时，网络服务商与第三方理应断开链入，取消数据共享。

举抑或有利于通过不同环节释放的不同效率以及权限范围形成不同的产品,扩大市场的有效容量、形成市场的多元秩序,以满足不同情境下相关主体的需求。

四、结语

目前,在基本法层面,《网络安全法》颁行后的配套制度正在不断健全,《电子商务法》的颁布亦为电子商务环境下的数据利用提供了基本法依据,个人信息保护法已被列入立法规划;在配套监管机制方面,未成年人信息保护、数据跨境流动的专项监管、重要网络数据的专项监管等规定亦已生效实行或处于公开征求意见后的草案审议修订阶段。该等基本法及配套监管机制的逐步落地,为勾勒数字资本市场的法律语境、塑造数据资产管理的法治土壤提供了制度保障。映射到数据共享这一细分业态后,笔者认为,数据共享机制的完整性是数据效率性的"动力"源泉,数据共享机制的安全性是数据效率性的"张力"边界,建立健全数据共享法律规范机制可以解决数字资本市场构建中因数据孤岛①而产生的效率困境,亦可缓释因数据集中而产生的道德风险。从该细分业态的视角出发,剖析相关法律要素或可为相关机制的系统性优化提供一定的理论支撑。

---

① 通常而言,数据孤岛可以分为两种,即物理性数据孤岛和逻辑性数据孤岛。物理性数据孤岛主要系指数据在不同部门相互独立存储,独立维护,相互孤立,形成了物理上的孤岛。逻辑性数据孤岛主要系指不同部门站在自己的角度对数据进行理解和定义,使一些原本相同的数据被赋予了不同的含义,无形中加大了跨部门数据合作的成本。

从全球数据跨境流动监管政策看我国相关制度发展

陈际红　北京市中伦律师事务所

在经济全球化飞速发展的今天,数据的跨境流动变得异常频繁,已经成为一种不可阻挡的趋势,许多国家都对数据的跨境流动进行了监管。我国2017年6月1日正式实施《网络安全法》,该法对关键信息基础设施的运营者数据跨境传输的义务进行原则性规定[①]。然而,作为《网络安全法》数据出境方面的具体配套法规迟迟没有最终敲定。2019年7月13日,国家互联网信息办公室发布《个人信息出境安全评估办法(征求意见稿)》(以下简称"《评估办法》")并征求意见。我国数据跨境流动的监管制度仍是雾里看花、只见端倪。

本文结合我国现有的数据跨境流动监管规范,借鉴全球数据跨境流动监管政策,提出对我国未来数据跨境流动监管方案的建议。

一、数据跨境流动监管动因

当前信息技术与互联网的发展促使各国经济朝着数字化方向转型,经济实体和个人的各种活动也以数字化方式进行,物理世界与虚拟世界相互交融、难分彼此。因此,若缺失对互联网秩序、数据尤其数据跨境流动的监管,势必将映射到现实世界,影响现实世界的秩序,带来不利的反馈。一般而言,各国可能出于以下原因对数据跨境流动进行监管:

(一)聚集数据资源

我们正处于 ABC(AI、BIG DATA 和 CLOUD)时代,ABC 时代的核心要素便是数据,可以说数据是 ABC 时代的燃料,没有数据整个社会将无法运转。正因为数据的重要作用,数据已经成为国家重要的战略资源,如果一个国家没有聚集数据而是流出数据,意味着国家战略资源的丧失、国家竞争力的衰弱。因此,各国出于实现数据资源的聚集、增加国家竞争力的目的对跨境数据流动秩序进行监管。

(二)防止行政管理权、司法权落空

当前电子数据在生活中随处可见,所签订的合同、沟通的载体、支付信息

---

① 《网络安全法》第三十七条。

等很多都是通过电子数据实现的,司法或行政案例中的证据也越来越多以电子数据方式存在。因此,各国出于有效的行政管理及司法管辖的目的,需要要求电子数据进行本地化存储。如果一国的数据不能有效存储在国内,那么行政管理权和司法权就可能会落空。美国最近出台的 CLOUD 法案就是基于这一考虑。

(三) 保障国家安全和社会秩序

对于涉及国家秘密的数据,由于该数据的出境将会对国家安全造成严重威胁,因此各国都不允许这类数据出境。此外,某些数据即使不涉及国家秘密,但是该类数据的聚集也可能影响国家安全与公共利益,例如一国的发电量、交通运输量等数据的聚集可在一定程度上反映一国的经济发展状况,因此各国可能倾向于限制该类数据出境,此谓重要数据。

(四) 保护个人数据权益

在数字社会,个人数据主体权益的保护重要性凸显,而个人数据的跨境流动将对个人数据权益保护带来极大的挑战,出境的个人数据难以受到数据主体的有效控制,而各国的数据保护立法水平、司法制度具有差异,进而可能对个人隐私权等主体权利造成损害。因此,为了保护个人数据主体的权益,各国也对数据跨境流动进行监管。

二、域外数据跨境流动监管政策对比

(一) 欧盟:侧重保护个人权利,关注 GDPR 具有传导效应

在立法的价值取向上,欧盟侧重保护个人权利,数据跨境流动监管政策主要体现个人数据保护制度上。根据 GDPR 第五章的规定,对于个人数据出境制定了较为丰富的合法场景,除数据主体同意、履行合同必要等事项之外,还包括数据传输至"充分性认定"地区、具有充分保障措施的实体(具有约束力的公司规则、标准合同条款、已批准的行为准则及经批准的认证机制、封印或标识等)等。

"充分性认定"类似一个白名单机制,欧盟委员会负责根据第三国的个人信息保护立法状况、执法能力,以及是否存在有效的救济机制等因素,做出综合评估,因此当欧盟对其他国家进行"充分性认定"时,会促使其他国家按照 GDPR 要求进行个人数据保护,进而影响该国的数据立法。目前欧盟委员会仅认定不足 20 个国家符合"充分性认定"标准[1]。即便如此,由于 GDPR 的传导效应和溢出效应,GDPR 的数据跨境流动监管规则也会被其他国家所效仿,这将有可能改变全球的数据治理格局和数据保护的水平。

---

[1]　王融:《数据跨境流动政策认知与建议》,网址:https://www.sohu.com/a/219667662_455313,2018 年 10 月 9 日访问。

（二）美国：允许跨境调取他国数据，限制他国获取美国数据

2018 年 3 月美国总统特朗普正式签署 CLOUD Act，该法案采取"数据控制者"标准，打破"服务器标准"，允许调取不在美国境内的电信服务或远程计算机服务的提供者控制、监管的数据[①]。同时，CLOUD Act 对数据调取行为的抗辩设置严格的条件，仅包括目标对象不是"美国人"且不在美国居住及披露内容的法律义务将给服务提供者带来违反"符合资格的外国政府"立法的实质性风险的抗辩[②]，这在一定程度反映美国试图打破各国数据本地化政策屏障的意图。

（三）俄罗斯：要求数据普遍地本地化存储和处理

在 2013 年棱镜门计划曝光后，俄罗斯通过修订《关于信息技术和信息保护法》《俄罗斯联邦个人数据保护法》加强数据本地化和数据跨境流动的监管。根据《关于信息、信息技术和信息保护法》第十条第一款，自网民接受、传递、发送和（或）处理语音信息、书面文字、图像、声音或者其他电子信息六个月内，互联网信息传播组织者必须在俄罗斯境内对上述信息及网民个人信息进行保存。根据《俄罗斯联邦个人数据法》第十八条第五款，运营商收集个人数据（包括使用互联网手段）时，需要保证使用位于俄罗斯境内的数据库，对俄罗斯公民的个人数据进行搜集、记录、整理、积累、保存、核对（更新、变动）和提取。根据上述规定，俄罗斯履行数据本地化义务的主体范围相当广泛，包括互联网信息传播组织者、运营商都需要对数据进行本地化存储和处理。

对于数据出境的监管，俄罗斯要求相关机构、国外政府或者国家必须拥有同等的保护水平才可以进行数据传输，否则必须具备数据主体的书面同意、履行合同必要、保护国家安全必要、执行国际条约义务必要等目的才可以进行数据出境[③]。

（四）APEC：采取认证机制规范数据跨境流动

2004 年 APEC 成员达成的《APEC 隐私框架》对数据跨境流动进行原则性规定，要求数据控制者将个人信息传输到第三方（无论是境内还是境外）应获得数据主体的同意或者确保数据接收者持续遵守《APEC 隐私框架》的原则。

为了推进各成员统一执行《APEC 隐私框架》，APEC 委员会在 2007 年出台《APEC 跨境隐私规则体系》（CBPR）。CBPR 体系对数据跨境流动采取认证机制：数据控制者可以自由选择是否进行 CBPR 认证。如果通过 CBPR 认证，数据控制者就被认为满足了隐私保护要求，可以在 APEC 区域内实现自

---

① CONGRESS. GOV："CLOUD Act"，网址：https://www.congress.gov/bill/115th‐congress/senate‐bill/2383/text，2018 年 10 月 9 日访问。

② 同上注。

③ 《俄罗斯联邦个人数据法》第十二条。

由的跨境数据传输,而对于获得认证的数据控制者,将受到该 CBPR 的约束,隐私责任评估机构可以按照当地法和合同执行跨境隐私规则,隐私执法当局也可以按照本国法对经认证的数据控制者采取相应的执法措施。

三、我国数据跨境流动监管政策的建议

(一) 整体目标

根据 Synergy Research 最新的研究报告,目前绝大多数超大规模数据中心设在美国,占到了 44% ,中国占比 8%,位居第二,而日本、英国占比 6%[①]。由此可见,虽然我国在数据聚集上不及美国,但相比较世界其他国家,仍存在一定优势。因此,我国在数据跨境流动监管的立法应充分考虑数据保护和数据流动的平衡,并引导数据在我国聚集,不建议采取绝对化要求,比如绝对的数据本地化要求。同时,对于特定行业和特定类型的重要数据,应本地化存储和处理,以维护我国国家安全。

(二) 制订时机

出于下述原因,我国应尽快制定数据跨境流动监管制度:

(1)保障相关企业、组织有法可依。由于没有明确的法规指引,没有数据跨境流动的监管机构,虽然《网络安全法》已经生效一年有余,我国企业目前无法进行合规的数据出境安全评估,我国目前数据跨境流动的治理处于悬空状态,迫切需要制定治理规范;

(2)参与全球数据跨境流动国际监管规则建设的需要。欧盟、美国、俄罗斯等都颁布了各自的数据跨境流动治理法规,在全球数据跨境流动治理平台中发出自己的声音,我国也应及时出台自己的数据跨境流动治理法规,积极参与国际规则的制定;

(3)国家间数据协定谈判的迫切需要。基于欧盟 GDPR 的规定,2018 年 7 月欧盟与日本已经实现对等的数据传输充分性认定,数据得以安全地在欧盟和日本之间进行流动。若未来我们参与国家间的数据谈判,需要以国内的监管规范作为谈判的基础,因此迫切要求制定我国自己的数据跨境传输监管规范。

(三) 监管政策构想

(1)对数据本地存储和数据跨境流动进行双重监管。我国可以基于促进数据聚集、保护国家安全等的原因鼓励数据本地化存储和处理。对于跨境数据的流动,我国可以设置监管门槛,对于正常的数据跨境流动,不设置障碍,仅监管达到相应门槛的数据跨境流动。

---

①　1991IT:《Synergy Research:目前全球大型数据中心数量已超过 300 个》,网址:http://www.199it.com/archives/550651.html? winzoom＝1,2018 年 10 月 9 日访问。

（2）对于大企业和中小企业进行分类监管。由于数据出境可能造成的风险、对数据出境安全评估成本承受能力的不同，需要对大企业和中小企业采取不同监管政策。由于大企业处理的数量规模更大，更有可能构成关键信息基础设施运营者，数据出境的风险较高，因此可以施以更高的合规责任，进行更加严格的监管；而中小企业的数据出境一般不会带来实质性伤害，可以适当降低标准或者豁免某些法律要求。

（3）对个人信息和重要数据进行双轨监管。个人信息与重要数据在本质上是不同的，个人信息主要是对数据主体私权的保护，而重要数据则侧重于国家利益、国家安全的保护。由于个人信息和重要数据在监管目标、适用范围、评估程序指标差异显著，我国可以分别制定适用于个人信息与重要数据的监管规范。对于个人信息跨境数据流动，可以基于评估、协议、明示同意、认证等民事手段来解决，而对于重要数据的跨境流动，则应主要依赖于行政监管。

（4）多元化个人数据跨境流动的合法事由。纵观世界各国个人数据跨境流动的合法性事由，大致包括对数据接受国充分性认定、采取充分保障措施、认证机制、国家间对等协议等。我国可以借鉴上述合法事由，增加例如认证机制、充分性保障措施等的合法事由，使得个人数据的流动更加便利。

（5）完善我国的长臂管辖原则。我国《网络安全法》采取有限的域外管辖的原则，有权管辖涉及危害关键信息基础设施的境外机构、组织、个人[①]。由于数据跨境流动活动本身具有长臂效应，欧盟、美国等数据出境监管法规都具有一定域外效力，因此我国可以根据国情适当增加长臂管辖的范围。

---

① 《网络安全法》第七十五条。

数据权利归属问题初探

刘新宇　北京市中伦(上海)律师事务所

数据确权作为数据权利保护的逻辑起点,是建立数据交易规则和维护数据交易秩序的前提条件,是构建整个大数据相关法律制度的基础性问题。根据法律经济学的主张,法律规则之所以被广泛地认可、接受和执行,不在于其符合维护抽象的公平、正义,而在于其提高了资源配置的效率,实现了资源配置的最优化。对于数据所有权归属的界定,同样是对数据资源进行配置。要想促进大数据产业化的快速发展,需要扩大数据供给,考虑和平衡不同的利益需求,促进数据交易,提高数据作为生产要素自由流动的频率,实现数据资源配置的最优选择。同时,在很多情况下,权利的界限比较模糊,需要通过法律原则对权利进行抽象限制[①]。因此,有必要对数据所有权的归属进行明确的界定。

一、个人数据所有权的归属

个人作为个人数据的产生主体,个人数据记录着个人的生理状态和社会行为轨迹,是个人在大数据时代的数据画像。通常认为个人享有数据人格权,但如果对于个人数据权没有基于数据所有的控制和处分的权利,数据人格权所保护的人格利益将很容易受到外部的侵犯。

因此,个人数据应该归属于数据主体个人所有,未经数据主体的同意和许可,任何主体不得非法获取其个人数据。需要强调的是,个人数据必须是带有明显个人要素的数据,与个人有着直接和密切的联系,可以精准地定位到具体的数据主体。

二、去个人化数据所有权的归属

对于去个人化的数据,其基础来源是个人数据,个人数据的所有权归属于数据主体,要想收集和获取个人数据,必须取得数据主体的同意。但是对于在个人数据基础上进行加工处理,切断数据与特定数据主体联系并且无法复原后,这样的数据应该归属于谁所有?是数据控制利用者还是依然归属于数据主体?

[①]　朱庆育:《民法总论》(第二版),北京大学出版社 2016 年版,第 521 页。

　　在界定去个人化数据归属于数据主体还是归属于数据控制利用者之前,我们先来设想一下分别归属于两者的后果。首先,假设归属于数据控制利用者,此时数据控制者对于去个人化的数据,可以从最大程度挖掘数据商业价值出发,进行清洗、建模、分析,实现数据分析的可视化结果,而且可以自主决定将获取和控制的数据进行处分收益还是将数据分析后的可视化结果进行处分收益,可以基于对数据的所有和控制产生排除他人非法妨碍的效力,数据交易的障碍将大大被扫清,交易自由得以实现,数据控制利用者创造财富和积累财富的主观能动性得到充分调动,社会财富不断增加,大数据产业的发展最终不断便利人类的生活和工作。接下来,假设归属于数据主体,在获得数据主体知情同意后,数据控制利用者对数据进行处理,在数据控制利用者想要将数据进行交易,不管是直接交易数据,还是交易数据处理后的可视化结果,里面都包含了无数个人的海量数据,这些数据归属于这些个人,数据控制者想要进行交易,必须取得这无数个个人的同意和授权,而且,数据交易后所获得的对价需要分给这无数个个人。显然,这种模式下交易成本是非常大的,数据交易的自由将会受到极大的限制,而且数据控制利用者扮演的角色更像是代理销售或者受托处理和代理销售双重角色,不管是哪种角色,数据控制利用者的主观能动性都无法得到充分的调动,大数据产业的发展将会受到很大的限制。

　　在设计数据权利相关制度的过程中,除了从多个维度衡量构成数据权利的子权利的范围外,亦应当考虑到如何最大限度地实现交易的自由。鼓励交易是法律体系构建过程中一项不容忽视的原则,鼓励交易的原则在于作为提高、增进社会财富积累的手段[①]。这意味着无论如何建构数据权利的相关制度,权利人自由交易的权利都应当被纳入其中。同时有关规则制定的目的在于最大化地发挥数据资产的价值,维护数据交易市场的秩序稳定,使所有市场参与者受益于该规则,从而更积极、主动地参与到数据交易之中来,推动数据市场的繁荣和壮大。故可以看出,将去个人化数据的所有权界定给数据控制利用者,能够最大程度上挖掘和发挥数据的商业价值,推动数据的自由流通、共享和交易,促进大数据产业更有效率的发展,创造更多的财富。虽然个人在大数据的财产利益受损,但是对于个人来说更重要的是其人格利益的保护,而且社会的整体收益将高于个人损失的财产利益。《网络安全法》第42条将"经过处理无法识别特定个人且不能复原的"信息排除在未经个人许可不得向他人提供的范畴外的规定正是体现和肯定了对于去个人化数据界定与个人数据界定的区别,倾向于将去个人化数据的所有权界定给数据控制利

---

① 王利明:《合同法研究(第一卷)(修订版)》,中国人民大学出版社2011年版,第201页。

用者[①]。

因此，将去个人化数据的所有权界定给数据控制利用者能够在兼顾和平衡数据主体和数据控制利用者利益的前提下实现数据资源配置的最优化，是有效率的，是符合大数据时代产业发展的需求的。

三、与数据主体无关的客观世界的数据所有权归属

对于与数据主体无关的客观世界的数据，例如外部物质世界的客观信息，按照洛克的财产权劳动理论，当人们将他的劳动与出于共有状态的某个东西混合在一起的时候，他就取得了该东西的所有权[②]。对于大数据控制利用者来说，在法律允许的范围内投入大量的人力、物力成本搜集、储存、处理大数据，在不侵犯国家利益、商业秘密和任何其他主体利益的基础上，从促进大数据产业发展角度，应该赋予大数据控制利用者对其享有数据的所有权，确保数据控制利用者对于自己付出成本收集获取的数据享有法律上的保障，有效防范他人的非法侵害。

与此同时，与数据主体无关的客观世界的数据，不会因为数据控制利用者的收集和获取而有所减少，因此，在保护数据控制利用者所有权的同时，其他主体也可以通过自主技术和途径获取并进行后续的处理，只要不是通过反向工程从在先的数据控制利用者那里获取或者通过窃取、截获等非法手段获得即可。这样，既保护了数据控制利用者对于数据的所有权，也鼓励了不同数据控制利用者之间的竞争，激励其不断提高自身技术水平、加强数据分析处理能力、推动数据分析结果的科学性和准确性，促进大数据产业健康、有序的发展。

四、政府数据所有权的归属

当前，我国各级政府掌握着大量的数据资源，但这些资源并未得到充分的利用。政府数据的融合共享开放对于大数据的发展至关重要，激活政府数据价值，是最有效的供给侧改革。在此背景下，可利用、可开发、有价值的政府数据，所有权归属成为需要考虑的问题。

政府数据通过政府机关在履行公共管理职能时收集和获取，涉及社会政治、经济、文化等各方面的原始数据，属于公共资源。对于涉及个人信息的数据，仍然归属于数据主体所有，但基于公共管理的需要，政府有权收集和使用。对于不涉及个人信息的数据和进行脱敏处理实现去个人化的政府数据，不再与特定的个体相关联，作为社会公共资源，本质上归属于全民所有，采集

---

① 《网络安全法》第 42 条第 1 款规定："网络运营者不得泄露、篡改、毁损其收集的个人信息；未经被收集者同意，不得向他人提供个人信息。但是，经过处理无法识别特定个人且不能复原的除外。"
② 李杨：《再评洛克财产权劳动理论——兼与易继明博士商榷》，《现代法学》2004 年第 1 期。

经费也是来源于公共财政，理应取之于民，用之于民。因此，在保障国家安全、保护商业秘密和个人隐私的前提下，政府数据的免费开放将成为大数据时代政府数据的应有之义。

数据权利之民事权利内容属性概述

迟　菲　安金芬　山西恒驰律师事务所

数据权利是不同于物权、债权、知识产权的一种新型的民事权利,其具有明显的民事权利特征。本文在论证数据权利属于民事权利的基础上,仅以民事权利内容为标准对数据权利进行了分类论述。通过论述可以得出,数据权利是一种标准的民事权利,兼具财产权与人身权的内容。

一、数据权利的民事权利特征

依照百度百科,民事权利是法律赋予民事主体享有的利益范围和实施一定行为或不为一定行为以实现某种利益的意志。包括:权利人直接享有的某种利益(如人身权)和通过一定行为获得的利益(如财产权);权利人自己为一定行为或不为一定行为和请求他人为一定行为或不为一定行为,以保证其享有或实现某种利益;在权利受到侵犯时,能够请求有关国家机关予以保护。

依据以上定义,数据权利完全符合民事权利的特征。数据权利的权利人既可以通过数据的产生获得天然的数据权利(即对个人信息的法律保护),也可以要求他人不得侵犯自身天然产生的数据权利;既可以通过对数据的采集、收集及分析利用产生对形成或持有的数据行使权利,也可以自己对这些加工后的数据为一定的行为,或要求他人不得对这些加工过的数据为或不为一定的行为来行使其权利,以获得或保障其民事利益。在数据权利受到侵犯时,数据权利主体可以请求国家机关予以保护。

可见,数据权利完全符合我国民事权利的基本概念,是一项新型的民事权利。

二、数据权利的内容属性分析

(一)概述

依照我国传统的民事权利分类体系,以权利内容为标准,民事权利可以分为财产权与人身权。

依据百度百科,所谓财产权,是指以财产利益为内容,直接体现财产利益的民事权利。财产权既包括物权、债权、继承权,也包括知识产权中的财产权利。所谓人身权,是指不直接具有财产内容,与主体人身不可分离的权利,包括人格权和身份权。

在传统的民事权利内容分类体系中,财产权及人身权均不包含数据权利这一新型权利。但通过对数据权利内容属性的分析,可以充分论证数据权利从内容角度来看,兼具人身权与财产权属性。

对于数据主体来说,其数据权利首先具有人身权属性。其既有依照其身份形成的可对抗一切主体的人身权利,如署名权,保护个人信息完整与隐私权等;也有因此收集储存或加工分析形成的人身权。如数据收集储存者及加工分析者的署名权。

数据权利主体同时享有数据财产权属性。数据生产者、数据收集储存者与数据加工分析者都有使用其产生或持有的数据产生利益的权利,也有禁止他人使用数据以阻断他人获取利益的权利。

因此,数据权利的内容涵盖了民事权利内容的全部范围。

(二)数据权利的人身权属性分析

从不同数据权利主体角度分析,不论数据生产者、数据记录储存者还是数据的加工分析者,其均具有人身权属性。

对于自然人数据生产者来说,我们的一切行为均在产生数据,这些数据就是个人信息。我们对于个人信息具有天然的权利,这些权利与我们的人身密不可分,既包括了我们对个人信息的支配权,也包括我们要求他人不得侵犯个人信息的请求权,在我们个人信息数据产生时,这些数据人身权也同时产生,是对世权与绝对权。

对于法律拟制人作为的数据生产者来说,其生产的数据是法律拟制人的基本信息,这些信息也具有个人信息的基本属性,企业基本信息也应受到法律保护,任何人不得侵犯。法律拟制人作为数据生产者时,其在法律拟制人格范围内享有完全的人身权利,包括人格权与身份权。

对于信息记录存储者以及数据的加工分析者来说,人身权主要包括对记录存储信息的署名权。署名权是一项复杂的综合性权利,也兼具人格权与身份权的属性。

综上,各数据主体都具有一定的人身权利。对于数据生产者来说,其人身权范围广泛。由于我们每个人都是数据生产者,因此,我们都具有天然的数据权利。而法律拟制主体在法律拟制人格范围内享有人身权利。数据的记录存储者及数据的加工分析者则因其收集与加工行为使数据具有了价值,因而产生了民事权利,这两种数据权利主体因其行为产生了在民事权利范围内享有的数据人身权。

注:本文未对数据权利中的人身权的外延及后面论述的财产权的外延进行论述。谨在此提出基本概念,供大家深入研究时参考。

(三)数据权利的财产权利属性分析

数据是目前最重要的资产之一已经成为大家的共识,依照传统的财产权利分类标准,将财产权利分为物权、债权、继承权、知识产权。数据权利显然不属于其中任何一种财产权。但是,数据权利具有财产权利的特征毋庸置疑。

首先,数据权利以财产利益为内容。数据权利中,数据生产者对于数据的使用许可、数据记录储存者对于其记录储存数据的许可使用、数据整体转让及排他性许可使用均包含着财产利益。不仅包含着被许可使用者及受让者获益的权利,也包含数据生产者及数据记录储存者获益的权利。对于数据加工分析者来说,其既可通过数据的加工分析直接获得利益,也可以许可他人在自己对数据的加工分析基础上进一步扩充数据并加工分析使他人和自己都获得利益。

其次,数据权利可以直接体现财产权益。如数据生产者许可他人与禁止他人使用个人信息的权利,数据记录储存者利用其记录与储存的数据进行一定的民事行为以获取利益的权利,数据的加工与分析者通过对数据的加工分析行为获取利益的行为,都是通过对数据权利的行使直接获取了财产利益。而数据生产者对他人使用数据行为的禁止以及数据记录储存者封存数据不使用也不允许其他人使用的行为,也是通过行使财产权利阻止他人利用数据获利的行为。这些行为都是通过行使数据权利直接体现财产利益的表现。

综上,数据权利是以数据财产权益为内容,直接体现数据财产权益的民事权益,完全符合财产权的定义及特点,是一种典型的财产权利。

(四) 总结

通过对数据权利的内容属性分析可以看出,从权利内容角度进行分析,数据权利包括了人身权与财产权。数据人身权利既包括人格权,也包括身份权。而数据权利的财产权包括了财产权的全部特征及权能。

三、结论

数据权利是一种标准的民事权利,兼具财产权与人身权的内容。不论数据生产者、数据记录储存者还是数据的加工分析者,三种数据权利主体享有的数据权利均包括人身权(兼具人格权与身份权)与财产权的内容。

数据权利边界之廓清

夏海波　　上海汉盛律师事务所/复旦大学法学院

在大数据时代下,数据具有巨大的经济价值,是企业的无形资产。然而,当数据被侵权情况发生时,法院往往因为数据权属不确定而苦恼,主要有:①个人数据、海量数据、大数据概念混淆;②数据易储存、复制及再生的特点,致使难以认定侵权行为发生时数据权利的归属;③数据的容量大、来源类型多、经手人员过多等的特点为数据保护增添了难度。故务实的态度应是:企业或单位应在日常管理中尽可能廓清数据的权利边界,并将其贯彻到保护策略中去,以期在纠纷发生时取得主动。

一、内部基点:"三阶段"数据权属确定的法理基础

一般而言,数据的生长周期可分为四个阶段:采集、储存、处理、使用。然而,实践中数据持有人往往忽略了数据所处阶段且不进行充分研究,本着用户已经"同意授权"的观念,将所有的数据放任使用,难免对数据的保护不佳。因此,要廓清数据权利的边界,前"三阶段"数据权属的确定是首要任务。

(一)数据采集阶段——个人数据权属确定的法理基础

数据采集阶段是指从特定数据生产环境或不同的数据源中获得的原始数据。这一阶段获得的原始数据多为姓名、性别、民族等"强数据"以及运动轨迹、购物记录、行车路线等个人偏好或行动方面的"弱数据"。故此,该阶段的数据权利关联主体为自然人。

目前各国法律对个体数据的保护主要基于人格权的思路,存在两种保护方式:一是基于传统的隐私权保护的美国模式,其客体是数据背后的人格权益,其基础在于保护公民的人格尊严;二是基于自由的个人数据自决的德国模式,其客体也是数据背后的人格权益,其基础在于保护公民的人格尊严和人格发展的自由。前者更注重事后救济,后者更主张事前预防。

目前,大陆法系的隐私权已被承认为一项具体人格权,个人数据不同于个人隐私。因此,中国应该立足于中国既有的法制环境土壤,选择一般人格权作为个人数据保护立法的权利基础。因为,一般人格权利不仅对具体人格权有概括作用,同时也是一项独立的民事权利。一方面,一般人格权可以决定与派生各种具体人格权;另一方面,其可以成为人身权中最具抽象意义和典型性的基本人格权。

（二）数据储存阶段——海量数据权属确定的法理基础

数据储存阶段是指对海量数据的储存和管理，而这些数据的储存和管理者一般为政府或企业（下称"数据控制者"）①。因数据控制者在海量数据收集过程中，投入了大量技术和管理成本，该阶段的数据权利关联主体为数据控制者。

在实践中，海量数据根据不同情况可受到多项权利的保护。在我国现有的法律体系中，对于海量数据保护类似于《著作权法》第十四条中对数据库保护。数据控制者对海量数据汇编储存后形成具有独创性的汇编数据，可获得著作权法保护；反之，则无法获得财产规则下著作权模式的保护②，但可以根据《反不正当竞争法》第十条规定，满足秘密性、保密性、实用性的技术信息和经营信息可以作为商业秘密保护③。此外，在不满足版权法对独创性要求且不符合商业秘密的海量数据纠纷案件中，禁止不正当竞争往往是原告和法院的标准选项，即法院在裁判时从数据保护和商业利用两者平衡角度出发，对无法达到法前述条件的数据予以前期肯定，以保障其海量数据商业利用的市场秩序④。

（三）数据处理阶段——大数据权属确定的法理基础

数据处理阶段是指企业或政府（下称"数据生产者"）利用分析方法或工具对数据进行检察、变换和建模并从中提取价值，即在海量数据的基础上对其进行"云计算"，由此得到大数据（衍生产品）⑤。此时，由于海量的个人数据已被企业或政府清洗，大数据财产性价值突显，故该阶段数据权利关联主体为数据生产者。

在传统普通法里，捕获规则是伴随着野生动物资源、石油资源以及相应法律制度发展过程中的一项重要产权制度。著名的皮尔逊诉波斯特案中⑥，审判法院确立了野生动物只能通过占有的方式取得其所有权。无独有偶，在佩德罗石油公司与阿普兰德资源有限公司一案中⑦，审判法院指出捕获规则是相邻土地所有权人获取属于他人地下可移动矿产资源情形下的无责任规则。因此，捕获规则奖励的是先占成功者而不是努力者⑧。

---

① 马建刚：《检察实务中的大数据》，中国检察出版社2017年版，第21页。

② 参见上海市高级人民法院（2009）沪高民三（知）终字第6号民事判决书。

③ 参见上海市高级人民法院（2011）沪高民三（知）终字第100号民事判决书。

④ 参见北京市高级人民法院（1997）高（知）终字第66号民事判决书。

⑤ 马建刚：《检察实务中的大数据》，中国检察出版社2017年版，第21页。

⑥ See Pierson v. Post, 3 Caines 175(1805).

⑦ Diana Liebmann: Recent developments in texas and united states energy law. Texas Journal of Oil, Gas & Energy Law, 2012, Vol. 8 Issue 1, p195.

⑧ 翰·G·斯普兰克林：《美国财产法精解（第2版）》，钟书峰译，北京大学出版社2009年版，第28页。

捕获规则同样适用于大数据。数据生产者对海量数据进行加工、清洗、处理而得的衍生数据产品，享有所有权[①]。首先，数据信息如野生动物、水流、石油一样，是一种可流动的资源。其次，衍生数据产品是数据生产者的劳动成果，劳动者可将这些数据"私有化"[②]。最后，捕获规则给予数据生产者积极有效的激励，提升了数据的开放度和可得性，从而增进数据的自由流通。

二、外部关键点：侵权"使用"数据行为的判断与证明——数据使用阶段

实践中，各国司法部门从企业或单位外部入手，以规制数据使用者对数据侵权"使用"行为。因此，下文将以数据使用阶段为视角，探析数据使用者侵权"使用"数据的行为方式，以期为厘定数据权利边界助益。

侵权"使用"数据行为可分为直接侵权"使用"数据行为与间接侵权"使用"数据行为。前者是指完整地、原封不动地使用挖掘或采集而得的个人数据，后者则主要表现为利用个人数据的二次开发及不当使用而获得的竞争优势或造成原始数据主体的损害。

直接侵权"使用"数据行为考察要点主要包括：①直接出卖或交易个人数据信息；②数据收集者将海量数据用于单位内部研发、数据商业化或其他超越限制领域；③只要能降低研发、收集成本就可能成立直接侵权"使用"；④利用个人数据引诱数据主体的行为可认定为直接侵权"使用"；⑤数据收集者超期使用个人数据也可构成直接侵权"使用"。

间接侵权"使用"数据行为的判断则复杂许多，考察要点主要包括：①个人数据在数据生产者"生产"的衍生数据产品中的贡献度；②既有衍生数据产品的公开标准；③数据主体对其个人数据保密措施的严密度；④是否使用数据主体"消极的个人数据"即数据主体多余的和不起作用的数据信息。

三、结论

本文根据数据的生长周期把数据分为四个阶段：采集、储存、处理、使用，前三个阶段是廓清数据权利的内部基点。而在数据使用阶段，数据控制者侵权"使用"数据行为是数据权利边界的外部关键点。希本文提出数据权属厘清方式，能为这一问题做出有益的探索。

---

① 龙卫球：《数据新型财产权构建及其体系研究》，《政法论坛》2017 年第 4 期，第 63－77 页。
② 许可：《数据权属：经济学与法学的双重视角》，《电子知识产权》2018 年第 11 期，第 23－30 页。

人脸生物识别信息的法律适用初探

余祖舜　　广东瀛尊律师事务所

在网络安全领域,人机互动的实名认证对生物特征识别技术的适用场景日益扩大。从公共安全、电子政务到网上银行、电子支付、电子商务、企业门禁、数据管理等领域,生物特征识别的技术发展如火如荼,相关安全标准、技术标准等也逐步引起政府以及行业的重视。

在生物特征识别技术领域,目前常用的主要包括指纹、语音、虹膜、人脸等四种生物特征信息。在这四种生物特征信息里面,又尤以人脸识别信息最为特殊。鉴于人脸识别技术具有与其他生物特征识别信息不同的属性,涉及信息安全、个人信息保护、人脸识别技术软件监管、人脸识别技术设备监管等法律问题,本文就人脸识别技术的法律问题进行初步探索。

一、生物特征信息识别的建模与样本采集

不管是哪种生物特征信息的识别技术,在技术流程上均须建立二项生物特征序列的数据。即模板特征序列数据(数据存储子系统)与样本特征序列数据(信号处理子系统)。

模板特征序列数据包含生物特征识别数据和非生物特征识别数据,非生物特征识别数据与主体相关的身份信息、ID 等信息,非生物特征识别数据与生物特征识别数据一同完成个人身份识别或验证。模板特征序列基础数据的来源,一般有客户端采集(客户注册提供)、直接批量导入、其他渠道采集。

样本特征序列数据,是对采集的个体指纹图像、语音、虹膜图像、面部图像等生物基础信号转换为生物特征识别的电子数据样本。在某些场景里,样本特征序列数据与模板特征序列数据来源是一致的。

需要明确的是,上述二项生物特征序列数据并不等同于生物识别信息的样本(指纹图像、语音、虹膜图像、面部图像),生物特征序列数据是对生物识别信息样本按照一定技术标准、流程予以数据化过程的结果,最终表现的是计算机语言形式的代码或数据,通过二项数据比对的阈值,得出识别或验证的结果。

二、相比其他三种生物识别信息,人脸(面部图像)生物识别信息使用所涉及的信息安全更亟需明确的司法保护边界

人脸识别技术不管是否进行活体检测,也不论是现场注册还是远程注册抑或是否采取交互式检测等方式,最终均以选取符合一定要求(包括模糊、明暗、角度、完整等角度)的人脸图片作为建模或样本的基础,即使是以活体检测方式形成的短视频,也是从短视频中截取该相应标准的"人脸图片"进行"技术扫描"建立"特征序列"数据。

由于人脸识别技术最原始的样本只需满足一定条件的"人脸照片(面部图像)"即可。而作为社会属性的个人,其移动性就决定其人脸图像很容易为各类摄像头进行采取、存储,亦即每个人在移动时,其携带着的"人脸图像"是完全公开的;随着互联网的高度普及,以"人脸图像"外在形式的照片、视频在互联网形态也形成可轻松检索的资源。

为此,相比其他三种生物识别信息,决定了人脸生物识别信息使用中的"不依赖注册或非授权"尤为明显。

(1)模板特征序列数据建模更容易获得人脸识别信息的素材

通过海量互联网资源可建立人脸图像信息的模板特征序列数据库。人脸图像的模板特征序列数据可以通过采集、搜索互联网海量的人脸图像信息而建立。这些互联网信息资源包括经一定审批流程接入的政府人口信息网(全国人口信息网、计划生育人口信息网、各地居住证人口信息网等)、企业内部人员的信息库资源、企业运营所收集客户的信息库资源、互联网平台用户的信息库资源、自媒体平台的海量人脸图像等。由于人脸生物识别信息的模板特征序列数据库建立可以不完全依赖用户的主动注册或授权,人脸识别或验证所引发的个人隐私保护应予以警惕与重视。

(2)样本特征序列取得也可以不完全依赖用户主动注册或非授权性。在非认证用途的生物识别信息技术场景,比如智能相册管理、智能视频监控、互动娱乐属性分析、人脸隐私追踪等。如前所述,信息使用者、信息储存者同样也可以通过海量互联网资源检索出对应个体的人脸图像信息,并分析建立样本特征序列。

(3)假体攻击方式更灵活。如果在非活体检测的场景下,面部图像会面临纸质人脸照片、手机人脸照片再现、人脸视频、仿真人脸面具等攻击与非授权操作。

三、人脸(面部图像)法律要素的重构

为解决人脸面部图像在生物特征信息所面临的不依赖注册或非授权使用的法律"漏洞",有必要对人脸(面部图像)的法律要素进行重构。

(1)人脸是肖像权的自然体现。肖像权是指自然人对在自己的肖像上体

现的精神利益和物质利益所享有的权利。《民法总则》规定了作为公民最基本的权利之一的肖像权，识别的自然要素就是人脸图像的自然体现。

（2）人脸是著作权创作的对象。人脸特征是与人像有关的摄影作品、雕塑美术作品中区别"实质相似"的重要部分。

（3）人脸是居民身份证登记必须项目的再现。《中华人民共和国居民身份证法》规定，居民身份证登记的项目包括：姓名、性别、民族、出生日期、常住户口所在地住址、公民身份证号码、本人相片、证件的有效期和签发机关。

（4）人脸也是个人信息中"个人生物识别信息"重要部分。个人信息，是指以电子或者其他方式记录的能够单独或者与其他信息结合识别自然人个人身份的各种信息。《民法总则》第111条明确了个人信息保护权。《网络安全法》第76条进一步明确提出个人信息包含有个人生物识别信息。

四、人脸生物识别信息的法律保护

鉴于人脸包含多重法律权利或属性，而现实适用场景中，网络运营者、网络服务提供者用户人脸图像肖像与人脸生物识别信息混同，将个人身份证信息认证当做人脸生物识别信息的授权。笔者认为，在个人信息保护方面，应厘清或完善如下规则：

（1）网络运营者、网络服务提供者应明确"人脸"的授权权利类型以及使用规则。如前所述，肖像并不等同于个人生物识别信息。将个人肖像、个人身份证相片信息转化为个人生物识别信息属于对个人信息的超范围的使用，但从目前的互联网生态环境甚至行政执法领域，对个人信息的依法使用、约定使用尚需厘清相应规则。对个人生物识别信息的转化、公开、传输应建立相应的标准。

（2）加强对公共安全视频采集的管理。公共安全视频图像信息所涉及的硬件、软件供应商、信息保护、信息深度开发、信息利用等每一环节均与人脸生物识别信息息息相关。关于公共安全视频的行政管理，目前深圳拟出台《公共安全视频图像信息系统管理条例》，作为改革开发的前沿阵地，在公共安全视频的投入已居全国前列，为此作为地方立法先行试点，对建立全国性的公共安全视频采集管理规定也起到引领作用。

（3）完善现有计算机软件的安全产品检测与销售许可制度。现有《计算机信息系统安全专用产品检测和销售许可证管理办法》是1997年12月12日由公安部颁布，且该规定仅仅适用于保护"计算机信息系统安全"的专用硬件和软件产品。随着互联网技术以及运用场景翻天覆地的变化，原先的立法已经滞后。而目前，全国信息安全标准化技术委员会相继制订或正在制订的相应网络安全标准仍然以计算机信息系统的安全保护评测为出发点，有关信息安全标准从程序技术与法律技术要求作为主要出发点；且该标准并不具有相应的行政规制效力。

　　为此，笔者建议，应适应《网络安全法》的要求，将与网络安全、个人信息安全的有关专用硬件和软件产品统一纳入等级评测及销售许可制度。避免滥用计算机软件或硬件技术的优势，平衡技术与法律约束的边界，切实保护人脸生物识别信息的安全。

数据时代"爬虫"技术的刑事责任探析

邹红艳　　湖南天地人律师事务所

"万物互联"——数据时代的到来,数据成为"新石油"[①],给"爬虫"技术带来了蓬勃发展的前景。据不完全统计,"爬虫"技术创造了互联网上超过一半的流量。[②] 海量的网络"爬虫"带来了便利,也引发了新的安全风险,近两年来增多的"爬虫"涉刑案件在逐渐揭示其负面效应。如何应用"爬虫"技术,避免刑事责任风险,应成为数据企业的首要关注点。

一、网络"爬虫"的基本概念

网络"爬虫"是指按照一定指令,自动抓取互联网信息的程序或者脚本的行为,其本质就是通过代码实现对人工访问操作的自动化。其中,最常用的应用领域是搜索引擎,比如谷歌公司使用的 Google Crawler。[③]

二、网络"爬虫"可能涉及的刑事责任风险

网络"爬虫"首先是一个技术使用问题,其次由于技术使用的目的是为了抓取目标数据,[④]因此可以从两个层面进行分析:技术行为本身涉及的刑事责任风险和对所获取数据的后续使用行为可能涉及的刑事责任风险。

(一) 技术行为层面的刑事责任风险

网络"爬虫"通过计算机语言基础编译得来,从这一点看它是中性的,如同孙悟空的七十二变一样,网络"爬虫"也会呈现不同的形态,但当网络"爬虫"技术涉及植入系统,突破、绕开反"爬虫"策略、协议,涉及破解客户端、加密算法等情形时,例如运用"撞库"对互联网进行攻击等,就与"破坏性程序"没有区别,因而可能会涉嫌"破坏计算机信息系统罪及非法获取计算机信息系统数据罪"等罪名。

司法实践表明,无论行为人是利用系统本身既存安全漏洞,开发出网络

---

① 韦鹏程、冉维、段昂:《大数据巨量分析与机器学习的整合与开发》,电子科技大学出版社 2017 年版,第 4 页。

② 崔广宇:《爬虫与反爬虫:一个很不阳光的行业! 一文揭秘那些你不知道的套路》。http://www.sohu.com/a/217594662_185201 http://www.sohu.com/a/217594662_185201。

③ 罗刚:《网络爬虫全解析:技术、原理与实践》,电子工业出版社 2017 年版,第 64 - 65 页。

④ 李慧敏、孙佳亮:《论爬虫抓取数据行为的法律边界》,《电子知识产权》2018 年第 12 期。

"爬虫",还是利用网络"爬虫"突破了系统原有的安全屏障,侵入系统获取了其本无权获得的数据或者造成了经济损失,都可能会符合《刑法》285条第二款——非法获取计算机信息系统数据罪。

从媒体关注的北京海淀法院"爬虫"抓取案中,我们似乎窥见一丝新的司法动向,值得关注。首先是对"数据"的扩张解释,《刑法》第285条第二款界定为"计算机信息系统中存储、处理或者传输的数据";2011年两高《关于办理危害计算机信息系统安全刑事案件应用法律若干问题的解释》(以下简称"解释")对数据进行了进一步的解释——用于确认用户在计算机信息系统上操作权限的数据,包括账号、口令、密码、数字证书等身份认证信息。可见,对数据定义的量级与结构是较窄的①。但司法实践中,已出现扩张数据范围的个案,例如在"乐某某、王某非法获取计算机信息系统数据、非法控制计算机系统"案②中,被告仅获取药品用量信息,也被认定为"非法获取计算机信息系统数据罪"。在前述北京海淀法院"爬虫"抓取案,"数据"范围进一步被扩展,被告使用网络"爬虫"实施视频数据抓取行为,视频数据也被扩张定义为计算机数据。大数据时代计算机数据的多样化、记录性特征表现得更加明显,未来在司法实践中极有可能呈进一步扩张趋势,从系统数据扩展到"一切数据"。

另一个值得关注的动向是法院定罪量刑的关注重点也似乎出现了变化。在北京海淀法院"爬虫"抓取案例中,从公开判决书来看,法院并未依循传统,论证犯罪行为所侵犯的数据类型、数量,而仅仅是依据被害单位提供的购买技术服务费发票及损失说明即认定经济损失两万元,符合《解释》第1条第三款"违法所得五千元以上或者造成经济损失一万元"的规定,即完成了定罪量刑。上述案例突破了以往"数据"这一关键因素认定的传统,并且以被害单位提供的证据材料即完成了对于损失的认定,这可能会大大拓展入罪范围。

(二)数据使用行为的刑事责任风险

"爬虫"的目标是形形色色的数据,其中可能会包括公民个人信息、著作权作品、商业秘密等等,当企业受到足够的利益诱惑,前述数据就极有可能会被直接进行交易,从而游走在犯罪的边缘。若对上述数据进行了"交易",可能就会涉及出售个人信息罪、侵犯著作权罪等罪名。例如杭州冰豆科技有限公司雇佣员工开发"免费小说书城"手机 App 软件,当用户在该手机 App 点击阅读某小说时,爬虫软件即从互联网上抓取用户所需的小说内容,供用户免费阅读,冰豆公司通过用户点击量牟取广告收益。最终公司负责人因爬虫获取的数据侵犯著作权而获刑((2018)沪0110刑初150号)。基于篇幅原因,本文对数据使用可能涉及的刑责不进行展开分析,以后再另文专述。

---

① 于志刚、李源粒:《大数据时代数据犯罪的制裁思路》,《中国社会科学》2014年第10期。

② 乐某某、王某非法获取计算机信息系统数据、非法控制计算机系统案,(2014)黄浦刑初字第106号。

三、引发的思考

（一）"爬虫"技术是否适用于技术中立的责任豁免

实践中，部分企业自身不制作网络"爬虫"，而是通过向第三方购买的方式获得爬虫，若出现前述情形，是否能以"技术中立"主张责任豁免，答案可能是否定的。

首先技术中立原则是美国联邦法院在1984年索尼案中提出来的，目的是在保护知识产权人利益的同时，不至于妨碍技术进步，我国法律中并没有明确的概念①。而且，即便我国立法纳了"技术中立"，也不意味着技术的使用没有边界。在我国司法实践中，已对"技术中立原则"的使用边界进行了明确的界定："技术中立原则给予法律责任豁免的情形，通常限于技术提供者，对于实际使用技术的主体，则应视其具体行为是否符合法律规定进行判断。"

简言之，恶意使用"爬虫"技术，危害社会公共利益或他人合法权益，不宜适用技术提供者的"中立原则"。

（二）单纯存储是否会涉嫌侵犯著作权

这是实务中数据企业非常关注的一个问题。目前并未检索到国内相应案例，我们可以尝试从域外法中探究相关原理。欧盟法院于2018年12月19日在"赛义德刑事案"的初步裁决中扩大解释了"发行权"，认为储存版权侵权商品的行为构成对发行权的侵犯，前提是行为人储存侵权商品的目的是在受版权保护的成员国的领土上进行销售。基于欧盟法院的裁决，2019年5月28日，瑞典最高法院作出判决，认为赛义德故意或至少过失侵犯了版权人的发行权，需同时承担版权侵权的民事和刑事责任。按照刑法学理论的判断，仅进行储存可以被定义为犯罪预备行为，对犯罪预备行为进行处罚应该具备严格的条件限制②，但在知识产权保护日益严格的今天，并不排除其会成为未来的司法实践中的一个新导向。

（三）未经被收集者同意的前提下爬取已经公开的个人信息，是否具有侵犯个人信息的风险

当今的互联网世界中，出于各种各样的原因，个人信息泛滥，即使是身份证号等敏感信息，也可以轻易在网上检索到。问题随之而来，爬取已经公开的个人信息，如果未经被收集者同意，是否具有侵犯个人信息的刑责风险？尽管目前尚未存在类似案例，但笔者认为仍存在一定的风险。根据《网络安全法》，收集、爬取个人信息的前提之一即为必须取得被收集者知情同意，爬取已经公开的信息不代表已经满足上述前提，公开并不能直接推导出被收集

---

① 陈兴良：《快播案一案判决的刑法教义学评判》，《中外法学》2017年第1期。
② 张明楷：《刑法学》，法律出版社2015年版，第313页。

者已经同意，极有可能存在的原因是公民个人信息进行了"被动公开"，并不能因为其被"公开"，而使其丧失被保护的必要性。因此，企业在此类数据收集上，应主动进行匿名化处理，避免陷入侵犯公民个人信息的犯罪漩涡之中。

浅析欧盟的"被遗忘权"与我国的"删除权"
——以"谷歌诉冈萨雷斯案"与"任某某诉百度案"为视角

陈　喆　北京金台(武汉)律师事务所

于人类而言,过往的经验往往告诉我们,记忆是一件比遗忘困难得多的事情,人人都遭遇过记忆的痛苦。然而,随着数字技术的迅猛发展,这种经验已悄然打破,记忆似乎变成了信手而解的问题。数字技术在给我们的记忆大开方便之门的同时,也给我们制造了麻烦,不加区分地把什么事情都记得一清二楚,有时也不是什么好事,就如同一段尴尬的经历,反复的记起只会加深人们的不舒适感,唯愿它快点被人遗忘,再也不被提起。而在数字的世界里,数字记忆就像"数字皮肤"一样附着在我们身上,无法摆脱,在此种情形下,"被遗忘权(删除权)"作为一项新兴的数据权利便应运而生。

一、类似案件的不同命运

(一)谷歌诉冈萨雷斯案

2010 年西班牙公民冈萨雷斯向西班牙数据保护局投诉《先锋报》和谷歌与谷歌西班牙公司。冈萨雷斯投诉称,在使用谷歌搜索引擎对自己的姓名进行搜索时,在搜索的相关链接中出现了一条 1998 年 3 月《先锋报》的报道。该条链接的主要内容是冈萨雷斯曾经因欠缴社保费,而对其所占有的不动产进行拍卖的公告。冈萨雷斯指出,该条信息已经相当久远并且与其现在的生活没有任何关系,所以这条信息应该"被遗忘",冈萨雷斯要求《先锋报》与谷歌搜索引擎删除相关信息或断开链接不再显示相关信息。西班牙数据保护局认可了他对谷歌与谷歌西班牙公司的请求,要求谷歌与谷歌西班牙公司采取相关的方法从其搜索引擎的链接中删除冈萨雷斯相关数据或者断开其链接,并要求该项内容不再进入谷歌搜索引擎的搜索范围。谷歌与谷歌西班牙公司不服,遂向西班牙高等法院提起诉讼。西班牙高等法院将案件提交欧盟法院(欧洲法院)[①]。2014 年 5 月 13 日,欧洲法院对此案做出判决。欧洲法院认为,谷歌作为搜索引擎服务商,应被视为 1995 年《数据保护指令》界定的数据控制者,对其处理的第三方发布的带有个人数据的网页信息负有责任,在特

定情况下,有义务协助数据主体将其消除①。对于数据所指向主体的"被遗忘权"问题,欧洲法院认为,"即便是最初处理信息时是合法的,但随着时间的消逝,信息也会变成与《数据保护指令》不相容,在各种情形下,数据出现将可能是不恰当的、不相干的、不再相关的或超出其最初处理的目的。"此时,数据所指向的主体可以要求删除相关信息。所以欧洲法院认为,谷歌与谷歌西班牙公司需按冈萨雷斯所提出的要求删除或者断开相关链接②。欧盟法院的这一判决显然具有划时代意义,标志着"被遗忘权"正式进入了欧盟关于个人信息保护的权利体系,2016年欧盟通过了《通用数据保护条例》(GDPR),对"被遗忘权"进行了具体规定。

(二) 任某某诉百度案

任某某诉百度案被称为我国首例"被遗忘权"案。本案中,任某某诉称,从2015年2月初开始,其陆续在百度的网站上发现"陶氏教育任某某""无锡陶氏教育任某某"等字样的侵权内容及链接,其未曾在陶氏教育公司上班,也从未在网上上传过"陶氏教育任某某""无锡陶氏教育任某某"等信息,由于陶氏教育在外界颇受争议,"陶氏教育任某某""无锡陶氏教育任某某"等侵权信息给自己名誉造成极大侵害并影响自己的就业,任某某认为百度公司搜索引擎界面显示的有关内容损害了自身的名誉权、姓名权和"被遗忘权",于是起诉百度公司,要求其删除链接并赔偿损失。本案的一、二审法院审理认为,我国现行法中并无法定称谓为"被遗忘权"的权利类型,"被遗忘权"只是在国外有关法律及判例中有所涉及,但其不能成为我国此类权利保护的法律渊源。人格权或一般人格权保护的对象是人格利益,既包括已经类型化的法定权利中所指向的人格利益,也包括未被类型化但应受法律保护的正当法益。就后者而言,必须不能涵盖到既有类型化权利之中,且具有利益的正当性及保护的必要性,三者必须同时具备。本案中任某某依据一般人格权主张其被遗忘权应属一种人格利益,该人格利益若想获得保护,任某某必须证明其在本案中的正当性和应予保护的必要性,但任某某并不能证明上述正当性和必要性,故而判其败诉③。

上述两案都发生在与本国或本地区的互联网行业巨头之间,虽然欧盟法院与中国法院做出了截然不同的裁判,但它们对个人信息保护都具有相当深远的意义。①谷歌诉冈萨雷斯案,标志着"被遗忘权"正式进入了欧盟关于个人信息保护的权利体系,并且证明了"被遗忘权"在司法实践层面是具有可行

①　王融:《"被遗忘权"很美?——评国内首例"被遗忘权"案》,《中国信息安全》2016年第8期,第87-89页。

②　Attitudes on Data Protection and Electronic Identity in the European Union,转引自邱玉枚、彭伟谦:《论被遗忘权的构建》,《当代法学》2017年10月第15卷第5期,第36-45页。

③　中国裁判文书网(http://wenshu.court.gov.cn/)。

性与可操作性的。②任某某诉百度案,虽然任某某败诉,但引发了"被遗忘权(删除权)"是否应该独立成权的立法思考,也为在尚无法定成权的情形下,如何处理该类案件提供了处理思路和标准。

二、GDPR"被遗忘权"和我国"删除权"的相关规定

(一)GDPR"被遗忘权"的规定

2016 年通过的欧盟《通用数据保护条例》于 2018 年 5 月 25 日开始施行,GDPR 第 17 条擦除权("被遗忘权")①对"被遗忘权"进行了详细规定。其第 1 款列举了 6 种数据主体有权要求控制者擦除关于其个人数据的权利之情形;其第 2 款规定了控制者已公开个人数据后的处理方式;其第 3 款列举了 5 种不适用本条第 1、2 款的排除情形。GDPR 关于被遗忘权的规定,是迄今法律上关于"被遗忘权"最具代表性的规定。

(二)我国关于"删除权"的规定

我国现行法律尚无独立成权的"被遗忘权(删除权)"的相关规定。工信部 2013 年 2 月 1 日实施的《信息安全技术公共及商用服务信息系统个人信息

---

① 《通用数据保护条例》第 17 条 擦除权("被遗忘权")

1. 数据主体有权要求控制者擦除关于其个人数据的权利,当具有如下情形之一时,控制者有责任及时擦除个人数据:(a)个人数据对于实现其被收集或处理的相关目的不再必要;(b)处理是根据第 6(1)条(a)点,或者第 9(2)条(a)点而进行的,并且没有处理的其他法律根据,数据主体撤回在此类处理中的同意;(c)数据主体反对根据第 21(1)条进行的处理,并且没有压倒性的正当理由可以进行处理,或者数据主体反对根据第 21(2)条进行的处理;(d)已经存在非法的个人数据处理;(e)为了履行欧盟或成员国法律为控制者所设定的法律责任,个人数据需要被擦除;(f)已经收集了第 8(1)条所规定的和提供信息社会服务相关的个人数据。

2. 当控制者已经公开个人数据,并且负有第 1 段所规定的擦除个人数据的责任,控制者应当考虑可行技术与执行成本,采取包括技术措施在内的合理措施告知正在处理个人数据的控制者们,数据主体已经要求他们擦除那些和个人数据相关的链接、备份或复制。

3. 当处理对于如下目的是必要的,第 1 和第 2 段将不适用:

(a)为了行使表达自由和信息自由的权利;(b)控制者执行或者为了执行基于公共利益的某项任务,或者基于被授予的官方权威而履行某项任务,欧盟或成员国的法律要求进行处理,以便履行其法律职责;(c)为了实现公共健康领域符合第 9(2)条(h)和(i)点以及第 9(3)条的公共利益而进行的处理;(d)如果第 1 段所提到权利会受严重影响,或者会彻底阻碍实现第 89(1)条的公共利益目的、科学或者历史研究目的或统计目的;或者(e)为了提起、行使或辩护法律性主张。

保护指南》,对于个人数据权利保护如何采取删除措施进行了较为详尽的规定①。我国《侵权责任法》第三十六条规定了在发生网络侵权时,被侵权人有权通知网络服务提供者采取删除、屏蔽、断开链接等必要措施②。值得注意的是,2017 年 3 月,由 40 多名全国人大代表起草的《个人信息保护法(草案)》建议稿首次出现了"信息删除权"和"被遗忘权"的明文表述,其第 18 条【信息删除权】规定:"在法定或约定事由出现时,个人信息权人得以请求信息处理主体无条件删除其个人信息。"第 19 条【被遗忘权】规定:"在法定或约定事由出现时,信息主体得以请求信息处理主体无条件断开与该个人信息的任何链接,销毁该个人信息的副本或复印件"。

三、"被遗忘权(删除权)"在我国的构建原则

"被遗忘权(删除权)"应在我国怎样被构建,近年来引起了学界的广泛讨论,各种主张,莫衷一是。稍加分析不难发现,欧盟"被遗忘权"是一种管理成本很高的制度设置,特别是对于数据企业的要求更是苛责,尽管"被遗忘权"能够激发数据自主的想象,但其确立也必然引发自由减损的风险。我们身处大数据时代的背景下,在权利分配及平衡方面,应做多维度的检视,言论自由、新闻自由、公众知情权应当受到保护,个人信息当然也应该受到保护。各代表起草的《个人信息保护法(草案)》建议稿第 17、18 条中,只较为笼统地进行了"删除权"和"被遗忘权"的规定,这种不够具象的规定,也反映出起草者在各方权益如何平衡与价值取向上尚未完全明晰,或故尚不做深入规制的倾向,以期为以后的法律规制留下空间。未来我国在个人信息保护法方面应该

---

① 《信息安全技术公共及商用服务信息系统个人信息保护指南》

　　5.1 概述 信息系统中个人信息的处理过程可分为收集、加工、转移、删除 4 个主要环节。对个人信息的保护贯穿于 4 个环节中:……d)删除指使个人信息在信息系统中不再可用。

　　5.5 删除阶段

　　5.5.1 个人信息主体有正当理由要求删除其个人信息时,及时删除个人信息。删除个人信息可能会影响执法机构调查取证时,采取适当的存储和屏蔽措施。

　　5.5.2 收集阶段告知的个人信息使用目的达到后,立即删除个人信息;如需继续处理,要消除其中能够识别具体个人的内容;如需继续处理个人敏感信息,要获得个人信息主体的明示同意。

　　5.5.3 超出收集阶段告知的个人信息留存期限,要立即删除相关信息;对留存期限有明确规定的,按相关规定执行。

　　5.5.4 个人信息管理者破产或解散时,若无法继续完成承诺的个人信息处理目的,要删除个人信息。删除个人信息可能会影响执法机构调查取证时,采取适当的存储和屏蔽措施。

② 《侵权责任法》第三十六条 网络侵权责任

　　网络用户、网络服务提供者利用网络侵害他人民事权益的,应当承担侵权责任。

　　网络用户利用网络服务实施侵权行为的,被侵权人有权通知网络服务提供者采取删除、屏蔽、断开链接等必要措施。网络服务提供者接到通知后未及时采取必要措施的,对损害的扩大部分与该网络用户承担连带责任。网络服务提供者知道网络用户利用其网络服务侵害他人民事权益,未采取必要措施的,与该网络用户承担连带责任。

更加均衡地对待隐私、自由、安全、效益等法益,既能对个人权利进行有效保护,又不会过分限制数据企业的有序发展,保障数字社会的稳步前行。对外来法例,我们亦不可盲目亦步亦趋,而应本着更加符合我国现阶段发展,个人利益、企业利益、社会利益相结合的构建原则进行建构,上述类似案件的不同判也是这种平衡思想、价值取向在不同法域下的不同司法体现。

大数据背景下我国个人信息收集规则的完善建议

王　谨

随着互联网技术的不断发展，WEB2.0 的出现标志着大数据时代开启，人们收集、存储、分析数据的能力达到了前所未有的水平，数据正在深刻地影响着社会经济的发展和人们的生活方式。大数据一方面能够使人们的数据信息被大量的收集与储存，另一方面对数据利用及二次利用越来越频繁，这种数据利用就直接冲击了传统的"知情同意"的个人信息收集规则，导致了传统的个人信息收集规则必然的困境。

一、个人数据采集的概念

数据"采集"或"收集"（collect），是指以任何方式取得数据的行为，在为用户提供服务的商业环境中，数据的采集包括在提供服务过程中产生或收集用户数据的行为。我国《信息安全技术个人信息安全规范》定义个人数据的"收集"为："获得对个人信息的控制权的行为，包括由个人信息主体主动提供、通过与个人信息主体的交互自动采集、通过共享转让间接获取等方式"。数据采集或收集涉及的具体操作包括但不限于数据的"采集"（collection）、"生成"（produce）、"汇聚"（aggregation）、"获取"等。

需要注意的是，如果数据的产生是为用户提供服务所必须且对用户数据不进行回传、留存、处理、访问等的行为，可不视为对数据的采集。我国《信息安全技术个人信息安全规范》规定，"如果产品或服务的提供者提供工具供个人信息主体使用，提供者不对个人信息进行访问的，则不属于本标准所称的收集行为。例如，离线导航软件在终端获取用户位置信息后，如不回传至软件提供者，则不属于个人信息收集行为"。因此，例如即时通信软件对于用户的聊天记录等内容数据、云服务商对于客户上传的内容数据等等，如不进行存储和回传的，不视为数据的采集行为。

二、我国个人数据采集规则

2012 年 12 月 28 日公布并施行的《关于加强网络信息保护的决定》中提出，收集、使用公民个人电子信息，应当遵循合法、正当、必要的原则，明示收集、使用信息的目的、方式和范围，并经被收集者同意，不得违反法律、法规的规定和双方的约定收集、使用信息。并且收集、使用公民个人电子信息，应当公开其收集、使用规则。我国的《消费者权益保护法》《网络安全法》均确认了上述原则。据此,我国的个人信息收集、使用制度,可以概括为"合法、正当、必要原则""告知同意原则"和"目的限制原则"三大原则。其中"合法、正当、必要原则"构成个人信息收集、使用的基本原则,"告知同意原则"和"目的限制原则"是基于基本原则而确定的两个具体原则。

告知同意原则是指网络经营者收集用户个人信息应当告知用户收集信息的目的、方式和范围以及公开其收集使用规则,在互联网服务过程中网络经营者一般是通过制定隐私政策的方式向用户告知,而用户"作出同意的意思表示"。个人信息收集制度中告知同意原则分为告知和同意两个方面。告知原则根源于信息的不对称性。在网络交易过程中,个人信息为何收集、怎样收集、收集后如何使用等问题对于欠缺计算机专业知识的用户而言,往往存在相当大的不可知性。为了解决两者之间的信息不对称及地位不平等的问题,就应当为网络经营者设立强制披露的义务,网络经营者应当告知其收集个人信息的使用目的、使用方式等信息。通过告知义务的设立,使得双方悬殊的地位得以弥补,也使得用户有发出意思表示的内容基础。

同意分为明示同意和默示同意,比较法上也称为选择进入(opt-in)和选择退出(opt-out)。前者是指用户明确、积极同意,网络经营者可以收集其个人信息,体现了对用户的知情权和个人信息控制权的保障。而后者是指用户未有明确反对及推定其同意收集其个人信息,侧重于保障个人信息的自由流动。我国法律法规并未对同意的形式有特别的要求。但是,《信息安全技术个人信息安全规范》将个人信息分为个人敏感信息和个人一般信息,收集个人敏感信息时,应当取得用户的明示同意。

三、我国个人数据采集制度的不足

(一)告知同意原则的有效性难以保证

"告知同意原则"是网络经营者收集用户个人信息正当性的重要基础,但是其也面临着其有效性难以保证的现实困境。首先,"同意规定的实质是事先判断",用户对网络经营者的同意应当建立在其对网络经营者收集原则充分知晓的基础之上,换而言之,是建立在其对网络经营者制定的隐私政策的充分了解之上。但是现实中,网络经营者制定的隐私政策难免篇幅冗长,比如《微信隐私保护指引》7 200余字,《微博个人信息保护政策(修订版)》6 300余字,淘宝《隐私权政策》9 500余字,《京东隐私政策》16 000余字。如此繁杂的隐私政策,即使用户点击同意,但是该同意如果并非基于其对隐私政策的了解,那么其同意的有效性也同样存疑。其次,隐私政策普遍采用使用即表示用户对其隐私政策的理解和同意的方式作为用户同意的依据。另一项调查显示,有79.52%的移动端产品采用上述原则。因此,用户在使用网络经营者提供的产品和服务时,除了同意外别无选择。即便用户对隐私政策有所异议,也不得不妥协于产品服务的需求,选择同意隐私条款。因此,在实践中告知同意原则的有效性难以保证,知情同意原则"事实上成为信息处理者在法律上免责的手段"。

(二)告知同意规则缺失例外情形

我国目前在相关法律法规中并未明确规定告知同意规则的例外情形,无论是《全国人大常委会关于加强网络信息保护的决定》还是《网络安全法》,都只强调了数据控制者采集个人数据应当征得数据主体的同意,但未规定数据控制者在何种情况下能够豁免征得数据主体的同意实施数据采集行为。没有例外情形的告知同意规则就使得我国的数据采集制度极为僵化。以极端情况为例,当处于被绑架等特殊情况时,数据主体一方面难以作出同意表示,一方面又迫切需要救援,而根据我国现有的数据采集制度,数据控制者虽然在技术上能够通过 GPS 定位等方式采集数据主体的位置信息,但因难以满足法律上的要求而不被允许采集数据主体的位置信息,这显然不符合人们的期待。

(三)"全有"或"全无"的同意选项直接剥夺了数据主体的选择权

告知同意规则的基础是数据主体的信息自决权,本意是赋予数据主体自主决定是否提供相关数据的权利。然而在实践过程中,数据控制者在提供相关服务时往往采取"不接受协议则无法享受服务"的操作方式,直接剥夺了数据主体的选择权。尤其是在被垄断的行业领域,数据控制者利用自身的行业地位及垄断优势,采用"或全面接受协议、享受相应服务,或全面拒绝协议、不享受任何服务"的方式,迫使数据主体全面接受其提供的协议。由于在垄断领域不存在其他数据控制者或仅存在有限的几家数据控制者,数据主体往往不得不接受此类不公平的协议,被动选择同意所有协议内容的选项。该现象存在的根本原因是数据主体与数据控制者不平等的谈判地位,占据优势地位的一方在双方博弈的过程中为尽可能地攫取更大的利益而损害对方的利益。

四、我国个人数据采集规则的完善建议

虽然《信息安全技术个人信息安全规范》对个人数据区分了敏感数据和非敏感数据建立了不同收集规则,也提出了个人信息收集的基本原则。

(一)建立个人数据采集的基本原则

结合国内外数据收集的相关规则,我国可建立如下个人数据采集的基本原则:

(1)目的限定原则:数据的采集应具备特定的目的,且该目的具有合法性或正当性;

(2)合法采集原则:数据的来源应当合法,不得采集法律法规禁止采集的数据;不通过非法手段采集、获取数据,如数据非法买卖、黑客攻击等;

（3）手段正当原则：数据采集应当通过正当的手段，禁止通过窃取、欺诈、胁迫等不正当手段或隐私的手段采集数据；

（4）最小必要原则：又称"适当性原则"，数据的采集仅限于实现特定目的所必要的最小范围；

（5）透明度原则：数据的采集行为及采集目的、方式、范围及后续利用等对被采集者透明，需要向被采集者履行告知义务并确保其充分知悉；

（6）授权采集原则：数据的采集要经过利益相关方的授权，并且在授权范围内采集和利用；

（7）合理性原则：数据的采集要具备与场景及特定目的相应合理性，遵循用户的合理期待；

（8）权益维护原则：数据的采集不得侵犯他人的合法权益，如商业秘密、知识产权、隐私权、名誉权等。

（二）区分不同数据种类建立不同的收集规则

首先应当明确的是不同类型的个人数据具有不同的敏感性，人们对于家庭住址、个人电话、身高体重等个人数据往往会投入较多的精力予以保护，以确保相关信息不会被滥用；而对于个人姓名、网购的非隐私类商品名称等数据则不会投入过多精力。

因此，对于不同敏感性程度的数据，数据主体可以采取不同的同意方式。具体而言，对于高敏感性的个人数据实施明示同意机制，而对于其他个人数据则采取默示同意机制。其中，明示机制是指数据控制者在采集高敏感性个人数据之前，应当征得数据主体明确同意的机制；而默示同意机制与明示同意机制相对，是指对于高敏感性之外的其他个人数据，数据控制者在采集个人数据之前无须刻意征得数据主体的同意，只要数据主体未明确表示反对，则视为数据主体作出了默示同意。

无论是明示同意机制还是默示同意机制，其理论依据都是个人信息权理论，强调数据主体对个人数据的控制和支配。区别在于明示同意机制将数据主体对个人数据的控制放在了数据采集行为实施之前，要求数据控制者在实施数据采集行为之前征得数据主体的明确同意；而默示同意机制则将数据主体对个人数据的控制放在了数据采集行为实施之后，即数据主体有权拒绝数据控制者的数据采集行为。

1. 敏感数据的明示同意规则

明示同意机制是指数据控制者在采集高敏感性个人数据之前，应当征得数据主体明示同意的机制。明示同意机制的实质是"告知同意"，其与欧盟《一般数据保护条例》确立的告知同意框架类似。对于高敏感性数据，数据控制者在实施数据采集行为前应当获得数据主体的明示同意。若数据控制者未经数据主体的明示同意即实施了数据采集行为，则构成对数据主体同意权的侵犯。数据主体有权要求数据控制者停止未经明示同意的数据采集行为并将采集的数据予以删除,同时数据主体还可要求数据控制者承担因未经明示同意采集数据给自己造成损失的赔偿责任。

2.非敏感数据的默示同意规则

默示同意机制与明示同意机制相对,是指对于高敏感性之外的其他个人数据,数据控制者在采集个人数据之前无须刻意征得数据主体的同意,只要数据主体未明确表示反对,则视为数据主体作出了默示同意。

数据主体对个人数据的控制可以体现在数据采集行为实施之前的同意,也可以体现在数据采集行为之后的拒绝。前者体现为明示同意机制,与欧盟和我国现有的告知同意规则类似;后者则表现为默示同意机制。默示同意机制的实施是个人信息权理论基于"促进个人数据合理使用"价值取向的让步,在大数据产业刚刚起步的阶段,明示同意机制的实施将会给数据控制者造成极大的成本负担,不利于促进大数据产业的发展。而将数据控制者征得数据主体同意的义务转变为数据控制者应数据主体要求停止数据采集行为并删除已采集的数据,不仅能保障数据主体对个人数据的控制和支配,同时也有效降低数据控制者的成本。因此,对于高敏感性以外的个人数据,可以采用默示同意机制。尽管默示同意机制中,数据控制者在实施数据采集行为前无须征得数据主体的同意,但数据控制者仍需要遵循透明原则的要求,将数据采集的目的、方式、数据主体行使查询、更正以及删除等权利的途径以及投诉渠道等信息以通俗易懂的语言告知数据主体。同时,数据控制者应当在接到数据主体明确的不同意表示时停止数据采集行为,并应数据主体的要求封存或删除已采集的数据。否则,将构成对数据主体同意权的侵犯,并承担相应的侵权责任。

3.建立例外规则

我国将数据主体的同意作为唯一合法依据,并未明确规定例外情形,导致我国的告知同意规则较为僵化。欧盟的《一般数据保护条例》建立了为订立合同或履行合同采集数据、基于法定义务采集数据、为数据主体或其他自然人的重大利益采集数据、基于公共利益采集数据、行使公权力采集数据以及为数据控制者或其他组织的正当利益采集数据的六种例外情形,基本涵盖了所有例外情况。因此,参照欧盟明示同意机制的例外情形,我国可建立以下三方面例外情况:

(1)基于法定义务的数据采集。基于法定义务的数据采集例外情形是指数据控制者为了履行法律规定的义务,对数据主体的高敏感性数据进行采集的行为无须事先征得数据主体的明示同意。诸如金融机构(数据控制者)为履行《反洗钱法》规定的反洗钱义务,对客户(数据主体)的身份证号码(高敏感性数据)进行采集的行为无须事先征得客户的明示同意。

(2)为数据主体或其他自然人重大利益的数据采集。该条例外情形中的重大利益应当局限于关于生命健康等的重要利益,并且该利益的重要性程度远超于数据主体的人格尊严利益。

（3）基于公共利益的数据采集。正如德国联邦宪法法院在对信息自决权论证过程中所阐述的，"个人在社会之中发展个性，其所言所行在受到社会影响的同时也影响着社会。因此个人数据并非纯粹地与个人关联，同样是社会事实的反映。个人对自身数据并不具有绝对或无限的控制，其信息自决权的行使必须受到公共利益等的限制。"即使是数据主体的高敏感性数据，仍应受到公共利益的限制。

互联网金融

金融机构线上贷款纠纷探讨

黄　静　四川泰益律师事务所

随着"互联网＋"时代的到来,融资模式不断创新,产生了 P2P 网贷、股权众筹、互联网银行等新型融资方式,这使传统金融行业面临巨大压力。根据某银行的总结,传统金融行业之所以还能躺着挣钱,是因为:①支付宝融资还没有成长为社会中坚力量;②企业金融整体上还没有实现数字化。但这两个条件再过几年就不复存在了。因此,传统金融行业加快发展线上业务变得迫切起来。近年来,各家银行相继推出线上贷款业务。如:工商银行"易融通"网商微型企业贷款、招商银行"e 招贷"和"闪电贷"个人贷款、兴业银行"随兴贷"和"兴闪贷"个人贷款。随之而来的是金融机构线上贷款业务纠纷的出现,并逐年增加,近年甚至呈爆发趋势。而司法机关显然对此没有做好充分应对准备,在受理案件方面出现限量立案、审理案件方面出现对电子证据认定标准各异、同案异判、执行案件方面出现大量终结本次执行等问题。本文拟对以上部分问题进行梳理,期望为解决上述问题提供参考。

目前金融机构线上贷款产品与传统贷款产品相比,大多具有如下特征:①申请贷款客户无须提供抵押或保证;②贷款手续简单便捷,在线实时申请、实时审批、实时放款;③申请贷款客户与银行有业务往来记录,银行据此对客户身份及征信进行审核;④放款额度不大,一般个人贷款不超过 30 万元,企业贷款不超过 50 万元。以上特征得以使金融机构的线上贷款业务迅猛发展。

从合同法角度分析,金融机构线上贷款产品合同具有以下特征:

(1)贷款合同以电子合同形式签订。双方通过信息网络以数据电文形式传达的设立、变更、终止民事权利和义务的协议①借款人通过贷款人网上个人银行、手机银行、微信银行、网络贷款相关网页等渠道申请贷款时点击确认:同意并授权银行查询本人的征信及相关信息;同意签署《征信授权》和《个人贷款借款合同》,并通过取款密码及手机动态验证码完成身份验证后提交贷款申请,经过贷款人最终审批,双方完成合同的要约、承诺。

(2)合同签订地、合同履行地认定具有复杂性。按照《合同法》34 条第 2款:采用数据电文形式订立合同的,收件人的主营业地为合同成立的地点;没有主营业地的,其经常居住地为合同成立的地点。当事人另有约定的,按照

---

①　王畅、范志勇:《互联网金融案件中电子证据制度的适用》,《法律适用》2018 年第 7 期。

其约定。故金融机构线上贷款产品的合同签订地可认定为当事人约定的地址或借款人的经常居住地。关于金融机构线上贷款合同履行地,如双方在合同中没有约定,没有明确的法律规定,可借鉴最高人民法院关于审理民间借贷案件适用法律若干问题的规定(2015 年 6 月 23 日最高人民法院审判委员会第 1655 次会议通过 法释〔2015〕18 号)司法解释第三条规定,合同履行地约定不明无法确定的,以"接受货币一方所在地"作为合同履行地。对此实践中有模糊认识,这里的"接受货币一方"有两个含义,一是只能是双方当事人中的一方,不包括当事人之外的第三人;二是起诉要求对方向自己给付货币。一般来讲,原告方是接受货币的一方,而不是实践中已经接受支付的一方,但实践中可以认定接受还款的银行所在地为合同履行地。

金融机构线上贷款产品以上特征导致在司法实践中具有以下难点:

(1)管辖法院的确定。按照《民事诉讼法》第二十三条:因合同纠纷提起的诉讼,由被告住所地或者合同履行地人民法院管辖。因线上贷款被告并不局限于某特定区域,如选择被告住所地将导致金融机构对未来管辖法院不可预测,故多数金融机构会选择合同履行地法院作为管辖法院。线上贷款多为格式合同,因而大多数金融机构是以总行作为线上贷款合同的甲方,由此纠纷的管辖将集中于金融机构总行所在地基层法院,目前每个线上品种产生的不良量每年按万件发生,基层法院现还没有能力处理如此数量的纠纷。

(2)电子证据应用的难点。在诉讼中,金融机构作为贷款人,需要对借款事实、借款合同进行举证,借款人需要对已经还款、是否收到借款等反驳观点进行举证。线上贷款过程均为网络操作,数据本身存在于借款人的网络平台,且电子数据本身具有高度专业性,如果仍然按照对普通借贷纠纷的证据来要求线上贷款证据,将失去公平性。关于电子证据的相关规定散见于《民事诉讼法》《电子签名法》《最高人民法院关于民事诉讼证据的若干规定》中,2018 年最高人民法院《关于互联网法院审理案件的若干问题的规定》第 11 条对电子数据的认定作出了专门规定:当事人提交的电子数据,通过电子签名、可信时间戳、哈希值校验、区块链等证据收集、固定和防篡改的技术手段或者通过电子取证存证平台认证,能够证明其真实性的,互联网法院应当确认。以上电子证据认定规则不够明晰,缺乏关于电子证据的使用范围、采纳条件、举证形式指引性贵方,使司法审判操作困难。

(3)案件数量大,法院无法承载如此大的工作量,导致金融机构案件立案、执行成为相对困难的问题。

针对以上问题,笔者提出解决目前金融机构贷款纠纷案件的如下建议:

(1)合同对于管辖条款的约定至关重要。对于金融机构的线上贷款纠纷,其数量远远高于传统贷款业务,金融机构在制定线上贷款合同时,应充分考虑不良事件发生后具有管辖权法院的案件承受能力,按照《民事诉讼法》第三十四条规定:合同或者其他财产权益纠纷的当事人可以书面协议选择被告住所地、合同履行地、合同签订地、原告住所地、标的物所在地等与争议有实际联系的地点的人民法院管辖,但不得违反本法对级别管辖和专属管辖的规定。在合同中约定具有关联性的管辖法院,以期将案件分流,实现通过司法途径有效解决纠纷。

(2)金融机构在发展线上业务同时,应完善第三方电子机构技术,严格要求第三方电子机构遵循国际机构认证技术,综合采用实名认证、短信认证、数据证书认证、人脸识别等方法,确保借款人身份真实。采用国际的哈希值技术固化原始电子文件数据、区块链技术防止电子文件被篡改。采用第三方取时技术,精确记录签约时间。

(3)法院在对电子证据的采信方面,应充分结合互联网特点,综合考虑公平与便利原则,不宜对金融机构要求过高的证明义务;对于借款人来说,取证相对处于弱势,借款人向司法机关申请调查取证,司法机关应予允许。

(4)对于金融机构较为集中的地区,借鉴已经成立的互联网法院经验,成立互联网法庭,集中处理互联网金融借款纠纷,对于电子证据的认定应参照互联网法院审理案件的规定予以认定。

从案例大数据看互联网金融发展趋势

罗振辉　广东诚公律师事务所

中国的互联网金融行业经过这几年的发展，可以说是风雨无数，从灰色地带兴起，到一拥而上，到爆雷不断，再到如今不断的新规落地，虽说未到尾声，但已相对沉寂，进入相对稳定时期。如今正是回头分析看看的时候。本文希望用数据说话，分析互金行业发展趋势，供各位参考。

本文拟以互金行业案例大数据为切入角度，从 P2P 涉及诉讼纠纷的数量、类型进行分析，并结合网贷平台数量变化以及监管部门出台的政策文件，分析互联网金融的发展方向及趋势。

一、以案例大数据为切入角度，从 P2P 涉及诉讼纠纷的数量、类型分析发展趋势

自 2018 年监管部门要求网贷机构进行备案至今，网贷行业发生了很多变化，有的平台继续坚守，有的平台选择退出，还有的平台爆雷被警方立案侦查。这个行业一路走来的沉浮起落，从其涉及的诉讼纠纷中也可略知一二。

为此，笔者拟通过在数据库检索自 2013 年至今涉及互联网金融/金融信息服务的案件，解读互联网金融（网贷）这个行业的发展趋势。经检索，截至 2019 年 7 月 31 日，诉讼当事人涉及互联网金融/金融信息服务①的案件共有 19 634 件。

（一）网贷平台涉及纠纷的基本情况概览

根据 Alpha 案例库统计显示，自 2013 年来，涉及网贷平台的纠纷案件法律文书共计 19 634 份（截止时间为 2019 年 7 月 31 日），其中 2013 年 3 份，2014 年 142 份，2015 年 390 份，2016 年 1 385 份，2017 年 4 167 份，2018 年 9 143份，2019 年（至 7 月 31 日）4 390 份。

从案由分布来看，当前最主要的案由是民事案由，有 18 942 件，其余少量为执行、行政、刑事案由。因本次检索主要涉及民事纠纷，后文将主要对民事

---

① 因早期网贷机构设立时拟定的公司名称较为随意，关于名称的使用没有强制规范，因此部分网贷机构名称可能不涉及"互联网金融"或"金融信息服务"字样。此外，自 2018 年起，随着网贷机构备案工作的开展，网贷机构的名称也不得进行变更。基于此背景，本次检索主要以"互联网金融/金融信息服务"作为当事人关键词进行检索。

案由中涉及的纠纷来分析网贷行业的发展趋势。

（二）从民事案由中涉及的具体纠纷看网贷发展趋势

经检索，网贷平台所涉案件的民事案由主要是合同纠纷类、劳动、人事争议纠纷类，分别为 15 052 件、1 145 件，其余案件涉及物权纠纷类等案由。

合同纠纷类案由当中案件数量最多的是借款合同纠纷（8 920 件），其次是追偿权纠纷（3 153 件）、服务合同纠纷类（434 件）、债权转让合同纠纷（335 件），剩余案件为其他案由。

通过对每个案件的涉案标的额进行分析，标的额为 50 万元以下的案件数量最多，占数量总数的 90.49%。结合案由分布情况，主要是以借款合同纠纷和追偿权纠纷为主，由此可说明网贷涉及的纠纷主要是小额纠纷，这也符合《网络借贷信息中介机构业务活动管理办法》对借款人借款额的限定，借款人是自然人的，借款金额不超过 20 万元；借款人为法人或其他组织的，借款金额不超过 100 万元。这反映了网贷行业在逐步合规化发展。

关于劳动、人事争议纠纷方面，2017 年的案例数量仍在增长，有 364 件。但到了 2018 年就开始下降，有 269 件。说明从 2017 年开始，平台内部的管理问题、人事争议、劳动争议也相应地减少。其中的原因，很大程度上是与网贷备案有关。为了符合合规经营的监管要求，网贷机构的业务发生调整，如不得继续办理大额标业务，于是有的平台缩小经营规模，有的平台退出了网贷行业，甚至有的平台直接跑路或者爆雷。网贷平台的数量不断在减少，而新增的平台因准入条件问题，也不可能有大幅度的增加。

鉴于裁判文书上网公开存在滞后性，部分案件裁判文书未及时公开，且诉讼耗时较长，当下已公开的裁判文书所涉及的争议发生时间更早。因此，在目前网贷行业已出现明显下行的情况下，可以初步判断网贷行业在快速萎缩。

二、网贷行业数据及监管部门的政策文件对网贷行业的影响

"网贷之家"是目前国内较为权威的 P2P 网贷行业门户网站，其每个月都会对网贷行业数据、平台成交数据、问题平台等数据进行精准的发布更新。通过对"网贷之家"近几年发布的平台数量以及行业成交两个方面的数据比对，笔者发现，网贷行业的景气大不如前，正常营业平台数量大幅缩水，成交量及贷款余额增长趋势明显回落。网贷行业的不景气与监管政策出台后的影响不无关系。

我国 P2P 网络借贷行业自 2007 年起步以来，长期处于"无门槛、无规则、无监管"的野蛮发展状态。2015 年 7 月，《关于促进互联网金融健康发展的指导意见》出台，可看出国家对互联网金融的重视。然而监管跟不上网贷平台的发展速度。到了 2015 年底，爆发了 e 租宝事件，随后监管部门便出台了《网络借贷信息中介机构业务活动管理暂行办法（征求意见稿）》，从此网贷行业

进入监管严管阶段。此后,我国不断出台正式文件对 P2P 进行规制。

综观近十年来,从未有一行业被如此之多的政策规定所限制,从国家层面,到地方政府层面再到自发性行业组织层面,从宏观到微观、从概括到细化,一层一层地对网贷行业进行规范。之所以不是以法律的形式出台文件,重要原因之一在于出台法律的门槛太高,需要经过较长时间的研讨论证,到法律正式出台之时可能已经不能适应当下现实需要,不足以在短时间内应对行业的各种变化。

自 2016 年出台《网络借贷信息中介机构业务活动管理暂行办法》,网贷的身份得以正式确认,此后便是不断地出台新政策,以及各种补丁政策。

三、网贷行业发展历程与趋势

案例数据的变化,涉及多种因素,其中,案例数量类型分布与网贷行业的活跃程度及数量有关、网贷行业的平台数量与监管政策力度和频率相关、监管政策反之又随着行业动态发生变化,具体而言:

(1)网贷平台的累计数量自 2016 年开始持续增长,新平台不断加入,新旧平台各自拓展业务,诉讼纠纷也呈现增长趋势,此时网贷行业仍处于上升阶段。但同时,2016 年也是监管元年,当年 8 月《网络借贷信息中介机构业务活动管理暂行办法》发布,标志着 P2P 网络借贷行业进入监管时代。随着监管政策的不断出台,监管力度不断增强,网贷行业正式进入合法、合规、公平、有序发展时期。加上《网络借贷信息中介机构业务活动管理暂行办法》中规定的贷款限额约束,也导致网贷市场空间大幅压缩,平台面临较大的转型压力,大部分资质一般、合规成本高的中小网贷平台,在监管压力之下被淘汰或者整合,从平台数量的数据上也可看到停业转型平台、问题平台也从 2016 年开始逐月增加,正常运营平台则逐月减少。网贷行业面临洗牌,竞争力小的平台则被淘汰。

(2)2018 年初,各地金融办纷纷出台 P2P 网络借贷风险专项整治整改验收工作指引表,平台若要通过备案必须符合整改意见。然而面对严格的备案要求,不少平台在整改过程中也逐步退出行业,此时 2018 年的停业转型平台和问题平台数量依然在持续增加。

(3)2018 年下半年出现的网贷行业"爆雷潮",不少规模平台纷纷倒下,从网贷之家公布的数据可以看到,自 2018 年下半年,问题平台数量增加迅速,2018 年 7 月到 2018 年 12 月的数据显示,问题平台数量增加了 522 家,而2018 年上半年 1 月到 6 月的数据,问题平台数量增加不到 200 家。这种状况的出现,已迫使着监管部门、行业组织做出反应,于是自 2018 年下半年开始,全国各地纷纷出台有关网贷机构的退出指引,指导平台有序退出网贷市场。

四、结语

2019 年 4 月,原定 2018 年 6 月备案期限已拖延一年有余,到目前为止仍未有具体备案日期,各地金融办仍以劝退为主,不少平台已不堪政策前景不明朗,开始转型或退出。中间偶有大平台爆雷,实为进退不得的结果。市场上传闻各地最终备案通过的平台将会少之又少,在如此重重禁锢之下,网贷行业已难说是一行业。

完善我国网络借贷平台监管法律制度的对策

董武斌　甘肃诚域律师事务所

近年来,我国经济飞速发展,人民的生活水平日益提高,对消费的需求也越来越大。与此同时,互联网技术越来越普及,随着互联网技术的飞速发展,互联网技术与网络消费金融二者相互结合,互联网金融行业应运而生,网络贷款行业作为互联网金融行业的代表,发展势头尤其迅猛,网络贷款行业的出现给传统消费金融模式带来了很强的冲击。网络利用互联网的技术优势,使人们足不出户便可快速、便捷地得到贷款,受到人们的广泛青睐。

但是,随着网络借贷行业的不断发展和普及,随之也产生了一些负面的问题,由于相关立法滞后、监管不到位等原因,网络借贷平台出现了不少的乱象,人们对于网络借贷平台监管的呼声越来越高,我国的网络借贷平台监管法律制度如何、监管机构的职权、监管机构如何展开工作等问题需要及时给出明确答案。同时,国外关于网络借贷平台监管的法律制度有无我国值得借鉴之处也应引起我们思考。基于如上问题,针对网络借贷平台监管法律制度方面展开分析,提出以下应对策略。

一、完善网络借贷平台监管立法体系

相较于传统的金融消费形式,互联网金融业具有自己显著的特点,主要有网络贷款、集资众筹、虚拟货币、基金销售、网络支付、网络信托金融等形态,可以看出,在不久的将来,会有更多的形态出现。由于没有统一确定的法律规定,网络借贷行业乱象频出,面临着诸多法律风险,而各部门在应对互联网这一特殊情境时未能发挥其应有的作用,出现了多头管理及各自推诿的现象,由此可见完善网络借贷监管立法体系的重要性。

二、进一步明确监管主体职责

我国目前的网络借贷监管体系采用的是"分业监管"的模式,即一行三会主导,各司其职,相互协作。其中中国人民银行负责制定网络借贷平台的相关运行规则,银监会统筹网络借贷平台活动的监督管理,证监会负责相关证券的交易发行方面的监管,保监会则负责保险方面的监管。此种模式导致我国的网络借贷行业彼此之间具有界限严明的监督壁垒,非常容易出现行业的监管空白,同时很难跟上时代的脚步,不能跳出固有的工作模式来进行有效的创新,无法更好地促进金融行业的发展。鉴于此种情况,我国可借鉴西方国家对网络借贷平台监管的经验,改行业式的监管模式为功能性的监管模式,把各个监督的行业确定在一个体系内部,防止各方监管要求的不统一,及时进行监管调整与创新,解决监管遗漏问题,细分监管机构的工作以及职责界限。

三、加强监管部门执法力度与协同配合

网络借贷平台并没有实施所谓的"牌照制",也没有在相应的监管部门备案,因而监管部门无法进行有效的管理。出现相应的问题后,由谁监管、如何监管尚不明确。网络借贷是金融机构业务的一部分,然而对于此部分的规定却甚是模糊。网络借贷平台所做的广告是否存在违法现象、其发布的优惠福利是否真实可信、是否存在诱导消费和虚假宣传的现象,这些都没有针对性的灵活监督审查机制。监管部门应当勇于承担网络借贷平台的监管职责,加大执法力度,规范针对网络借贷行业的行为,保证行业的健康有序发展。

网络借贷中产生的问题,按照法律规定应有银监会承担监管职责,但是网络贷款既包括借贷关系又包含商品买卖关系,其中的买卖关系与工商、公安等部门关系密切。如果各个监管部门之间工作不协调,那么监管工作就很容易出现重复或空白的情况。网络贷款的发展需要各监管部门的密切配合,与政府职能部门相对应,社会也应承担相应的责任。宣传部门应密切关注不良消费在社会的发展情况,关注社会大众是否存在不良消费行为和不良贷款行为,由于宣传部门没有行政处罚的权利,在发现上述情况后应尽早将案件移交监管部门处理。

四、完善征信体系的建设

网络借贷在我国出现的初期,国家便颁布了一部有关征信体系建设的规章——《征信管理条例》,可是此部条例却未将网络借贷平台纳入其内。截至目前我国关于网络征信体系建设方面的立法还存在很多不足,社会信息共享机制的缺失导致网络金融消费信用严重匮乏,监管部门无法提供征信支持,网络借贷平台的信息无法共享,无法知晓因个人信用的缺失导致的违约风险,为此,建立完善的征信立法体系势在必行。

从立法层面来看,针对网络借贷征信问题与监管中定位模糊不清的现状,可以选定一部分法律,强调个人征信在网络环境下的重要性,等到互联网发展进入成熟的阶段,监管认知开始变得明确时,再出台相应的专项法规政策进行治理;其次,用户在平台进行注册时,提供了可以证明自己的身份信息、社交信息,个人隐私极大程度地暴露在了平台面前,有关此类信息的保护需要引起我们高度的重视。完成个人信息保障机制的创建,可以与现行《刑法》中的相关条款结合,实现全面性保护。

五、完善行业自律监管和平台保障

与政府相比，行业自律组织具有更高的专业性，而且对行业的运行方面也更了解，所以在行业监管过程中，优秀的行业自律组织可以起到事半功倍的效果。鉴于此种情况，我国应规范发展行业组织，完善机构内部合规程序，充分发挥行业自律在社会管理中的作用。只有发挥其作用和优势，才能够保证贷款行业健康有序的发展。

①建立行业自律准则。想要发挥行业自律组织的作用，首先要制定严格的行业准则，只有这样才可以更好地约束网络借贷行业。②建立行业信息披露统一标准。充分的信息披露是市场约束机制发挥效用的重要措施，也是保护投资方与借款方知情权的基本前提。③建立平台不正当竞争黑名单制度。建立不正当竞争的黑名单制度，将采取不正当手段危害行业发展的平台列入黑名单，对位于黑名单的平台依照行业自律准则给予一定的惩罚。④健全平台的市场准入机制与退出机制。借贷平台作为借贷交易过程中的中介角色，是交易过程中必不可少的参与方，通过对借贷平台市场准入机制的创建与退出机制的审核，规避可能产生的风险，尽大努力地保护债权人的利益，是极为重要的一环。⑤健全监管投诉机制。针对当前关于网络借贷平台的法律规范并不是很健全的情况，在借款平台与借款人的纠纷冲突中，借款人一般处于弱势的地位，很难进行维权，加之有些问题并没有纳入法律的处理范畴，常常造成贷款平台有恃无恐，行业自律组织建立有效的投诉机制势在必行。同处于一个行业中，内部人员对于平台的运作与发展有更为清晰的了解，也可以从比较专业的角度给出消费者合理的建议，做好内部成员与借款人的沟通工作，依靠此机制，及时有效地保护借款人的权益，对平台出现的问题合理处理，从而形成规范有序的行业发展局面。

我国网络借贷虽然起步较晚，但是由于其方便、快捷的特点广受社会大众青睐，加之如今人们的消费理念转变、消费需求旺盛，希望可以有机会调配未来的资源。当前，网络借贷平台仍然存在着许多不足，暴露了一系列弊端与问题，行业规范缺失、贷款利率不规范、平台资质不明确、相关法律法规相对滞后、信用体系不完善以及监管机制不系统、监管力度不到位等问题应当引起社会各界的关注。国家应当完善立法，细化措施，统一审核监督标准，使网络借贷平台依法运行，监管部门在实施监督时有法可依；社会大众应当增强法律意识与维权意识，在产生问题后积极通过法律渠道解决，保障自己的合法权益。通过社会各界的共同努力，规范网络借贷平台健康有序的发展。

比特币的法律属性辨析

冯士柏　　陈庆国　　四川蓉城律师事务所

随着互联网技术发展及其应用生态的成熟,尤其是近年区块链技术的出现和在金融领域的应用,加密货币逐渐成为经济、法律、社会乃至哲学等领域关注的课题。2019 年 7 月,杭州互联网法院宣判一起涉比特币侵权纠纷案,该院指出,比特币具有财产作为权利客体需具备的价值性、稀缺性、可支配性,应认定其虚拟财产地位。这对加密货币以及虚拟财产的法律评价和治理保护有一定的示范意义。本文拟从"加密货币"的概念入手,结合我国行政管理和司法审判实践,辨析比特币的法律属性。

一、相关概念的再探讨

区块链技术和比特币诞生以来,各国政府的管理部门、金融机构、媒体以及业内专业人士,在与加密货币有关的定义上都有着各自的理解,以至于在称谓用法和监管治理上产生混乱。鉴于"货币"的定义尚未统一,笔者认为,理解"货币"前的限制性定语"数字""虚拟""加密"等在不同场合应用上的合理性更具意义。以下是笔者总结的目前趋于主流的一些观点并提出自己的看法。

(1)电子货币(Electronic Money),通常被视为传统货币的电子化支付和结算工具,其实质意义与传统货币无异。一般会将信用卡、支付宝等归为电子货币范畴。

(2)数字货币(Digital Currency),数字化形式呈现的货币,是指数字化的法定货币。其对标的概念是实体货币(纸币和硬币等实体形式),功能等同于传统货币,此观点目前得到我国相关管理机构的肯定。也有意见认为,数字货币具有最大的概念外延,包括了法定数字货币、虚拟货币、加密货币、代币等一切数字形式的"货币"。

(3)虚拟货币(Virtual Currency),虚拟货币对标的概念是现实货币,现实货币在政治经济学层面即为法定货币。虚拟货币仅存在于类似互联网空间的虚拟世界中,例如腾讯公司使用的"Q 币"。也有观点认为,根据发行的中心化和去中心化方式的不同,虚拟货币还包括比特币等在内的加密货币。

(4)密货币(Crypto Currency),一般认为加密货币必须是基于区块链技术产生,具有三个特征:不由任何中央机构发行;使用基于区块链技术的加密算法;可以兑换商品和服务。加密货币对标的概念是"非加密货币",目前而言,任何中央机构发行的任何形式的货币,都不存在加密的方式,因为中心化的机构对其发行的货币具有天然的监管职责,使用这种货币的人在监管面前将没有任何秘密。这意味着,任何国家政府的央行将无法发行真正意义上的加密货币。但是,随着互联网和区块链技术的进一步发展,结合现今商品经济社会的发展变化和人们参与社会经济活动的行为方式的改变,以及各国政府对货币发行和管理的新的认识和理解,加密货币也有可能成为法定货币的一种形式。

(5)代币(Token),原本为计算机术语,一般译为"令牌""通证",主要用于身份标识和认证。在本文的语境下,代币的概念和含义主要来自对"Initial Coin Offering"的翻译,一般翻译为"首次代币发行",我国有关部门的规范性文件中将这种行为称作"代币发行融资"。一般情况下,代币分为原生代币(Native Token,例如比特币、以太币)和资产支持代币(发行者在区块链项目中发行,用以代表一定数量的真实资产或权益的证明)。根据代币是否进二级市场进行交易,代币也可以分为项目内部功能性代币和类似金融衍生品的代币。

综合上述的观点,笔者认为,在目前阶段,比特币定义为加密货币比较适宜。因为比特币不是法定货币,所以不能称之为数字货币。比特币具备兑换现实世界商品和服务的功能,在广义的理解下,可称之为"货币",所以比特币不是虚拟货币。另,比特币在区块链技术领域,也会被看作是代币的一种。而且,一些代币在产生和应用过程中,可以直接成为或进化为"加密货币"。法定货币、数字货币、虚拟货币、加密货币和代币关系图示如下。

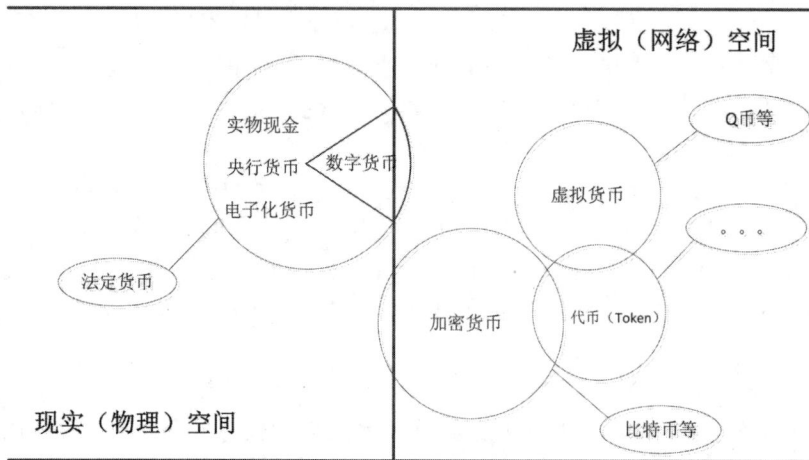

二、我国行政管理部门对比特币性质的认识

2013年12月发布的《中国人民银行、工业和信息化部、中国银行业监督管理委员会、中国证券监督管理委员会、中国保险监督管理委员会关于防范比特币风险的通知》、2017 年 9 月发布的《中国人民银行、中央网信办、工业和信息化部、工商总局、银监会、证监会、保监会关于防范代币发行融资风险的公告》是我国有关部门公开发布与比特币有关的两份重要文件。文件中明确：比特币是一种虚拟商品不是货币，但禁止比特币以任何形式进入金融领域。比特币是虚拟货币，虚拟货币的发行和融资是非法行为。

另，考察国外对加密货币的监管和治理情况，一般会将加密货币纳入已有的金融和市场管理秩序中进行治理，根据加密货币在其参与的金融和商业活动中性质和功能的不同，将其列入货币、证券、商品等不同的领域进行法律监管和行业治理。

三、我国法院对涉"比特币"（含"虚拟货币"，即类似于本文的"代币"）案件的审判实践

笔者查找和筛选了我国各地法院作出的涉比特币案件的判决书，总结如下：

裁判观点一：比特币为不合法物，不受法律保护。【（2015）商民初字第 1531 号】不当得利纠纷案、【（2018）甘 0104 民初 1466 号】担保合同纠纷案。

裁判观点二：涉比特币交易违法，交易行为不受法律保护。【（2018）浙 11 民终 263 号】合同纠纷案、【（2017）苏 0115 民初 11833 号】债务纠纷案、【（2017）湘 0105 民初 6277 号】确认合同有效纠纷案、【（2018）鲁 01 民终 4975 号】合同纠纷案。

裁判观点三：比特币具备财产价值，受到法律保护。【（2016）浙 10 刑终 1043 号案件】（盗窃罪）、【（2017）苏 0506 刑初 66 号】（敲诈勒索罪）。

裁判观点四：比特币是计算机信息系统的数据，受到法律保护。【（2017）冀 0406 刑初 18 号】、【（2015）金刑初字第 00090 号】（非法获取计算机系统数据罪）。

裁判观点五：比特币具备"虚拟财产"性质，受到法律保护。2019 年 7 月 18 日，杭州互联网法院当庭宣判一起涉比特币侵权纠纷案。

综上，可以看出，各地法院对比特币的法律属性的认识差别很大，形成统一的意见还有待于在立法层面进行规范。

四、对比特币在我国现有法律框架内规范和治理的思考

本文第二段两份文件中比较明确的意见是：比特币是特殊的虚拟商品，比特币不是货币，严禁任何形式金融意义上的交易、结算和服务。同时也能得出这样的结论，国家目前禁止的是涉比特币的非法交易行为，而非比特币本身，个人可以自由持有和交易比特币。我国在行政治理上对涉比特币的事务采取绝对的严格主义和反对态度。

从本文第三段列举的我国涉比特币案件的司法审判实践情况来看，在立法缺失的情况下，法院愈发从审慎的角度和结合社会发展的实际更为灵活地考察和认定比特币的法律属性，在确定比特币作为虚拟商品的同时，进一步分析比特币的财产价值和认定持有人的经济利益，这充分体现经济分析法学的法律智慧。但是，从明显的认识差异中也能看出，这只能是个摸索的阶段。

虽然如此，比特币天生的货币功能，将对此形成巨大的障碍。比特币从设计到诞生的那一刻起，就是一种以无政府主义姿态出现的全球性货币，除非被所有的使用者抛弃，否则，其货币功能仍然会长时间地存在于所有使用者之间。由此看来，对比特币形成真正有效的治理，也许需要针对比特币的商品和财产价值、法律属性等方面在全世界范围内达成一定的共识。

最后，《民法总则》在"民事权利"一章的第一百二十七条规定"法律对数据、网络虚拟财产的保护有规定的，依照其规定"。但是这仅是概括和宣示性的规定，并未提出具体的保护原则。况且，在比特币和网络虚拟财产之间，还存在着比特币是否为合法的虚拟商品、虚拟商品是否具有财产属性诸多需要解决的法律题目。

关于 Libra 国际监管的几点思考

刘宇梅　广东天穗律师事务所

从 2018 年开始，Facebook 有意进军加密数字货币行业的消息就传得沸沸扬扬。2019 年，这一计划明显有了提速：5 月 2 日，Facebook 在瑞士日内瓦注册了 Libra Networks；6 月 18 日，Facebook 正式在 Libra.org 网站上公布了 Libra 的白皮书。一时之间，Libra 引起了全球范围内的热议。

那么，Libra 的推出，将对全球金融体系产生什么影响？对于这些跨越国界的数字货币，各国的监管机构又面临哪些难题，该如何应对？

一、Libra 的简介及用途

（一）什么是 Libra

Libra 是 Facebook 计划发行的一种稳定币，按照 Libra 白皮书中的描述：Libra 运行于 Libra Blockchain 之上，它的目标是创建一个简单、无边界的货币和金融基础设施，为数十亿人服务。

Libra 由三个部分组成，它们将共同作用，创造一个更加普惠的金融体系：①它建立在安全、可靠和可扩展的区块链基础上；②它以赋予其内在价值的资产储备为后盾；③由独立的 Libra 协会治理，其使命是促进这个金融生态系统的发展。

支持 Libra 的实际资产是一系列低波动性资产，包括由稳定且信誉良好的中央银行提供的现金和政府货币证券，它采取的是一种 100% 比例的准备金制度，这些因素叠加 Libra 的非单一货币锚定机制，使得其相较于以往的数字货币具有更加稳定的特性，在一些政局动荡、本国货币不稳定的国家和地区能够发挥避险功能，起到替代部分法定货币的作用。①

（二）Libra 的用途

Libra 的用途，我们从白皮书中公布的 Libra 协会的 29 家成员名单，即可看出端倪。

这 29 家合作机构名单中，既有 Uber、eBay、PayPal 等互联网公司，也有 Mastercard、VISA、Andreessen Horowitz、USV 等老牌金融机构，以及全球

---

① 明明、刘鹏：《CITICS 债券研究》。

知名的电商平台 eBay、Mercado Pago、在线奢侈品网站 Farfetch。名单中也不乏知名的投资机构，如 Andreessen Horowitz 基金、Union Square Ventures 等。其中还包括为 Libra Blockchain 提供技术支持的区块链行业的翘楚 Coinbase、BisonTrails、Xapo，以及支付类公司 Mastercard、Visa、Stripe、Paypal 等。另外，Uber、Lyft 作为共享生态和移动互联网的主导力量，Vodafone、Iliad 作为移动通讯运营商的代表，也都参与了进来。

由此可以预期，在 Libra 正式发行并投入应用之后，用户购入 Libra，而后通过 Facebook 或者 Paypal 等渠道，可以将其用于电商平台购物、旅行、投资、话费充值，支付打车费用等日常生活的方方面面。

如区块链专家孟岩所说，等到 Facebook Libra Blockchain 稳定运行数年，27 亿 Facebook 生态用户体验到了 Libra 为生活带来的便利之后，届时依附于 Facebook 的电商、游戏、服务和金融数字生态，将可能发生彻底的变化，所有的服务将不再以美元或者传统货币计价，而是以 Libra 来进行计价。

二、各国对 Libra 的态度及 Libra 对国际金融体系的影响

（一）各国对 Libra 所持的态度

Libra 作为由私营企业而非政府发行的"加密货币"，发行方 Facebook 于全球范围内拥有 27 亿的用户。这种情形下，Librar 的白皮书一经公布，随之而来的是来自从美国到欧洲、到亚洲的各国政府及中央银行的密切关注，并纷纷发表了意见。

七国集团财长和央行行长于 2019 年 7 月 17—18 日在巴黎举行为期两天的会议，各国财长在会议结束之后发布了针对 Libra 所做的决议总结，决议总结中提道：虽然金融领域里的创新可以带来实质性的好处，但也可能带来风险。因而一致认为，目前正在开发的稳定币和其他各种新产品，包括覆盖全球和具有系统性的 Libra 等项目会引发严重的监管和系统以及更广泛的政策问题，这些问题需要在此类项目实施之前得到解决。[①]

自 Facebook 宣布数字货币项目 Libra 以来，美国政府多次表示 Libra 可能影响现有货币体系，美国众议院金融服务委员会 5 名民主党议员甚至向扎克伯格等致函，要求其立即停止数字货币/钱包项目 Libra/Calibra 的所有工作。[②]

美联储主席鲍威尔表示，美国现有的监管架构和 Libra 并不完全匹配，但它确实可能达到系统性规模。在解决一些严重担忧之前，Facebook"不能推进"打造数字货币 Libra 的计划。

7 月 16 日，美国参议院银行委员会和众议院金融服务委员会分别就

---

① 《一文读懂 G7 对 Libra 的全部监管回应》，译者 Moni，《Odaily 星球日报》。
② 《Libra 的生死考验：今日美国参众两院将拷问脸书币》，火星财经。

Facebook 上全球数字货币计划 Libra 举行两场听证会,探讨该项目的进展情况和可能引发的数据隐私、金融交易、货币政策和国家安全问题。

印度经济事务部长 Subhash Garg 在新德里接受采访时表示:"Facebook 货币的设计尚未得到充分解释。但不管它是什么,它都会是一种私人加密货币,这不是我们能接受的。"

虽然 Facebook 在中国无法访问,但中国的央行也通过公开回应表示出了自己的担忧。

中国人民银行支付部副主任穆长春近日表示,Libra 作为一种可交换的加密货币资产或稳定币,可以自由地跨境流动,但"没有央行的支持和监督,它将无法维持下去。"

穆长春认为,数字货币可用于放贷,因此可能扰乱货币政策,并在当地法币波动较大的经济体中引发外汇风险。此外,他认为 Facebook 没有明确承诺反洗钱和反恐融资的责任,以及如何保护用户的隐私。[①]

(二)Libra 对国际金融体系的影响

Libra 计划基于它有大量的平台支持,如果说将来除了有可能在支付的领域,特别是跨境支付的领域能够有比较大的发展前景的话,那么随着进一步得到使用,它将能够更多地发挥货币的职能,对各国的货币政策、金融稳定,乃至对国际货币体系可能都会产生重大的影响。

1. 降低央行货币政策有效性

Libra 借助于它的大量的平台上参与机构的优势,以及大量的运用场景,如果得到广泛的使用,有着一揽子的法币做信用支撑,就能够取得市场的信任,甚至用来作为信贷,它就可能有货币创造的功能,对于货币政策的影响会更大。按这个趋势发展下去,数字货币在很大程度上替代传统货币,而各国中央银行的职能又主要是针对传统货币的运作领域,这就会使得央行货币政策的有效性降低。

2. 影响金融体系的稳定性

由于 Libra 的资产对于大多数国家来说很有可能是离岸的,购买 Libra 会导致大量资本外流(本国货币)形成离岸资产,离岸资产快速膨胀可能会对本国的汇率形成较大的压力,对外汇仍存在管制的国家造成较大冲击[②],影响到金融稳定性。

3. 形成法币与民间发行的数字货币并存的格局

加密数字货币领域,一开始是一个群雄逐鹿的情形。但在政府有意识的引导以及市场淘汰下,未来的国际货币体系,极有可能形成法币与少数有实力的民间企业或机构发行的数字货币并存的格局。同时,美元保持世界储备

---

① 《央行穆长春:Libra 须纳入央行监管框架》,财新网。
② 区块链大本营:《Libra 错在哪?终于有人说清楚了》。

货币的能力会下降。另外,我们也不能忽略,当其中的一种法币与某种数字货币背后的政权一致时,带来的可能不再仅仅是国际金融问题,还有国际政治问题。

4. 形成一个大而不倒的新金融体系

由于 Facebook 已经掌握了全球四分之一以上的人口,一旦它的用户都习惯使用 Libra,那么将形成一个新的全球性金融体系,这个体系太大而不能倒闭。如果这些产品和服务受到不当监管并且没有足够的监督,它们可能会带来危及全球金融稳定的系统性风险。

三、Libra 国际监管的重点

由于 Facebook 遍布全球的庞大用户群体,掌握了全球四分之一以上的人口,任何一国政府都难以承受其任何微小的风险和变动。G7 财长和央行行长们甚至认为,Libra 等项目可能会影响货币主权和国际货币体系的运行,因而要求对其实施最高的金融监管标准。

Libra 的监管之路注定不会平稳,监管的重点主要在用户数据隐私保护、市场准入、金融监管这几个方面。监管的重点,同时也是监管的难点。

(一) 用户数据隐私保护

在用户隐私保护问题上,美国有隐私保护法规,欧盟有隐私保护法规,日本也有隐私保护法规,但这些不同国家的隐私保护法规,处于不同的层级,监管框架难以统一。

以欧盟出台的《通用数据保护条例(GDPR)》为例,该法规允许欧盟的数据被传输到具有同等数据保护规定的国家,但按此标准,就连美国这样的司法管辖区也不符合规定[1]。正如国际数据隐私实践联合主管、Bird&Bird 合伙人默勒(Ariane Mole)对第一财经记者所说:"我们处在全球化的世界里,在全世界范围内,在不同的国家机制之间是有分歧的,这是一个很大的问题。"

而从技术的角度而言,由于区块链技术的特性,每个节点都可以获得全部的数据,也就意味着交易数据是在全球保存,这可能会违反一部分国家信息本地化、不允许出国的隐私政策;而如果选择将数据所有权交与用户,数据则需要有可移植性,同时用户也需要拥有自行删除数据的权利,但这些在区块链系统中难以实现。

因而,对于 Facebook 来说,无论是限制公司使用数据,还是将数据所有权交与用户,在区块链系统下都难以妥善解决数据监管问题。

(二) 市场准入监管

在市场准入上,Libra 需要遵守当地的法规,不同的国家在市场准入上有

---

[1]　第一财经:《如何监管 Libra? 国际监管者口径不一,但这三点最受关注》。

不同的要求。比如中国，中国允许科技企业参与支付，但是科技企业需要将系统联入全国统一的支付结算清算平台，如果 Libra 在中国或者其他类似国家里运营，那么 Libra 势必也需要接入到相应的清算平台中，这其中最大的问题在于 Libra 不是这些国家发行的法币，无法在平台上进行清算。

（三）金融监管

Libra 作为一种超主权货币，用一国货币购买，可能会造成资本外流，对国家货币政策的实施会造成重大影响，因而各国监管部门对 Libra 势必会采用严格的金融监管措施。

但技术上数字货币需要跨境流通，数字货币涉及广泛的支付和数据服务，这些服务在不同国家面临着不同程度的严格监管。在不同的监管框架下，网络运营商很难充分利用大数据提供的规模经济和范围经济，高度分散的监管环境也将使得监管效率低下，最终可能导致国际金融体系的碎片化。

参与制定标准的各国监管机构都希望对 Libra 拥有发言权，即使各国央行愿意采用多边框架来确保全球监管，从国内政治的角度讲，以何种方式进行跨境监管的讨论在各个国家都会是一场长久的拉锯战。

四、结语

Libra 的合规之路还很漫长，面临着无数的障碍，但就如 Libra 项目的负责人马库斯在美国参议院听证会的听证词中所表述的：“区块链技术的发展与应用已不可避免，如果美国不在数字货币和支付领域引领创新，那么这个技术将被美国安全机制不可触及的其他国家所用。”

世界潮流不可阻挡，即使现在阻止 Facebook 的 Libra 计划，其他国家的其他企业或机构仍可能会实施新的计划。不论数字货币的国际监管面临的难度多大，都需要我们不断去探索和克服。

集团内收支清算所需《支付业务许可证》刍议

杨　闰　北京德恒（广州）律师事务所

　　在为某客户提供法律服务的过程中，笔者了解到了如下情况：客户 A 公司为甲集团下属企业，主营智能业务系统的技术开发、系统集成及建设、信息化项目运营、信息增值等业务。甲集团下属其他多个子公司按照专业属性各自独立开展相关业务，包括直接面对用户的交通服务、培训服务、旅游服务等，这些兄弟公司都涉及向用户进行其自营产品的网络销售和相关费用的在线收取、退还、管理等。如果各自单独开发并运营相关在线销售系统，将导致集团内相关标准不一、系统开发费用重复投入、管理运营成本增加等问题。因此，甲集团要求由该 A 公司为集团内企业统一建设运营包括网页、手机 App、微信公众号、微信小程序在内的线上销售系统，并统一收取用户在线交纳的费用，再根据产品来源通过线上或线下方式结算，支付给各兄弟企业，并为此建设了集团内的在线支付清算系统（为集团内各企业提供业务运营支撑与管理，包括可进行订单查询、对账、结算等相关功能）。

　　A 公司在承接集团交办的该等任务时，遭遇到的难题是：为集团内兄弟公司提供该等服务是否属于《非金融机构支付服务管理办法》（以下简称"《支付管理办法》"）规定的"网络支付"业务？是否需申办《支付业务许可证》？

　　《支付管理办法》第二条第二款明确规定："本办法所称网络支付，是指依托公共网络或专用网络在收付款人之间转移货币资金的行为，包括货币汇兑、互联网支付、移动电话支付、固定电话支付、数字电视支付等"。2017 年 11 月 13 日，中国人民银行办公厅出具银办发〔2017〕217 号《关于进一步加强无证经营支付业务整治工作的通知》，无证经营支付业务主要认定标准包括："……（二）网络支付业务 1.采取平台对接或"大商户"模式，即客户资金先划转至网络平台账户，再由网络平台结算给该平台二级商户。2.为客户开立的账户或提供的电子钱包等具有充值、消费、提现等支付功能。"作为独立的公司法人实体，尽管基于集团整体运营成本之考虑，仅为集团内企业提供相应服务，因相关行为符合上述规定及通知描述的情形，因此亦无法不受其约束：在现行有效的规制环境下，A 公司合法开展相关业务必须取得《支付业务许可证》。

　　但众所周知，取得这个牌照的难度有多大：自产生以来牌照数量不升反降，现在仅 200 余张；2018 年 3 月央行印发 7 号公告宣称对外开放后，英资豪门越蕃和美资美银宝等均启动申请,但至今或撤回或无果;所谓某港资大集团所持牌照也是低调、曲线取得——用自然人代持的公司受让存量。虽明言放开,但实际上取得该牌照难于上青天,网传市价高达 30 亿。

笔者认为,对于集团内成员企业的产品销售及款项收付,若由集团内某一子公司统一承担相关的网络销售平台建设运营及资金收支结算任务,法律应进行明确规定豁免其取得《支付业务许可证》的义务或为其设置更低的门槛,理由如下:

(1)从《支付管理办法》的立法原意来看,其目的是为了规制"居中服务"。该办法第二条开宗明义"本办法所称非金融机构支付服务,是指非金融机构在收付款人之间作为中介机构提供下列部分或全部货币资金转移服务";此外,该办法在定义 与"网络支付"并行的"预付卡"时特意指出"是指以营利为目的发行的、在发行机构之外购买商品或服务……"。由上可见,《支付管理办法》要规范的是以中介机构身份为外部机构提供支付服务的行为;而本文提及的情形中,虽然 A 公司为独立法人,但其实与集团内因业务条线不同而各自成立/存续的兄弟公司之间是受同一控制、整体利益一致的关系,如其只为集团内企业提供服务,不能称为严格意义上的外部,无中介机构属性。假设一下,甲集团合并其下属各企业,各企业成为甲的下属部门,甲集团自行网销及收款,业绩数据结算至各部门,这样自产自销自结算显然无须申请支付牌照。但是,和目前子公司的架构相比,监管思路真的有必要如此殊异吗?经济实质是否其实并没有太大区别?

(2)从《支付管理办法》设定的申请门槛来看,其针对的是专业支付机构而非一般企业。该办法第十条第一款所列第(二)项申请条件为:"(申请人的主要出资人)截至申请日,连续为金融机构提供信息处理支持服务 2 年以上,或连续为电子商务活动提供信息处理支持服务 2 年以上"。显然,这是为"专业机构"准备的门槛,不是像 A 公司这种只是甲集团为了给自家企业提供内部服务的主体可以高攀得上的。

(3)立法为照顾现代企业化集团的集约建设运营管理需要而在特殊领域根据实际情况网开一面并非无先例可循。《企业集团财务公司管理办法》就是一例,该办法明确财务公司是"以加强企业集团资金集中管理和提高企业集团资金使用效率为目的,为企业集团成员单位提供财务管理服务的非银行金融机构。"该办法实际上将银行的功能有限制地在集团内部赋予了财务公司,是对现代企业集团确实需要进行统一的内部财务管理所做的合理赋权。且该办法定义的成员企业十分宽松——"包括母公司及其控股 51% 以上的子公司;母公司、子公司单独或者共同持股 20% 以上的公司,或者持股不足 20% 但处于最大股东地位的公司;母公司、子公司下属的事业单位法人或者社会团体法人。"

有《企业集团财务公司管理办法》这样务实智慧的立法在先,集团内的清算支付业务进行统一安排又能有什么违和呢？

（4）在目前在线交易及支付已渗透到每一个企业、每一个个人、每天的应用场景的情况下，仍用《支付管理办法》来生硬套用在企业集团内的自营产品网销行为上，动辄得咎，让企业在发展网络业务的时候如惊弓之鸟，也未免太背离现实和太不近人情了。

为了实体经济与互联网经济更为务实、密切地结合，体现交易效率、提高企业的在线运营能力，建议国家应该考虑参照《企业集团财务公司管理办法》制订相关规定，允许集团支付机构在满足一定条件、履行一定备案/年度申报义务的前提下，由当地省级人民银行经审核后赋予其为集团内部企业提供统一支付清算服务的权利。相信这样与时俱进的做法能够在一定程度上促进经济发展、提高运营效率、降低稀缺的第三方支付牌照带来的天然垄断和硬性成本支出，并进而促使第三方支付牌照持有者真正向专业方向健康发展，实现社会的整体共赢。

数字货币的法律风险及法律监管初探

冯　帆　丛方方　江西友达律师事务所

笔者近期正代理某外资企业物权纠纷案件,大致情况系外资企业与内地企业合作,外资企业向内地企业提供比特币"挖矿"硬件设备以及相关软件技术,由内地企业负责进行"挖矿"作业,并将所获收益,即比特币(一种数字加密货币,本文中简称为"数字货币")交付给外资企业,外资企业依约定期提供一定的报酬,后内地企业违约,不再将所获收益交付外资企业,酿成诉讼。

该案中双方的比特币交易行为牵涉到了对基于区块链技术的数字货币交易风险及如何对该类数字货币进行法律监管的问题,笔者现结合司法实践经验及相关理论研究,对以"比特币"为代表的区块链数字货币的法律风险及法律监管进行初步探究,以期为实践中对数字货币的风险预防和法律监管提供探索路径。

一、数字货币的概念

理解何为数字货币,首先要理解数字货币诞生的重要基础技术之一——区块链,鉴于笔者并非计算机技术领域的专业人士,本文仅在个人理解的基础上对区块链的基本概念进行常识性的介绍。所谓区块链,是指在产生数字货币的过程中,由计算机网络上的各个存储单元记录包括自身在内的所有存储单元一定时间内的全部电子信息。各个存储单元之间通过特定算法实现链接,随着电子信息量的增加,各存储单元的链接数也同时增加,这一整个过程就是区块链的表达,其中计算机设备通过特定算法在单位时间内所能进行计算的次数则是"算力",算力越大,产出数字货币的效率相对越高。区块链中的各个存储单元在相互独立的前提下同步记录整个区块链发生的电子信息,没有任何一个存储单元可以单独记录单一的电子信息,这一特性应用在货币系统中,就意味着可以避免单一记账人记录假账的可能性。

笔者所代理案件中的"比特币(Bitcoin)"即为该数字货币的一种,比特币最初在2008年11月1日被提出,并于2009年1月3日正式诞生。作为以区块链技术为基础的产物,上述数字货币也继承了相应的特点:即安全性、独立性和开放性。相关数字货币依据网络特定协议进行发行及支付,不与任何现行的银行账户相关联,完全独立于现行银行体系之外,以自己的价值单位而非任何主权货币单位计价。

二、数字货币的法律风险

2013 年 12 月 5 日,《中国人民银行、工业和信息化部、中国银行业监督管理委员会、中国证券监督管理委员会、中国保险监督管理委员会关于防范比特币风险的通知》明确了比特币不具有与货币等同的法律地位,不能且不应作为货币在市场上流通使用,只认定比特币系特定的虚拟商品。笔者所代理的上述案件中,外资企业与内地企业之间的交易行为均系以交付比特币以及其他相同性质的数字货币的方式进行,该类数字货币虽然具有安全性、独立性和开放性等优点,但由于其本身的其他特性以及法律对其货币属性的否定,以数字货币进行交易的行为依然存在不可忽视的法律风险。

其一,数字货币本身的价值绝大部分来源于数字货币使用者本身对该数字货币系统的信任。数字货币使用者相信在这样一个网络系统中,数字货币的交易具有最稳定的安全性和独立性,但随着数字货币不断向现实世界的实体交易中渗透,数字货币的缺陷也凸显了出来,那就是相较于由政府信用背书的法定货币,数字货币缺乏除使用者本身以外的信用主体背书。在同时使用数字货币和法定货币进行实体交易的过程中,如果选择使用法定货币交易的一方因为失去对数字货币价值的信任而选择违约,那么使用数字货币进行交易的一方将面临无可挽回的风险。例如在笔者代理的案件中,外资企业以美元为结算单位向内地企业支付相应的业务成本费用及报酬,内地企业则以比特币为结算单位向外资企业交付对价,如果合同履行的过程中,因为政策或者其他风险导致比特币的使用群体对比特币本身的价值不再信任,那么内地企业基本可以毫无后顾之忧地选择违约,因为使用者群体对比特币价值的信任一旦失去,那么比特币本身就不再具有价值,内地企业的违约成本就是零。同样的事情在一个正常国家的法定货币中就不可能发生,因为法定货币的最终担保人是国家本身,只要作为发行方的国家一直存在,法定货币的价值就一直存在。

其二,同样是由于数字货币没有像国家这样的最终信用担保人,数字货币的价格更大程度上是取决于数字货币的使用者及投机者对数字货币本身的关注度,这种特性使得保有较多数字货币的持有人其最大的使用用途并非用于正常交易,而更多的是用于囤积,也就是对数字货币本身的投机。由于数字货币的技术特性使得其总量恒定,同时产出速度会按照技术规律越来越慢,除投机外,同样有不少人把它视为贮藏货币用以避险,如果比特币的价格因为各种因素下跌幅度较大,很容易失去其作为交易媒介的作用,反过来又会增加比特币持有人的风险,形成恶性循环。

其三,数字货币作为网络技术的产物,其安全性并非无懈可击。就区块链技术本身来说,只要能够掌握全部数据存储单元的 51%,就可以达到操控网络数据的目的,虽然这个可能性在现有技术手段下极小,但并非不存在,且不能排除随着科学技术水平的日益增长,相关的技术手段能够较为容易地突破区块链技术安全性的可能。因为不具有国家这样的唯一且强有力的最终信用担保人,一旦数字货币的网络系统被黑客操控或破坏,对数字货币系统本身以及持有人的打击是毁灭性的。另外,数字货币使用者的交易行为绝大部分是通过相关的交易平台实现的,纵使现在的数字货币系统本身的安全系数很高,但不意味着相应的交易平台也拥有同样的安全性,自比特币诞生以来,已有多起相关交易平台被黑客盗取或交易平台卷款潜逃的事件发生。

三、数字货币的法律监管

在我国首届大数据金融论坛上,中国人民银行调查统计司司长表示:"数字货币技术将提升中央银行对货币发行和流通的控制力,使货币政策的运作和传导更有效,也能使货币政策更好地服务于经济稳定与发展。"

以比特币为代表的数字货币的出现,是科学技术水平不断发展的标志性事件,每一次从新事物的诞生到应用的过程里,风险控制都应当贯穿始终,数字货币在带来大量创新和便利的同时,也存在着固有的风险。目前,我国《关于防范比特币风险的通知》认定比特币为虚拟商品,禁止比特币作为货币流通使用,虽然允许普通民众自担风险、自行参与比特币交易,但不允许金融机构开展任何与比特币有关的业务。然而这样的做法更多的是对比特币监管的放空,并未从本质上面对和解决数字货币的规制问题。截至目前,我国对数字货币的规范依然零星、松散,且没有体现在法律层面。为了对数字货币进行有效规制,防范新型金融风险和服务经济发展,应当及时以法律的形式对数字货币的法律属性、发行主体、交易规则、技术标准等问题进行确定和规制,逐步构建一整套数字货币的法律法规,通过将数字货币纳入行之有效的可控体系来实现控制与数字货币相关的新型金融风险。同时在条件成熟时,可考虑将央行发行的数字货币作为法定货币的一种形式,借助数字货币的特性实现我国在国际货币领域的"走出去"战略。笔者具体建议如下:

(1)可以考虑允许数字货币在特许领域及一定的数额范围内进行支付试点。数字货币相较于法定货币最大的区别是不存在国家信用背书,虽然从技术上来说,数字货币并非像法定货币一样由国家信用中诞生,但这并不妨碍国家以信用主体的身份对数字货币进行担保和管制。事实上,全球最大的社交软件公司"脸书(Facebook)"已于 2019 年 6 月 18 日发表加密货币项目Libra 白皮书,该公司将开启以"Libra"命名的加密货币项目,该数字货币建立在"Libra 区块链"的基础上,旨在面向全球人民提供服务。目前该项目成员包括金融与支付行业的各个全球龙头企业。同时,该 Libra 货币与其他数字货币不同,脸书公司引入了真实资产储备(如银行存款和短期政府债券)对Libra 货币的信用提供支持,意图解决普通人眼中数字货币在现实世界的信用问题。在这个项目中,脸书公司实际上就是扮演了法定货币系统中国家的这一角色，因此，只要相关的配套制度健全、政府监管到位，允许数字货币一定程度上充当法定货币的尝试是有其可能性的。

（2）建立数字货币发行或流通/使用的管理机制。依据《中国互联网络发展状况统计报告》统计显示，截至 2018 年，我国网民已达 8 亿，继续保持着世界第一的规模，数字货币作为网络技术的产物，其赖以产出的数字算力在我国存在的体量已经不可忽视，数字货币的产出业务在我国已形成相当程度的产业链，结合我国庞大的网络用户群体，意味着数字货币在我国的流通和使用将不可避免。鉴于此，在进行充分调研、论证的基础上，通过设立专门的数字货币监管机构或赋予中国人民银行数字货币监管职能方式，配套出台相应的法律法规，对数字货币的产出、流通、税务、安全等方面进行全方位的设计和监管，同时抑制对数字货币的投机行为，严厉打击以数字货币作为媒介的犯罪行为。

（3）引导建设数字货币研究交流论坛制度。我国作为网络大国，应当主动肩负起对数字货币这一新兴事物的探究和规制，努力成为数字货币法律监管制度建设的先锋，可通过主办以数字货币为主题的国内外论坛、鼓励组建相关协会等方式，推广我国在数字货币法律监管方面的方式方法，同时也吸纳国内外各地区对数字货币监管的实践经验，成为数字货币法律监管的制度设计开拓者。

供应链金融的法律风险防范

张云燕　北京金诚同达（上海）律师事务所

近年来，供应链金融发展迅猛。究其原因，既有国家支持中小微企业发展的政策环境，也包括供应链金融自身相对成熟的发展模式以及金融科技和商业银行的不断发展和变革。供应链金融为整个供应链上的企业带来高效的融资服务，缓解了中小微企业融资难的尴尬。但与此同时，不少大型集团、上市公司也承受着较大的发展压力，"爆雷""债券违约"事件频频发生，且涉案金额巨大，此类事件严重影响了整个供应链金融的生态。因此，本文将重点分析供应链金融风险，并提出切实可行的风险防范措施。

关键词：供应链金融；风险；防范措施

一、供应链金融概述

供应链金融（Supply Chain Finance，SCF）是指商业银行根据供应链企业、用户（供、产、销及终端用户）的金融需求特点，对供应链企业、用户提供全方位金融（融资）服务的一种服务方案。主要包含以下几项服务内容，如：针对供应链环节中的核心企业、上下游企业以及终端使用方，提供相应的融资性金融服务（理财、资金结算、金融信息服务等）[①]。从此概念出发，不难看出，所谓的供应链金融服务，并非限于某一特定企业的服务，而是许多企业在整个金融链条上的融资性服务。

供应链金融从实践运用来看，主要涉及了三方面的参与主体，即：金融性机构、核心企业以及供应链中的其他企业。从服务内容上看，核心企业以及核心企业外的其他公司，属于供应链金融服务的需求方，金融机构为前述的两方主体提供相应的融资服务。此外，则是由物流企业承担金融机构的代理服务商，为相关的贷款企业提供供应链金融环境的仓储、物流配送以及一定的监管等服务[②]。

供应链金融依照不同的风险控制方案以及相匹配的不同解决途径，可以区分为以下三种运行模式：应收账款融资模式、预付款融资模式以及动产质押融资模式。

[①] 周苏、孙曙迎、王文：《大数据时代供应链物流管理》，中国铁道出版社 2017 年版，第 233 页。

[②] 殷延海、张大成：《商贸物流创新案例分析》，立信会计出版社 2016 年版，第 195 页。

(1)应收账款融资模式(应收账款转让或应收账款质押借款)见图1。

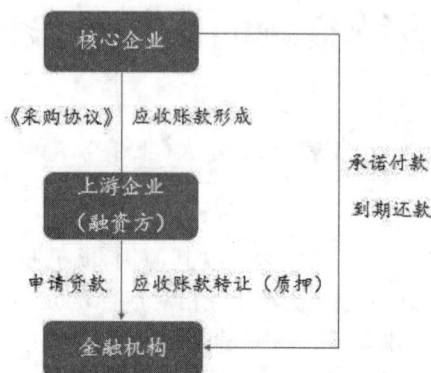

```
                      ┌──────────┐
                      │  核心企业  │────────────────┐
                      └──────────┘                │
                                                  │
        《采购协议》  应收账款形成              承诺付款
                                              到期还款
                      ┌──────────┐                │
                      │  上游企业  │                │
                      │ (融资方) │                │
                      └──────────┘                │
                                                  │
        申请货款    应收账款转让(质押)            │
                      ┌──────────┐                │
                      │  金融机构  │◀───────────────┘
                      └──────────┘
```

图1　应收账款融资模式

(2)保兑仓融资模式(预付款融资模式)见图2。

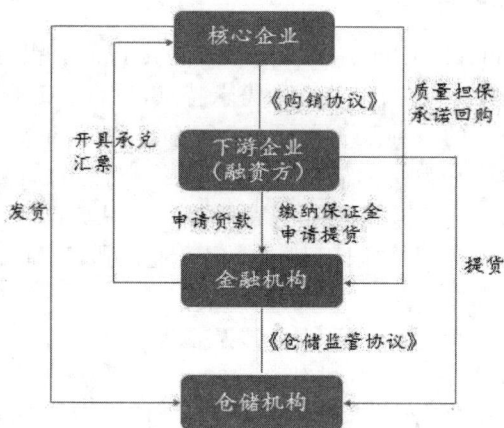

```
                  ┌──────────┐
          ┌───────│  核心企业  │────────┐
          │       └──────────┘        │
          │            │          质量担保
       开具承兑    《购销协议》     承诺回购
       汇票           │              │
          │       ┌──────────┐        │
       发货        │  下游企业  │        │
          │       │ (融资方) │        │
          │       └──────────┘        │
          │      申请货款  缴纳保证金      │
          │            申请提货       提货
          │       ┌──────────┐        │
          │       │  金融机构  │◀───────┘
          │       └──────────┘
          │            │
          │       《仓储监管协议》
          │       ┌──────────┐
          └───────│  仓储机构  │
                  └──────────┘
```

图2　保兑仓融资模式

(3)融通仓融资模式(动产质押融资模式)见图3。

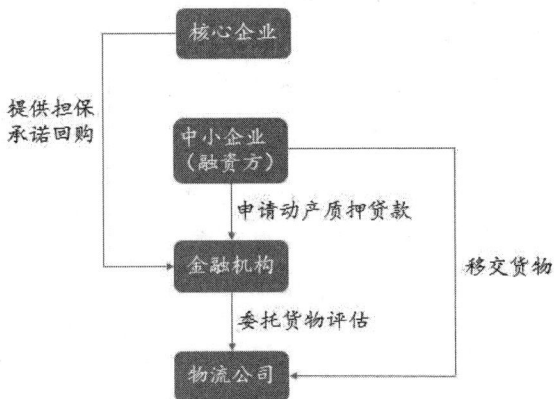

图 3　融通仓融资模式

二、供应链金融风险

供应链金融是一把"双刃剑",有助于供应链企业在实际运营中提高运营效率,但也面临着错综复杂的风险。2019 年,诺亚财富踩雷承兴国际、中原证券踩雷闽兴医药等事件重新引起人们对供应链金融风险的审视。

依照风险来源的不同,供应链金融风险可以区分为外生风险和内生风险。外生风险主要指供应链外部的经济环境风险以及物流运输的监管风险,内在风险则主要是指来自供应链环节中企业的风险,主要有核心企业风险和非核心企业信用风险、供应链贸易风险以及财务风险、债务融资风险等。

相关信息不对称是造成上述风险的主要原因,而这种不对称又可以分为事前信息不对称和事后信息不对称。前者出现在交易活动或借贷活动发生之前,借方为了成功获得相应的资金从而获取更多利益,在向贷方传递相关信息时有可能传递虚假信息或隐瞒部分信息,由此诱发不良风险的产生。后者则是在贷方向另一方融资后,对借方的资金流以及真实的经营管理行为往往知之甚少,同时也很难进行相应的监管,贷方融资风险便随之增加。

从近些年供应链金融活动中发生的欺诈现象看,事前机会主义行为是行骗方在借贷之前为了从金融机构套取资金而实施的欺诈性行为。而事后机会主义行为是借款人在获得资金后,通过各种欺诈行为,套取资金收益,从而增大资金融通风险的做法。

三、供应链金融风险防范的举措建议

针对上述供应链金融风险,笔者给出了如下风险防范措施。

（一）供应链金融外生风险的防范

对于外生风险中的市场风险,需要合理选择质押物品,对商品价格波动进行实时监控和风险预警,此外可以尽量使用同种类货币来防止汇率风险。针对物流监管风险,则需要对物流企业进行严密监督和管理,加强对融资企业抵押货物的监管,不断提高仓库管理水平和信息化,并完善质押物入库、出库的风险控制机制,根据服务方式的不同,有针对性地制定操作规范和监管程序,预防因内部管理漏洞和不规范而引发的风险①。不定期核查物流企业保管的货物信息,进行物流保险。确定存量下限,严格管理,统一仓单,专人管理。

（二）供应链金融内生风险的防范

1. 确保核心企业信用,建立评估预警体系

应对核心企业信用风险,可以通过对核心企业信用和营业信息(包括市场占有率,资产设备管理等情况)进行跟踪监控的方式,一旦发现问题,立刻警示并采取相应的措施。同时,帮助核心企业筛选自己的上下游企业,剔除不合格企业也很有必要,这既能保证整个供应链安全稳定,同时也可以降低资金方的风险。

2. 强化融资企业信用,防范经营管理风险

就实践中出现的问题来看,融资企业的经营规模较小,存在资金不足、管理不到位的情况。因此需要加强融资性企业的信用管理制度,通过建立资信审核、建立资信档案,进行信用动态分级等等,对融资企业客户实行全方位的信用管理②。在此基础上,建立企业信用风险评估、监督和预警机制。

3. 重视尽职调查工作,确保交易真实可靠

应注重交易活动的真实、可靠性,进行严密、可靠的尽职调查。欲调查应收账款是否真实,需要考虑合同的真实性、有效性,上游企业是否具有能力供给核心企业货物并产生了应收账款。欲调查供应商是否完全履行了合同下的义务,可要求供应商对其已完全履行基础合同项下义务作出承诺与保证,并要求核心企业对于其将按照基础合同的约定按时支付应收账款回款作出保证。可要求核心企业对交易真实性进行确认。但是必须警惕核心企业和融资方联合欺诈,因此,尽职调查时间应长,并且使用最为专业的调查人员进行,而不应该使用初学者比如法律实习生。

4. 加强运营规范管理,应对运营操作风险

供应链金融注重整体的协作性,一旦某个环节的企业出现经营风险,就可能波及物流、信息流,极易造成资金流断裂,从而带来上下游企业产生亏损等不利后果。为防止该风险,则需要加强运营规范管理,引入外部机构进行

① 谢家平:《供应链管理》,复旦大学出版社2016年版,第337页。
② 甘卫华:《服务供应链的理论与实践》,冶金工业出版社2010年版,第210页。

监督。此外,还可以通过企业信息化制度,协调融资方、银行、第三方物流的信息沟通、共享的透明度和及时度,减少不必要的损失,实现内部管理信息化、合作信息化、供应链反馈信息化。

5. 完善内部财务制度,警惕企业财务风险

要做到财务业务有章法可依,依者则必严格管理,对违规行为坚决查处。健全资金管理流程,提高财务人员的素质,降低人员操作风险,让其自律并且为公司投资战略决策提供有效的财务建议,保持收支平衡,防止财务风险。

总体而言,应收账款模式下,应重视企业的支付能力、账款真实性核实,进行充分的尽职调查。对于预付款融资模式,则需要重视相关企业,包括核心与非核心企业的信用评价机制的建设,确保资金提供方能根据实际需要对资金利率和贷款数额进行调整,更好地保障货物价格波动信息的流通。对于动产质押融资模式,较为重要的一个方面是仓单的真实性问题,相关的物流企业应在符合相关资质条件、信用条件的基础上,参与到供应链金融体系,选择合适的物流公司以及质押物,进行有选择性的合作,从而合理规避风险。

供应链金融从本质上讲,属于产业与金融的融合,涉及较多的参与者,因此在进行风险分析和把控中,应注重从全局性出发,进行全面的风险管控①。全面的风险管控,需要建立现代化的供应链金融风险管理系统,包括但不限于企业信用评估和控制体系,风险评估、预警和控制体系,产业自律和监督体系,外部监督管理体系和信息共享体系。

---

① 张珂莹:《风险管理理论在供应链金融风险管理中的应用——基于全面风险管理理论》,《现代管理科学》2018 年第 12 期。

我国现货交易市场交易数据监管的探析

迟桂荣　罗　斌　江苏新高的律师事务所

近年来商品现货交易市场快速发展，自 2011 年国务院颁发国发〔2011〕38 号《国务院关于清理整顿各类交易场所切实防范金融风险的决定》，成立清理整顿各类交易场所部际联席会议，此后 2014 年商务部、中国人民银行、中国证券监督管理委员会又联合颁布《商品现货市场交易特别规定（试行）》，一定程度上弥补了监管法规空白的漏洞，但并未形成规范的市场秩序，违法违规问题仍不断暴露。2015 年昆明泛亚有色金属交易所股份有限公司事件爆发，超过 22 万投资者，涉案金额达 430 亿，后被法院依法认定非法吸收公众存款罪。无独有偶，2016 年天津贵金属交易所被认定非法经营罪，而 2017 年 6 月最高人民法院作出(2016)最高法民申 1002 号民事裁定书，也将陕西西北黄金珠宝交易中心有限公司最终认定为非法期货交易，返还投资者损失。在此之后，各地法院裁判交易所败诉的案件逐渐增多。笔者近期代理一起投资者向某现货交易所维权案件，通过对复杂的案件材料的分析，认为促进现货交易市场合法有序的发展，主要问题在于如何保障交易数据真实、交易资金安全、监管透明等方面，如何让投资者、交易平台、监管部门都能查询和调用真实的交易数据。笔者认为应该借鉴证券交易所的结算机制，对现货交易市场交易进行第三方结算，从而保障交易数据的真实性，才能有效避免乱象丛生的问题。

一、现货交易市场的问题根源

所谓现货交易市场，根据《商品现货市场交易特别规定（试行）》规定，商品现货市场，是指依法设立的，由买卖双方进行公开的、经常性的或定期性的商品现货交易活动，具有信息、物流等配套服务功能的场所或互联网交易平台。其交易的对象包括实物商品；以实物商品为标的的仓单、可转让提单等提货凭证。交易方式主要为协议交易、单向竞价交易。其与期货交易等的主要区别在于，现货交易的目的是以实物商品交收。

笔者在代理案件过程中，以及对类似案件的研究中都发现，由于交易系统或手机交易软件系现货交易市场自行开发或委托第三方开发，投资者实际无法查询交易对象、资金流向，实际根本不清楚交易对象是谁，也无从确认该笔交易是否是真实的。在没有监管法律依据的情况下，现存第三方结算机构也无从确认交易数据的真实性,而托管银行仅仅能够起到资金清算收付的功能。由于无法核实交易数据真实性,只能寄希望于交易市场的自律。交易数据不透明,投资者与交易市场信息不对称,仅依靠行业自律,极易出现交易市场操纵价格、管理人员侵占交易资金、变相期货交易、虚假交易乃至利用交易市场非法集资等不法行为。

二、借鉴第三方清算机构监管制度,保障交易数据真实

(一)借鉴证券交易市场第三方结算方式,确保交易真实

国内证券市场已经形成了稳定有效的第三方结算运作方式,中国证券登记结算有限公司(以下简称"中国结算")对证券交收进行统一清算交收。清算是指根据证券成交结果,计算交易双方在结算日应收应付的证券数额和资金数额的过程。交收是指根据清算结果,组织交易双方进行证券交付和资金支付的过程。无论用户通过何种软件、网络端口进行证券交易,所有的登记记录、交易数据都统一集中在中国结算的登记结算体系,按照分级结算、法人结算、净额结算等原则进行结算,正是第三方清算机构的存在,能够保证交易数据的真实,从而控制交易市场的结算风险,保证交易交收的秩序。

(二)监管交易数据,现货交易市场应引入第三方结算

对于现货交易市场,借鉴证券市场成熟的第三方结算方式,对交易进行登记结算,将交易系统数据统一集中地接入第三方结算机构,确保交易数据的真实。通过第三方登记,核实账户信息,对初始登记、变更登记、退出登记进行严格管控,从而杜绝虚假账户,将用户、银行账户、交易对应,才能有效降低交易市场操纵交易的风险,保证交易的真实性。而第三方独立结算,使得投资者的交易资金与交易市场的资金分离,防止资金混同,或者交易市场利用自身便利挪用资金,也避免了交易市场不规范的宣传第三方存管,降低现货交易市场对资金进出的影响,保障资金安全。并且因为第三方独立,与交易市场内部管理可能出现人为漏洞不同,风险控制相对独立,降低市场因素影响,能够更好地为监管部门提供真实有效的风险情况。设置第三方结算机构,保证交易数据的真实性,进行独立风险管理,能够保证投资者查询了解交易情况,降低交易市场结算风险,方便监管部门掌握交易市场的运营情况,使得市场交易情况更加真实准确。

三、完善现货交易市场的监管机制,为促进交易数据真实性提供法律保障

(一)现有立法的不足

我国现对现货交易市场专门的法律规定主要是〔2011〕38号《国务院关于清理整顿各类交易场所切实防范金融风险的决定》(以下简称38号文)、国办

发〔2012〕37号《国务院办公厅关于清理整顿各类交易场所的实施意见》（以下简称"37号文"）、商务部、中国人民银行、中国证券监督管理委员会又联合颁布《商品现货市场交易特别规定（试行）》（以下简称"现货规定"）。首先立法数量明显不足，针对现货交易市场的专门立法极少，使得无论是在监管部门监管还是在投资者维权救济时，都明显存在无法可依的情况。其次立法内容过于原则性，38号文、37号文主要侧重清理整顿，并未对现货交易市场作出明确的规定。而现货规定仅有26个条款，虽对现货交易的概念、交易对象、交易方法等做出了规定，但对经营规范、监督管理和法律责任三个方面仅是原则性的规定，造成了具体法律适用的难度，没有禁止性规定划清现货交易市场的权利与义务界限。最后，立法效力偏低，监管分散。上述规定多是部门规章和规范性文件，以及部分地方性法规，整体效力偏低。同时组成清理整顿各类交易场所部际联席会议部门较多，而现货规定中分别由商务部负责规划、信息、统计等行业管理工作，中国人民银行负责金融监管以及非金融机构支付业务的监管工作。国务院期货监督管理机构派出机构负责非法期货交易活动的认定等工作，导致多头治水，监管主体不明，权责不清。

（二）完善法律监管体制，保障现货市场健康发展

譬如在证券行业，对监管立法全面、明确，《证券法》中单列证券登记结算机构一章，对结算机构的独立法人身份、非营利性、设立条件、结算方式等都有明文规定，《证券交易所管理办法》中对证券交易所交易数据收集、披露、使用都有严格规范，《证券登记结算管理办法》中对结算机构账户管理、证券登记、托管、清算交收、风险防范等也有细致的要求。

专业立法是保障、促进现货交易市场真实交易的重要手段。首先，应从立法层面明确现货交易市场的交易规范、法律责任，保证交易数据的披露、使用是真实的，提高违法成本。其次，应明确赋予第三方结算机构独立法人身份，将所有的现货交易数据统计集中在第三方结算机构，严格设立条件，结算规范，并对其权利义务进行细致规定，保障结算机构的独立性，最终发挥第三方机构控制风险功能，为监管提供真实数据。

现货交易市场发展已逾20年，监管者对于交易市场进行了多轮的清理整顿，也开始注重监管体系的完善，但形成规范的行业秩序，笔者认为需要保证交易的真实性、监管的透明性、结算的独立性，国家应从现有成熟的证券、期货制度中汲取养分，建立统一集中的第三方结算制度，保障投资者的合法权益，促进现货交易市场规范、有序、健康的发展。

互联网金融领域非法集资涉案资产处置思路探讨

秦　涛　陕西永嘉信律师事务所

一、涉案资产处置难的原因以及互联网技术的新契机

导致互联网金融领域非法集资涉案资产处置难的原因主要有以下几个方面：

一是公安侦办介入晚。首先，互联网金融领域非法集资活动隐蔽性强。一方面由于犯罪形式不断演化翻新，初期阶段往往不易被识破；另一方面在于互联网金融领域专业性较强，投资者易因缺乏了解而受虚假宣传误导。其次，被害人在发现集资被骗后，往往寄希望于自己能够尽快收回本息"上岸"而不愿报案。最后，由于互联网金融领域非法集资犯罪跨区域且涉及人数众多，易因立案管辖不明而难以启动的立案侦查。

二是主管部门监管弱。我国银监部门只能直接监管金融机构的金融活动，无法直接监控企业的非法集资行为。工商部门主要负责各类市场主体的经营资质和经营秩序，企业募集资金的方式不在其监管范围内。公安机关虽有对非法集资的立案侦查权，但很难在初期获得犯罪线索。因此在一定程度上存在监管缺位。[①]

三是涉案资产难追踪。公安机关在侦办互联网金融领域非法集资案件时，会重点收集涉案借款合同、银行账单等等物证和电子证据，但难点在于取证工作量大，加之洗钱等互联网黑色产业参与其中，导致涉案资产难以追踪。

而当下，随着互联网技术的新发展，在监管和取证方面都有了新契机。比如监管部门可以通过技术监管，即可以借鉴商业银行对异常资金流动账户的管理措施，如监控经常、多笔资金汇入统一账户，定期或不定期集中向不同人群汇款、划款，同一时期大量开立个人结算账户等异常资金流动情形[②]，并及时共享情报，重点监控。

再如，区块链技术是一种去中心化分布式数据存储、共识机制、加密算法的计算机应用模型，其本质是一个去中心的数据库，而采用区块链这种记账

---

①　裴煜:《非法集资刑事案件侦办难点与应对策略》,《广西警察学院学报》2018 年第 31 卷第 3 期,第 54 – 58 页。

②　秦涛、王茜伦:《互联网股权众筹法律风险与互联网金融监管建议》,中华全国律师协会信息网络与高新技术法律专业委员会征文,2016 年 8 月 10 日。

方式,在一定程度上可以复原资金流向、追溯参与人,有利于电子证据的保存与获取。但目前大部分区块链产品还停留在比特币交易、非法集资上,真正作为记账方式普及还有待时日。

二、互联网金融下非法集资涉案资产处置思路

要想更好地完成涉案资产追缴和处置,要解决两个问题:一是违法所得的认定和追缴;二是明确涉案资产的处置单位,并可引入第三方机构。

其一,违法所得的认定和追缴。

要想认定涉案资产为非法集资的违法所得,首先,应确认涉案借款合同项下资产为非法集资资金,而非独立有效的民事借款合同。对于互联网领域下的非法集资,其作为涉众型经济犯罪,涉及不特定多数人的利益,在处理上应坚持一体化的解决原则,对其项下的每个独立的借款合同做出整体评价。2014 年 3 月,依据"两高一部"共同颁布的《关于办理非法集资刑事案件适用法律若干问题的意见》(以下简称《意见》),人民法院在审理民事案件中,发现有非法集资犯罪嫌疑的,应当裁定驳回起诉,并及时将有关材料移送公安机关或者检察机关。此时应适用考虑非法集资罪的立案标准,即个人非法吸收或者变相吸收公众存款,数额在 20 万元以上的或对象 30 人以上的,应追究其刑事责任。

其次,对于涉案财物的追缴和处置问题。《意见》第 5 条第 1 款明确了涉案财物的追缴范围,其中第 1 款最后一句"集资参与人本金尚未归还的,所支付的回报可予折抵本金。"主要是出于实践可操作性和避免激化矛盾的考虑,因为非法集资案件发生后能够追缴的财物往往不足以全额返还集资参与人,很难要求本金尚未得到返还的集资参与人先将利息、分红退出后再按比例统一偿付。①

但笔者认为,这里应该区分核心管理层人员、骨干人员与一般参与者来确认其是否能够折抵本金。根据 2017 年 6 月 1 日最高人民检察院《关于办理涉互联网金融犯罪案件有关问题座谈会纪要》(以下简称《纪要》),"涉互联网金融犯罪案件涉案人员众多,要按照区别对待的原则分类处理,根据犯罪嫌疑人在犯罪活动中的地位作用、涉案数额、危害结果、主观过错等主客观情节,综合判断责任轻重及刑事追诉的必要性,对犯罪情节严重、主观恶性大、在犯罪中起主要作用的人员,特别是核心管理层人员和骨干人员,依法从严打击。"因为核心管理层人员和骨干人员的主观方面至少为明知或应知,因此具有较大的社会危害性。对其利息、分红进行追缴,不仅符合《纪要》罪责适应的要求,同时也能够尽可能地追缴违法所得,减少资金缺口。

这种做法在实践中也具有可行性,比如笔者所在的律师团体,在陕北地

---

① 韩耀元:《厘清认定分歧　解析八大难点》,《检察日报》,2014-05-12(003).

区民间借贷风波爆发后,快速介入神木县张孝昌120亿民间借贷案,提供了长达3年的专项法律服务,在确定涉案资产14亿缺口和涉案资金流向后,通过追缴核心管理层人员和骨干人员的理财收益、利息、分红等,成功弥补资金缺口,达到了48%的退赔率,有效地维护了债权人的合法利益。

其二是明确涉案资产的处置单位,并可引入第三方机构。非法集资资产处置,有些类似于破产程序,目前的《处置非法集资工作操作流程(试行)》已经远不能满足当前需要,同时缺失制度性安排,导致处置非法集资工作开展混乱。对于处置单位,有学者①认为应实行司法主导、行政配合的案件处置模式,一方面在案件查处、定性时涉及的主要是法律问题,应以司法机关为主导;另一方面,行政部门的全力配合与执行可以弥补司法的被动性、有限性等缺点。笔者赞同这一观点,在涉案资产处置时,应以人民法院为主导,政府、公安、银行、金融机构、工商部门等机构及时、协同作战才能更好更快处置涉案资产,保护债权人利益。

同时,笔者还建议可在互联网金融领域非法集资涉案资产处置中引入第三方机构,如律师事务所或会计师事务所,在其中承担类似于个人破产管理人的角色,一方面可以将政府或者法院从繁重的处非事项中脱离出来,更加高效地行使司法、行政资源;另一方面可以在"放管服"的大背景下,发挥律师事务所或会计师事务所的专业优势,优质高效地完成处置非法集资,激发市场活力。

---

① 杨瑛:《关于非法集资案件涉案资产处置机制研究》,人民法院新闻传媒总社,2018年8月15日。

反垄断、反不正当竞争和知识产权

计算机软件侵权认定标准研究

黄　敏　北京德恒(合肥)律师事务所律师

一、计算机软件著作权概述

(一)计算机软件著作权的概念

计算机软件著作权是指计算机软件的开发者或者其他权利人依据有关法律法规的规定,对软件作品所享有的各项专有权利。我国《计算机软件保护条例》规定,计算机软件是指计算机程序及其有关文档。

(二)计算机软件著作权保护的客体

1. 计算机程序

计算机程序,是指为了得到某种结果而可以由计算机等具有信息处理能力的装置执行的代码化指令序列,或者可以被自动转换成代码化指令序列的符号化指令序列或者符号化语句序列。计算机程序是一系列指令的集合,程序里的指令基于机器语言而执行。程序通常先用一种计算机程序设计语言编写,然后用编译程序或者解释执行程序翻译成机器语言。计算机程序又分为源程序和目标程序。

1)源程序

源程序,是指未经编译的,按照一定的程序设计语言规范书写的、人类可读的文本文件,通常由高级语言编写。源程序可以以书籍或者磁带或者其他载体的形式出现,但最为常用的格式是文本文件,使用这种典型格式的目的是为了编译出计算机可执行的程序,将人类可读的程序代码文本翻译成为计算机可以执行的二进制指令,这种过程叫做编译,由各种编译器来完成。

2)目标程序

目标程序,又称为"目的程序",是源程序经编译可直接被计算机运行的机器码集合,在计算机文件上以".obj"作扩展名。这种由语言处理程序(编译程序、解释程序、汇编程序)将源程序处理(编译、解释、汇编)成与之等价的机器码而构成的、计算机能够直接运行的程序,称为目标程序。

2. 计算机软件文档

《计算机软件保护条例》规定:计算机软件文档,是指用来描述程序的内容、组成、设计、功能规格、开发情况、测试结果及使用方法的文字资料和图表等,如程序设计说明书、流程图、用户手册等。对计算机软件著作权的保护,不延及开发软件所用的思想、处理过程、操作方法或者数学概念等。

二、计算机软件著作权侵权认定标准

（一）以德国为代表的大陆法系法律关于计算机软件侵权认定标准

德国现行的《著作权法》于 1966 年开始实施,与《著作权法实施法》等相关法律共同调整著作权法律关系,但并没有单独提出对计算机软件著作权的保护,直到 1985 年修改法律,才确定对计算机程序作者提供法律保护。1991 年5 月 14 日,欧共体理事会提出对计算机程序加以保护。2001 年,欧盟颁布《计算机程序保护指令》,要求成员国在一定期限内修改国内法,以实现欧盟国家著作权法的一致。在此背景下,作为欧盟最重要力量之一的德国,开始对本国的著作权法进行修改[①]。

（二）以美国为代表的英美法系法律关于计算机软件侵权认定标准

1. 抽象—过滤—比较三步判断法

司法实务中,美国法院采用先抽象、再过滤、后比较三步判断法。认定计算机软件构成侵权的典型案例是 Computer Assoc 诉 Altai 计算机软件侵权案,该案最终由美国联邦第二巡回法庭确认为判定计算机软件侵权的最新规则[②]。

2. SSO 法则认定法

SSO 法则,即计算机软件的结构（Structure）、顺序（Sequence）和组织（Organization）。软件的结构是一个程序各个组成部分的构造以及数据结构;程序的顺序,是程序各部分在执行过程中的先后顺序,即程序的"流程";程序的组织,是程序中各结构及顺序之间的宏观安排。SSO 法则确立于美国联邦第三巡回法庭审理的 Whelan 公司诉 Jaslow 公司案。该判例将计算机软件著作权的保护范围扩大到了软件作品的思想,逾越了著作权法的界限。[③]

3. 我国法律关于计算机软件著作权侵权的认定标准

相比西方国家来说,我国计算机软件著作权侵权认定标准比较多。传统认定标准有"镜像复制法""外观与感觉相似法""功能相似法""全盘感觉分析法""个别认定分析法"等。司法实务中认定侵权的主流标准有"思想与表达两分法""实质性相似＋接触＋合理性抗辩法""抽象＋过滤＋比较三步判断法"。

1）思想与表达两分法

① 韦之:《试论计算机程序的法律保护模式》,《法律学习与研究》1989 年第 3 期,第 63－65 页。

② 黄雪芬:《司法实践中计算机软件著作权侵权的认定模式》,http://www.66law.cn/domainblog/101502.aspx。

③ 张灵敏、康莉莹:《论计算机软件著作权侵权之认定》,《企业经济》2012 年第 11 期。

"思想与表达两分法"是著作权法保护的基本原则,即通过思想、表达的划分,排除不受著作权法保护的思想。采用思想与表达两分法认定侵权的案件,在实务中典型的案例是深圳帝慧科技诉连樟文等计算机软件著作权侵权案。该案中,最高院(1999)知监字第 18 号函中还确立了一个规则:①对不同软件进行比较应该将源代码和目标代码进行实际比较,而不能仅比较程序的运行参数(变量)、界面和数据库结构,因为运行参数属于软件编制过程中的构思而非表达,界面是程序运行的结果,非程序本身,数据库结构不属于计算机软件;②不同环境下自动生成的程序代码不具有可比性。

2)实质性相似 + 接触 + 合理性抗辩法

实质性相似是指软件整体上的相似,具体包括软件程序的组织结构、处理流程、所用数据结构、所产生的输出方式、所要求的输入形式等方面的相似,并不单纯以引用的文字百分比来判断。司法实务中,实质性相似主要分为两种情形:①文字部分相似;②非文字部分相似,主要靠定性分析,量化分析比较困难。法院判断两款计算机程序是否构成实质性相似,一般从以下三个方面分析:第一,代码相似;第二,深层逻辑设计相似,即判断程序的结构、顺序和组织是否相似;第三,程序的外观与感受相似。

3)抽象—过滤—比较三步判断法

"抽象—过滤—比较"三步判断法,又叫 AFC 标准(抽象 Abstraction、过滤 Filtration 和比较 Comparison)。该判断方法是 1992 年 6 月美国联邦第二巡回法庭在 Computer Assoc 诉 Altai 案中确立的规则[①]。第一步,"抽象法",即对计算机程序进行抽象。首先从代码、模块、子模块、功能设计,对程序分层次逐级抽象,将思想抽象出来;第二步,"过滤法",即将抽象掉思想的各层次的表现,逐层次进行"过滤",然后根据硬件环境、兼容性条件、效率因素、公有领域因素等外部因素过滤出不受保护的内容;第三步,"比较法",即把过滤后剩余的部分与被指控侵权的程序在逐个抽象层次进行比较,以确定被告是否复制了过滤后剩下的表达。

三、结语

计算机技术在我国起步晚,发展相对缓慢,计算机软件著作权的立法和司法保护也相对落后。为推动我国计算机技术快速、健康发展,制定或完善计算机软件著作权司法保护体系,建立健全统一的司法认定尺度,不但可以保障计算机软件著作权人的合法权益,还可以鼓励创新、促进创业,进一步促进我国计算机软件行业的良性、有序发展。

---

① 任伯琪:《中外计算机软件法律保护制度研究》,大连海事大学,2002 年。

商标授权确权案件中商标近似判定相关考量因素

——"关羽牌及图"商标不予注册复审行政诉讼案件浅析

哈 斯 屈 伟 北京市隆安(武汉)律师事务所

李 XX 诉国家工商行政管理总局商标评审委员会、第三人稻花香集团商标不予注册复审行政诉讼纠纷一案,历经商标局异议裁定、商评委复审裁定、法院一审、二审及再审,现已审理终结。该案依据《商标法》第三十条规定,认定诉争商标"关羽牌及图"与"关公"系列引证商标已构成类似商品上的近似商标。在商标授权确权案件中对商标近似的判定相关考量因素,在实际审查运用中起到了很大的指导作用。本文结合第 10175862 号"关羽牌及图"商标不予注册复审纠纷一案对《商标法》第三十条的适用问题予以阐述。

一、案情简介及法院判决

李××于 2011 年 11 月 11 日向商标局申请注册第 10175862 号"关羽牌及图"商标,指定使用在第 33 类"烧酒,蒸煮提取物(利口酒和烈酒),白酒,酒(饮料),含酒精液体,酒精饮料(啤酒除外),含酒精果子饮料,料酒,食用酒精,果酒(含酒精)"商品上,初审公告期间经稻花香集团提出异议,商标局决定被异议商标不予核准注册。李××不服商标局异议决定向商评委提起不予注册复审申请,商评委作出被异议商标不予核准注册的裁定。李××不服商评委《不予注册复审决定书》向北京知识产权法院提起诉讼,一审法院判决驳回原告李××的诉讼请求。李××不服一审行政判决,向北京市高级人民法院提起上诉,二审法院作出驳回上诉维持原判的判决。李××向最高人民法院申请再审,最高人民法院依法作出驳回李××的再审申请的行政裁定。本案历经八年之久,商标局、商评委、北京知识产权法院、北京高院及最高人民法院均依据《商标法》第三十条规定,认定诉争商标"关羽牌及图"与"关公"系列引证商标已构成类似商品上的近似商标,依法保护了稻花香集团商标专用权。

二、本案主要争议焦点简析

(一)"关羽牌及图"与"关公"系列引证商标在构成元素、含义等方面已构成近似商标

北京知识产权法院、北京高院及最高人民法院均认为本案的争议焦点

为:诉争商标与各引证商标是否构成类似商品上的近似商标,诉争商标的使用是否会造成相关公众的混淆误认。

北京知识产权法院在(2016)京 73 行初 5640 号判决书中认为,本案中诉争商标由汉字"关羽牌"和京剧人物头像组成,引证商标—由汉字"关公牌"和历史人物头像组成,对于中国相关公众而言,汉字"关羽牌""关公牌"为其主要认读和呼叫部分,引证商标二至六分别为"关公坊""关公""武圣关公"。因此,诉争商标与引证商标一至六已经构成近似商标,二者均使用在相同或类似的第 33 类"白酒"等商品上,易导致相关公众的混淆误认,已构成 2014 年商标法所指使用在相同或类似商品上的近似商标的情形。

另外,两商标设计表达的内涵相似,这是引起消费者理解错误的一种商标近似现象,某项商标表达的特定意义便成为消费者识别商品的工具之一。正如本文案例中第 10175862 号"关羽牌及图",与引证商标"关公牌及图"均指向同一个历史人物,出处相同,其表达含义与引证商标无任何差别。最高人民法院在(2018)最高法行申 2237 号行政裁定书中也认为:本案中,"关羽牌"是诉争商标的主要认读和呼叫部分,"关公牌""关公""武圣关公""关公坊"为各引证商标的主要认读和呼叫部分。对于中国相关公众而言,"关羽"和"关公"耳熟能详,含义相同,都是明确指向我国历史上三国时期的蜀汉名将关羽。诉争商标与引证商标均注册在"白酒"等类似商品上,诉争商标的图形部分不足以使得消费者将其与引证商标相区分。二者共存容易造成消费者的混淆、误认。因此,二审判决认定诉争商标与引证商标已构成使用在相同或类似商品上的近似商标并无不当。商标含义近似,也能够产生混淆商标的实际效果。

(二)"关羽牌及图"与"关公牌及图"两商标近似判断的其他因素

1. 引证商标的显著性和知名度

2002 年《最高人民法院关于审理商标民事纠纷案件适用法律若干问题的解释》第十条规定,"(三)判断商标是否近似,应当考虑请求保护注册商标的显著性和知名度。"虽然以上是审理商标民事纠纷案件的司法解释,但商标授权确权案件中商标近似问题的认定基本也都参照此司法解释为依据。

《最高人民法院关于审理商标授权确权行政案件若干问题的意见》第一条也规定:"人民法院在审理商标授权确权行政案件时……对于使用时间较长、已建立较高市场声誉和形成相关公众群体的诉争商标,应当准确把握商标法有关保护在先商业标志权益与维护市场秩序相协调的立法精神,充分尊重相关公众已在客观上将相关商业标志区别开来的市场实际,注重维护已经形成和稳定的市场秩序"。相关公众在购物时,显著性和知名度较高的商标会给消费者留下更加深刻的印象,时刻影响着消费者的购物认知能力。在先商标的显著性强,被仿冒的可能性就越大,当两个商标都使用了近似的标识,造成混淆的可能性就越大,进而更容易造成消费者混淆误认。在引证商标具有较强的显著性和较高知名度的情况下,相关公众更容易认为被对比商标的权利人与引证商标权利人存在关联关系,从而对商品的来源产生混淆。从这个意义上说,引证商标的显著性越强,知名度越高,诉争商标被认定为与引证商标相近似的可能性就越大。

商标的知名度是商标权人经过长期持续使用,并经过大量的宣传推广而形成的。消费者对某商标的知晓程度,往往与该商标使用的时间长短、宣传投入、荣誉取得、该商标商品所处的地域、市场份额以及售后服务等有关。与一般商标相比,知名度较高的商标代表着其所标示的商品或服务被相关公众知晓和接纳的程度比较高,潜在的市场价值更大,更容易将其产品优良性向消费者展示,因此更易被公众熟识,从而在被其他标识仿冒时,公众也更容易发生混淆,会联想到该仿冒商标系知名度高商标权利人的系列商标。故在先商标的显著性越强,知名度越高,混淆的可能就更大。引证商标"关公牌及图"最早于1985年申请注册,"关公""关公坊"商标经长期宣传使用已具有了较高知名度,在本案中充分考虑了引证商标的显著性和知名度情况,从而给予引证商标的法律保护。

2. 诉争商标注册人的主观恶意

认定商标是否近似,既要考虑商标标志构成要素及其整体的近似程度,也要考虑相关商标的知名度,以及诉争商标注册人的主观恶意因素。对于虽然标志本身存在一定差异,但引证商标知名度高,且在案证据足以证明诉争商标注册人具有模仿高知名度引证商标,借用引证商标知名度的主观意图的,只要存在相关公众对诉争商标与引证商标的提供者产生混淆误认可能的,即可认定诉争商标与引证商标构成近似商标。本案中"关羽牌及图"商标的申请人李××超出正常生产经营需要,非以使用为目的,申请注册了数百件商标,大量、多次、多类别抢注他人高知名度商标,其行为明显具有攀附引证商标的主观恶意,应属于扰乱商标注册秩序的行为。鉴于已适用《商标法》第三十条给予引证商标保护,最高人民法院未再适用《商标法》第四十四条第一款的兜底法条。

综上,判断两商标是否构成近似,应根据个案的实际情况,从多个角度分析,充分考虑在诉争商标申请注册日前中国相关公众对引证商标的认知情况、引证商标的显著性和知名度以及诉争商标注册人的主观恶意等方面全面考虑,以是否容易造成相关消费者的混淆作为判断标准。

专利侵权纠纷中以电商平台用户评论作为现有技术抗辩的认定规则
——宏采公司诉迪玛厂侵害实用新型专利权纠纷案

曾　博　　江苏常闻律师事务所

一、案号

一审:苏州市中级人民法院　(2017)苏05民初987号
二审:江苏省高级人民法院　(2018)苏民终770号

二、基本案情

实用新型专利"一种转盘安装支架"于2014年12月3日申请,涉及一种抽奖转盘产品。该专利产品因拆装方便、使用寿命长,在国外的电商平台热销,深受网购用户的欢迎。2017年1月,专利权人以独占许可的方式,将该专利许可宏采公司实施使用。

2017年8月,宏采公司委托客户向迪玛厂购买了一批名为抽奖转盘的产品,经比对,发现迪玛厂生产的产品落入该专利的权利保护范围。为此,宏采公司向苏州市中级人民法院提起诉讼,请求法院判令迪玛厂停止侵权,并赔偿经济损失和维权合理费用。

审理过程中,宏采公司请求保护涉案专利权利要求1。权利要求1的技术特征为:一种转盘安装支架,包括一本体,其特征在于:所述本体包括一端开口的中空壳体及设置于所述中空壳体开口上的盖板,所属中空壳体侧壁上设有复数个凸起或凹槽,所述盖板的外缘面上设置有复数个与所述凸起或凹槽相配合的凹槽或凸起,所述盖板经过所述凹槽或凸起与所述中空壳体上的凸起或凹槽卡接配合连接。宏采公司认为被控侵权产品全面覆盖了权利要求1的技术特征,落入专利保护范围,构成对涉案专利的侵犯。

迪玛厂对被控侵权产品落入权利要求1保护范围没有异议,但是主张被控产品在涉案专利申请日前已经在amazon网站上公开销售,使用的是现有技术,不构成对涉案专利的侵犯。迪玛厂相应地提交了经公证保全的amazon网站网页内容。

迪玛厂提供的公证书载明,在amazon网站上,有一家名称为"Yescom"的网店在2017年11月28日(公证保全时间)的页面上有与被控侵权产品相同的转盘类产品展示销售,该网店下有买家评论20条,最早的评论日期为

2013 年 8 月 13 日,留言者为 cynthia,评论未有相关产品的图片或视频。迪玛厂以此主张至少 2013 年 8 月 13 日,被控产品即已经公开销售,属于现有技术。

宏采公司针对迪玛厂提交的公证书,在 2017 年 12 月 15 日同样对 amazon 网站上"Yescom"的网店进行保全,发现网店页面的内容已经发生变化,相应的买家评论和迪玛厂公证时相同,同样没有相关产品的图片或视频。为此,宏采公司主张,amazon 网站上的网店在不改变其网址的情况下,商户可以随意变更页面信息,网店当前产品的信息与其用户评论并不是必然对应的;从用户评论的内容看,也与当前销售的产品不符;尤其用户评论的内容并没有反映与被控侵权产品相关的技术特征,故迪玛以 amazon 网站上用户评论作为现有技术抗辩不能成立。

三、判决结果

苏州中院经审理后认为,一方面,迪玛厂通过公证保全的相关页面,显示的仅仅是 amazon 网站"Yescom"网店在 2017 年 11 月 28 日所展示的资料,参考宏采公司 2017 年 12 月 15 日对相同页面的公证保全页面可知,该网店的网页展示资料在不同的时间段可能发生变动和修改;另一方面,尽管公证均显示该网店早在 2013 年 8 月 13 日即有买家评论产生,但这些评论项下并未附有当初交易时的产品图片或视频以供本案进行比对。因此迪玛厂依据其 2017 年 11 月 28 日浏览的"Yescom"网店页面存在转盘类产品的展示销售且该网店早在 2013 年 8 月 13 日即有买家评论产生进而主张现有技术抗辩,依据不足,不予采纳。判决迪玛厂立即停止侵权,并赔偿宏采公司经济损失和合理费用。

迪玛厂不服一审判决,向江苏高院提起上诉,仍以 amazon 网站网店页面和用户评论的内容为证据,主张现有技术抗辩。

江苏高院经审理后认为,虽然迪玛厂提交公证书中的网页显示买家评论的时间在 2013 年 8 月 13 日,但网页具有可变性。公证只能对公证时网页的现状进行客观记录,不能证明网页反映的现状在公证之前是否是客观存在。而且涉案专利为实用新型专利,涉及内部结构特征,买家评论部分也未涉及产品的具体特征,因此迪玛厂不能证明涉案产品在专利申请日前已在网上销售,其现有技术抗辩不能成立。判决驳回上诉,维持原判。

四、分析

在代理本案过程中,笔者对 amazon 网站的经营方式进行了了解。通常 amazon 卖家会在网店发布产品(listing),用户在购买产品后可以对产品进行评论(review)。其原理和国内淘宝平台的用户好评数量类似,好评数量越多,用户选择购买的机率越大。在实际经营过程中,amazon 允许卖家把不同时期的不同产品（listing）合并，得到一个有关最新的产品（listing），但是之前的历史评论（review）会继续保留在新产品（listing）的评论区内，这样可以让自己的网店看上去经营历史长，销量好，评论多。因此，设置或者合并产品（listing），形成有利销售的历史评论（review）已经成为 amazon 买家的经营诀窍。

具体到本案而言，迪玛厂援引电商平台上在先公开销售的证据进行现有技术抗辩，但最终未得到法院支持，原因在于进行现有技术抗辩既要满足该现有技术证据在专利申请日前已经为国内外公众所知的时间要件，也要满足被诉落入专利权保护范围的被控侵权产品与该现有技术方案相同或实质相同的技术要件，两者缺一不可。

首先，目前主流的电商平台交互性都很强，平台本身给予用户很多管理权限，卖家用户对平台上所显示的产品信息可以自由编辑、上传，在上传之后还能够对已经发布的网页内容进行编辑、删除等操作，对于同一链接地址下的产品图片和内容也可以随时更改，并且不对外显示编辑痕迹。这就使得交易发生后，买家用户的评论内容与当前网页展示的产品之间并不必然有对应关系。相反，由于这种买家用户的评论可以使得买家对卖家的历史销售业绩有一定的了解，从而提高成交的概率，卖家用户都热衷于将不同时期不同产品的评论内容进行合并，用以提高当前销售产品的成交概率。因此，不能仅以电商平台上买家的历史评论所形成的时间作为现有技术在先公开的时间要件。

其次，从技术要件看，由于电商平台上卖家在当前页面公开的信息与买家评论的时间不具有对应关系，因此不能以当前页面公开的信息作为现有技术特征公开的证据。即便是要作为现有技术审查，也应当以评论时所附能反映产品技术特征的视频或者图片作为证据。笔者注意到，目前主流的电商平台上，都允许买家用户在评论产品时上传图片或者视频，只有相关图片和视频能够反映产品技术特征的，才可以考虑作为现有技术或现有设计证据。

第三，在一些电商平台中，为了固定交易状况，会对交易记录进行存储，形成交易快照，作为交易双方发生争议时的核查证据。以淘宝网为例，对于在淘宝网上发生的交易，会通过淘宝交易快照搜索引擎抓取交易时网页的内容，形成交易快照存储在淘宝网服务器上，用以固定交易当时的状况，防止交易双方在纠纷发生时无迹可寻、无证可查。因而从技术规则上，淘宝网站不会、也不应对交易快照内容进行修改，交易快照具备真实性，并且在实务中，已得到法院的采信[①]。因此，交易快照载明的信息可以认定为是快照呈现的交易发生当时情况。当对电商平台用户评论的信息作为现有技术证据存在争议时，可以进一步向电商平台调取评论信息对应的交易快照进行核实。而

---

① 详见：《"淘宝交易快照"成新依据 助力侵权判定》，《中国知识产权报》，2015 年 8 月 13 日。

且实务中，一些电商平台也会配合法院提供相应协助证明工作。

综上，在专利侵权纠纷中，如以电商平台用户评论作为证据进行现有技术抗辩，应当注重审查电商平台用户的评论所反映的技术方案是否同时具备时间要件和技术要件，必要时可以调取评论信息对应的交易快照进行核实。只有当用户评论信息同时满足前述两个条件时，才能作为现有技术予以采信。

浅析商业秘密反向工程的合法与限制

谭晓梅　北京大成(成都)律师事务所

我国关于商业秘密的反向工程规定,见 2007 年 2 月 1 日起施行的《最高人民法院关于审理不正当竞争民事案件应用法律若干问题的解释》(以下简称《解释》),这个司法解释明确了反向工程的合法性,排除了法律风险。第十二条规定:"通过自行开发研制或者反向工程等方式获得的商业秘密,不认定为《反不正当竞争法》第十条第(一)、(二)项规定的侵犯商业秘密行为。"明确通过正规途径运用反向工程获悉的商业秘密不属于侵犯商业秘密的行为,由此获得的商业秘密运用到相关产品中不构成侵权。商业秘密反向工程规定最早来源于美国,美国早在 1979 年颁布、1985 年修订的《统一商业秘密法》中,就明确了"对合法取得的产品进行反向工程以发现其包含的商业秘密,是合法的"①。在商业秘密侵权认定中,反向工程的例外是被告最常用的不侵权抗辩理由之一。

一、反向工程的合法性

目前各国法律规定基本是一致的,在商业秘密侵权认定中允许反向工程例外,即通过反向工程获得他人商业秘密的,不属于商业秘密侵权行为。"商业秘密制度不排除反向工程,在一定意义可以认为是它鼓励以反向工程的形式扩散竞争"②。那么,什么是反向工程?《解释》定义为:"通过技术手段对从公开渠道取得的产品进行拆卸、测绘、分析等而获得该产品的有关技术信息"。因为反向工程本身是一项复杂的技术劳动,《关于计算机程序法律保护的一项宣言》中提到"计算机软件的反向工程并非容易的事。软件一般以目标码的形式出现。为了对其反向工程,专家们通常采取一种众所周知的所谓反编译的方法,也即尝试将众多的 1 和 0 翻译为某些形式的汇编语言,然后接着翻译成可读的源代码。这一过程昂贵且费时,且结果可能不尽完美"③。

行为人虽然利用了商业秘密拥有人的产品,但行为人是通过合法途径取得的产品,通过自己独立的劳动获取秘密信息,反向工程是破解秘密技术的

---

①　[美]马克·A.莱姆利等著:《软件与互联网法》(上),张韬略译,商务印书馆 2018 年版,第 38 页。

②　冯晓青:《知识产权法哲学》,中国人民公安大学出版社 2013 年版,第 302 页。

③　[美]马克·A.莱姆利等著:《软件与互联网法》(上),张韬略译,商务印书馆 2018 年版,第 39 页。

一种重要合法手段，反向工程发展了技术，推动技术的不断进步，也能成为发明创造的合法方法。例如，日本本田公司通过对 500 多种摩托车反向工程研究，最终研制出了垄断国际摩托车市场的技术产品；美国施乐公司于 1959 年推出了世界上第一部普通纸复印机，日本佳能公司通过反向工程开发出了新型的佳能复印机[①]。

二、对反向工程的限制

在公开市场上购买产品的顾客有权将其拆解并察看其如何运行。这一过程被称为产品的"反向工程"。对那些通过反向工程发现商业秘密的合法购买者，商业秘密所有权人无从借助商业秘密法的保护来对抗他们。但是，作为知识产权的所有者，也要采取措施对其知识产权进行保护。为了保护知识产权，在制度层面上对反向工程还有诸多其他的限制。

（一）为避免反向工程合法的条款被滥用，《解释》同时规定："当事人以不正当手段知悉了他人的商业秘密之后，又以反向工程为由主张获取行为合法的，不予支持。"

江苏华宇印涂设备集团有限公司（简称华宇公司），是一家专业从事马口铁印刷、涂布生产线及相关设备的设计开发和生产大型机械制造企业。被告曹某利用在华宇公司工作的便利，窃取和复印了大量技术秘密的图纸，后辞职与他人共同出资组建南通新宇印铁烘房制造公司（简称新宇公司），新宇公司用很短的时间造出了与华宇公司相同的产品。在华宇公司诉新宇公司和曹某侵犯商业秘密案中，新宇公司和曹某辩称，新宇公司是通过拆解市场上同类产品和华宇公司的产品获得的技术信息，属于反向工程，不构成侵犯商业秘密。江苏省南通市通州区人民法院审理后认为，新宇公司、曹某均未能提供其实际测绘、分析所获得的技术数据，且其在以非法手段获取华宇公司大量涉案技术图纸后，已实际非法窃取了华宇公司的涉案商业秘密，同时又以反向工程为由，主张其持有涉案商业秘密的行为合法，依法不能成立。新宇公司与曹某共同侵犯了华宇公司的商业秘密所有权，构成不正当竞争，应共同停止侵犯华宇公司商业秘密行为，赔偿华宇公司经济损失。

（二）反向工程与专利

"专利和商业秘密法以非常不同的方式处理反向工程的问题。反向工程专利产品，如果涉及制造、实用或者销售专利发明的，必然构成侵犯专利权"[②]。

我国《专利法》第十一条规定："发明和实用新型专利权被授予后，除本法另有规定的以外，任何单位或者个人未经专利权人许可，都不得实施其专利，

---

① 杨力：《商业秘密侵权认定研究》，法律出版社 2016 年 9 月第一版，第 125 页。

② ［美］马克·A.莱姆利等著：《软件与互联网法》（上），张韬略译，商务印书馆 2018 年版，第 187 页。

即不得为生产经营目的制造、使用、许诺销售、销售、进口其专利产品,或者使用其专利方法以及使用、许诺销售、销售、进口依照该专利方法直接获得的产品。

外观设计专利权被授予后,任何单位或者个人未经专利权人许可,都不得实施其专利,即不得为生产经营目的制造、许诺销售、销售、进口其外观设计专利产品。"

因此,如以生产经营为目的,将相关授予了专利权的商业秘密应用到产品中去,虽构不成侵犯商业秘密的行为,却是违反《专利法》的。所以通过正规途径和反向工程获得的未获得专利的商业秘密并将以生产经营为目的应用相关商业秘密的行为是不合法的。

不过,我国《专利法》第五十一条又规定:"一项取得专利权的发明或者实用新型比前已经取得专利权的发明或者实用新型具有显著经济意义的重大技术进步,其实施又有赖于前一发明或者实用新型的实施的,国务院专利行政部门根据后一专利权人的申请,可以给予实施前一发明或者实用新型的强制许可。在依照前款规定给予实施强制许可的情形下,国务院专利行政部门根据前一专利权人的申请,也可以给予实施后一发明或者实用新型的强制许可。"这一条款,对具有显著经济意义的重大技术进步的行为是放开的,鼓励创新的,即是在未经专利权人的许可的情况下,第三人可以通过正规途径的反向工程获知专利技术的商业秘密,在此基础上去进行技术革新,如果这种技术革新具有显著经济意义的重大技术进步,法律即规定其合法性。《解释》第十二条可以说是对《专利法》第五十一条的具体操作的规定,两条款的内涵是相互联系的,在制度上具有一致性和稳定性。

(三)商业秘密持有人采取加密技术

关于采取加密技术措施现在反向工程,"对那些仅访问到计算机程序加密形式到人来说,加密技术可能是限制反向工程的有用方式。它也可能构成帮助加密程序秘密性的合理预防措施。然而加密技术是一个不完美的壁垒,仅靠它是无法对抗知道如何解密程序的最终用户的,无论是在反向工程抑或侵占的情况。"[①]所以,加密技术可能只是商业秘密所有者延长保密期的一项权宜之计措施。

(四)商业秘密所有人通过合同方式规避反向工程

为了加强商业秘密的保护,抵消反向工程对侵犯商业秘密行为的豁免,一些商业秘密所有人为了独占技术秘密,防止自己研发的技术被泄漏出去,不但与自己的员工签订保密协议,同时在与客户的合同中要求设立"反向工程禁止条款",约定合同相对方不得通过反向工程对其商业秘密进行研究,从

---

① [美]马克·A.莱姆利等著:《软件与互联网法》(上),张韬略译,商务印书馆2018年版,第43页。

而获取其商业秘密,以合同方式尽可能延长商业秘密的存续期。不过,这样的约定虽然在现实生活中大量存在,但是否有效存在极大的不确定性,当事人通过私权创设禁止条款的效力也是值得商榷的。权利人在与产品出租合同的承租人以及通过修理、加工和运输产品等合法占有产品的人所签订合同时,所订立的反向工程禁止条款,应当是有效的。"在产品所有权转移的合同中通过私权之间所设立的'禁止条款'违背了反向工程豁免的公共政策,构成商业秘密权利滥用,因此,该禁止性条款无效"①。

---

① 杜开林:《"禁止反向工程条款"效力之否定》,《人民法院报》2005 年版。

人工智能专利申请:特点、撰写难点及应对

徐棣枫　孟　睿　南京大学法学院/国浩律师(南京)事务所

近年来,随着人工智能技术的飞速发展,人工智能专利也大量涌现。WIPO 统计,美国的人工智能专利数量已接近 16 万件,中国接近 14 万件,日本接近 9 万件,其中一半以上的人工智能专利出现于 2013 年之后[①]。世界主要专利受理局相继出台新的审查规则,在总结过往经验的基础上明确了人工智能专利审查要点[②]。WIPO 今年初也专门针对人工智能发布了最新一期技术趋势报告(WIPO Technology Trends 2019:Artificial Intelligence,本文简称 WIPO 报告)[③]。

一、人工智能专利申请的技术特点:技术分层

WIPO 报告基于数据统计,从人工智能实现技术(AI techniques)、人工智能功能性应用技术(AI functional applications)、人工智能产业应用技术(AI application fields)三个层次分析了人工智能技术(AI technologies)的发展趋势。

人工智能的实现技术是指实现人工智能功能的各种核心算法,包括机器学习(machine learning)、模糊逻辑(fuzzy logic)、概率推理(probabilistic reasoning)等。机器学习又可以细分为深度学习(deep learning)、神经网络(neural networks)等。当前,机器学习是实现人工智能最主要的技术,在机器学习中,最受关注的是深度学习和神经网络[④]。

人工智能的功能性应用技术是指由人工智能实现技术执行的功能,主要

---

① WIPO Technology Trends 2019:Artificial Intelligence,at 86.根据 WIPO 报告的定义,所述专利数量是指已经公开的专利文本数量,包括已授权、未授权以及驳回的专利申请。WIPO 的统计数据截至 2018 年初。

② 2017 年中国专利局对《审查指南》进行了修改,重要内容之一是调整涉及计算机程序发明专利申请的审查规则;2018 年底,EPO 出台最新版专利审查指南,专节规定了人工智能和深度学习专利申请的审查,See Guidelines for Examination in the EPO(November 2018),Part G-Chapter II,3.3.1.;2019 年初,USPTO 修改审查指南,明确了不可授予专利的抽象思维的范围,See 2019 Revised Patent Subject Matter Eligibility Guidance,https://federalregister.gov/d/2018-28282。

③ WIPO Technology Trends 2019:Artificial Intelligence,https://www.wipo.int/tech_trends/zh/。

④ 机器学习的专利数量占全部人工智能实现技术专利数量的 98%。见 WIPO Technology Trends 2019:Artificial Intelligence,at 31。

包括计算机视觉（computer vision）、自然语言处理（natural language processing）、语音处理（speech processing）等①。

人工智能各项实现技术和功能性应用技术被广泛使用于各个产业领域，从而形成人工智能产业应用技术。近几年人工智能应用最为活跃的产业应用为交通运输、通信以及生物医药②。交通运输领域最显著的应用为自动驾驶。另外，人工智能发明通常不限于单个应用领域，71%的专利技术至少具有两个不同的应用领域③。

上述三个技术分层即体现了人工智能专利技术的特点，也是布局专利申请的出发点，更是把握专利申请质量和审查标准的基础。

二、专利申请文件的撰写难点

虽然近年来人工智能专利数量增速较快，但是人工智能的专利申请在授权方面却遇到了很多问题，这些问题成为人工智能专利申请文件撰写中的难点。

（一）难以在获得较大保护范围与符合专利法保护客体之间协调

如前所述，人工智能实现技术可以执行各种功能，而各种功能又可以被应用于多个产业领域。这就像一个倒立的金字塔，各种人工智能实现技术是基础，控制了各种人工智能实现技术，或者控制了各种功能性应用技术，就能控制其在各产业领域的具体应用。从专利保护的角度而言，为了争取尽量大的保护范围，最优的选择似乎就是垄断基础技术，即就各种人工智能实现技术申请并获得授权④。但此时会面临一个难题，人工智能实现技术是通过计算机软件实现的算法，这些算法或计算机程序很多体现为数学模型、逻辑推理，这在很多国家都不是专利保护的客体。我国专利局以及 EPO 和 USPTO 均通过修订审查指南，力图将控制范围过大的人工智能实现方法排除在专利

---

① 在所有与人工智能有关的专利中，计算机视觉、自然语言处理、语音处理的专利数量占比分别为 49%、14% 以及 13%。见 WIPO Technology Trends 2019：Artificial Intelligence，at 47。
② WIPO Technology Trends 2019：Artificial Intelligence，at 51。
③ WIPO Technology Trends 2019：Artificial Intelligence，at 51。
④ 例如，深度学习教父 Hinton 在 2012 年申请了一件涉及训练神经网络方法的专利，专利号为 US 9406017 B2，该专利于 2016 年获得授权，但如果按照美国现在的审查标准，存在严重的授权障碍。该专利后来转让给了 Google。基于这套训练神经网络方法开发的各种功能技术和应用，都将会受到该专利的控制，可能成为 AI 领域的卡脖子专利。参见：Google 的深度学习基础专利能够成为 AI 领域的卡脖子专利吗？https://mp.weixin.qq.com/s/A3hdj_ERMjtymdidotSjng。

保护范围之外[①]，这实际上要求申请人将专利申请的保护范围限缩至具体的执行功能或实际的产业用途。此时，申请人在争取大的保护范围的同时，可能因为不符合客体要求而难以获得授权。

（二）技术的多领域应用与创造性疑问

单一技术的多领域应用是人工智能技术的一大特点[②]。这种单一技术的多领域应用发明会在两个方面引发创造性的疑问。

疑问一：当一项已知的人工智能技术被应用到已知的另一应用领域时，算法本身没有改进，技术方案是否具有创造性[③]？这种情况可以归类为《审查指南》中所列举的转用发明。

疑问二：当一项已知的人工智能技术被应用到已知的另一应用领域时，只对算法本身做了改进，技术方案是否具备创造性？当将一项已知的人工智能技术被应用到已知的另一应用领域时，一般会将算法与应用领域的技术特征组合，从而形成既包括算法又包括技术特征的组合性权利要求。此时，如果发明人做出改进的地方是算法，并没有改进技术特征，则审查员极有可能认为算法的改进没有解决技术问题，不能被用于评价技术方案的创造性。

（三）权利要求可视化程度低，难以满足侵权判定的全覆盖原则

我国 2017 年修改《审查指南》之前，涉及计算机程序的发明专利申请的权利要求可以写成方法权利要求，还可以写成"功能模块"构架的装置权利要求。但有限的权利要求撰写方法为侵权认定带来了困难。例如，作为方法专利，移动设备的操作流程一般至少部分是由用户执行的，即所谓"多主体实施"的方法，在方法实施过程中需要包括用户在内的多个主体参与，这就为侵

---

① 根据我国 2017 年修改后的《审查指南》的规定，如果一项权利要求仅仅涉及一种算法或数学计算规则，则该权利要求属于智力活动的规则和方法，不属于专利保护的客体；EPO 发布的 2018 版审查指南规定，人工智能和机器学习是基于分类、聚类、回归和降维的计算模型和算法，其本身具有抽象的数学性质，虽然数学方法在解决各技术领域的技术问题中起着重要的作用，然而他们仍然被排除在专利可保护的范围之外；2019 年 1 月，USPTO 发布的最新审查指南指出，不可专利的抽象概念的范围包括数学概念、组织人类活动的某些方法以及心理过程。

② 例如，深度学习可以实现图像识别、语音识别，图像识别既可以应用于自动驾驶，又可以应用于核医学成像，语音识别既可以应用于机器翻译，又可以应用于网络安全。

③ 例如，将人脸识别中常用的求取最优解迭代算法移植到核医学图像重建中，发明人可能会觉得很有创新，但从专利审查的角度看，此时采用的人工智能算法是已知，算法本身未做改进，仅仅是已知的算法应用到另一场景中。

权认定带来困难①。

所谓"功能模块"构架的装置,又被称为虚拟装置,其仅仅是一种权利要求撰写形式,无论是虚拟装置本身,还是构成虚拟装置的功能模块,均非客观存在的物理实体,在侵权判定时难以在侵权产品中发现和确认。另外,各功能模块也很容易拆分或组合,专利权人即使反向工程也难以一一对应权利要求中记载的各功能模块。

三、人工智能专利申请的撰写要点

由于人工智能专利申请技术方案复杂、抽象且应用广泛,代理师除了需要一定的技术知识储备外,还需不断精进撰写技巧,以撰写出高质量的申请文本。

(一)从纵向对技术方案进行多层次保护,在横向上对各类主题进行全方位布局

如前所述,人工智能技术可以分为实现技术、执行功能、产业应用三个层次。在专利申请时,可以沿着这三个层次由算法至具体应用依次展开需要保护的技术方案。例如,在一件专利申请中,将算法作为向上游提炼的基础方案,将功能应用作为核心方案,将具体应用作为向下游扩展的外围或卖点技术专利。

根据我国最新修改的审查指南,涉及计算机程序的装置权利要求还可以按照"介质 + 程序"或者"硬件 + 程序"的方式来撰写。这样,对于涉及计算机程序的发明,包括方法在内至少有四种撰写方式,分别对应四个保护主题。鉴于这四种类型的权利要求获得授权的难易程度、保护范围大小、侵权认定中的可视化程度等方面,各有利弊。因此,从横向布局的角度看,四种撰写方式对应的四个保护主题均应体现在专利申请中。

(二)重视算法与技术特征的结合

无论是 2017 年我国修改后的审查指南,还是 EPO、USPTO 发布的最新审查指南,都要求只有算法与具体应用紧密结合形成的技术方案才使得人工智能专利权利要求保护客体与抽象概念相区别。因此,算法与具体应用的结合,是专利申请文本撰写的关键。具体可以从以下几个方面来考虑。

第一,算法与功能性应用的结合即可体现技术性,无须直接将最终端的

---

① 例如,在西电捷通公司诉索尼中国公司侵害发明专利权纠纷案中,涉案方法专利系典型的"多主体实施"的方法专利,该技术方案在实施过程中需要多个主体参与方可完整实施专利技术方案,该案中包括个人用户在内的任何实施人均不能独自完整实施涉案专利。因此,对于索尼中国公司是否实施了该技术方案,原被告双方争议较大。如果在一般的案件中,很难认定索尼中国公司侵权。在该案中,由于涉及标准必要专利,北京高院在二审判决中依据国家标准和行业惯例,推定索尼中国公司至少在设计研发或样品检测阶段,而不是在生产制造、出厂检测阶段实施了涉案专利技术方案,从而构成侵权。具体参见北京市高级人民法院(2017)京民终 454 号民事判决书。

产业应用技术方案作为唯一保护方案，此时，既可以符合客体性要求，也不致将保护范围限缩得过小[①]。

第二，权利要求除记载算法以外，还需要记载有物理意义的外部装置或执行、控制对象[②]。对于方法权利要求中的算法公式、模型等，需要明确定义各参数的实际物理含义。

第三，在说明书中详细描述使用算法所解决的技术问题、技术手段和取得的技术效果，并有必要在说明书中通过仿真实验进行说明和验证。

第四，对于涉及转用发明的人工智能技术方案，说明书应当详细说明不同应用场景转用中遇到的技术困难、克服所述技术困难的技术构思以及产生的预料不到的技术效果。

（三）尽量避免多侧撰写，并注意技术特征的可视化

尽量从单侧撰写权利要求。当然，单侧撰写权利要求并不是只从一侧撰写权利要求，而是从多个角度，分别以单侧方式撰写权利要求。例如共享单车，可以分别从后台服务器、车辆设备、用户移动端设备三个角度，分别运用单侧撰写方式布局权利要求。

在撰写权利要求书时，可以先预设出侵权判断场景，并按照该场景中可感测到的技术特征以及对比过程来撰写权利要求[③]。对涉及内部处理的权利要求，可以从前端功能显示的角度撰写技术特征；避免使用否定性的消极技术特征。

[①] 例如，发明人改进了某一搜索算法（人工智能实现技术），用于计算机视觉中的图像特征提取（图像识别功能），基于该搜索算法的图像特征提取方法可以应用于自动驾驶技术中进行环境识别（终端交通运输产业应用）。此时，图像特征提取方法已经可以作为适格的专利法保护客体。

[②] 例如，可以在方案中增加处理器、存储器、数据库、服务器、计算机、终端、移动设备、网络等技术特征。

[③] 如何利用外部容易感知的特征撰写出易于行使权利的权利要求，https://m.sohu.com/a/276680516_99902024/？_trans_=010005_pcwzywxewmsm。

从科技法视角浅析中国医疗器械注册人制度试点中存在的问题

夏　巍　四川师维律师事务所

科技法最基本的功能就是促进、规制、保障科技的快速、健康发展。生物技术作为近几十年来发展最迅猛的科技领域之一,当然也是科技法研究的重要领域。而医疗器械作为生物技术发展和成果转化的最重要的领域之一,其改革必然会受到广泛的关注,其中的医疗器械注册人制度的改革更是成为社会关注的焦点和热点。

一、背景

与发达国家和地区普遍适用医疗器械注册人制度(以下简称:注册人制)不同的是,我国长期以来实行的是上市许可和生产许可合一的管理模式(以下简称:捆绑制)。捆绑制模式存在着诸多弊端,因"影响创新创业的热情,不利于社会资源优势互补,延长新产品上市时间,增加了创业者成本,也与国际通行规则不符,更不利于行业健康发展"[①]而饱受诟病。

随着 2015 年 8 月国务院《关于改革药品医疗器械审评审批制度的意见》、2017 年 10 月中共中央办公厅国务院办公厅《关于深化审评审批制度改革鼓励药品医疗器械创新的意见》的颁布,以及药品上市许可持有人制度试点工作的进行,以 2017 年 12 月 1 日上海市出台《中国(上海)自由贸易试验区内医疗器械注册人制度试点工作实施方案》为标志,拉开了中国医疗器械注册人制度改革试点的序幕。其后广东省于 2018 年 8 月 20 日出台《广东省医疗器械注册人制度试点工作实施方案》、2018 年 8 月 24 日天津市出台《中国(天津)自由贸易试验区内医疗器械注册人制度试点工作实施方案》,将医疗器械注册人制度试点推向纵深。

二、概念

医疗器械注册人制度与药品上市许可持有人制度,本质上是一致的,都是 Marketing Authorization Holder(MAH)。只是我国针对药品和医疗器械

---

① 上海食品药品监督局医疗器械监管处林森勇语,http://dy.163.com/v2/article/detail/DR98985005119GE4.html,2019 年 7 月 31 日访问。

领域,在用语上进行了一定的区分,在法律上采用了不尽相同的试点路径。

什么是医疗器械注册人制度?《中国(天津)自由贸易试验区内医疗器械注册人制度试点工作实施方案》第一条对医疗器械注册人制度做了如下定义:"医疗器械注册人制度是指医疗器械注册申请人提出医疗器械上市许可申请获得医疗器械注册证后成为注册人,并对医疗器械设计开发、临床试验、生产制造、销售配送、售后服务、产品召回、不良事件报告、产品再评价等全生命周期产品质量承担全部责任的制度。"[1]

无论是注册人制还是捆绑制,其实都至少包含了两方面的关系:一是产品注册人(含申请人)与产品生产、销售者之间的关系。即两者必须是同一的,还是可分离的?如果是分离的,以何者为主?二是关于责任主体的问题。即在医疗器械研发、临床试验、生产、销售等全生命周期中,各主体应当承担的责任以及谁是最终的责任主体问题且两方面相互依存、缺一不可。

现行试点的注册人制,确定了以注册人(含申请人)为核心,产品上市许可与生产许可相分离,且由注册人对相应医疗器械全生命周期的质量承担全部责任的模式,并且确定了试点实施产品范围为境内第二类、第三类医疗器械(含创新医疗器械),法律法规禁止委托生产和不适宜列入的医疗器械产品不在范围。

三、问题

(一) 试点中注册人/申请人的主体资格问题

现有的上海、广东、天津三省市试点方案,对申请人/注册人均有要求和条件限定。

上海市的试点方案对申请人/注册人的要求是:"住所或生产地址位于自贸区内;应当配备专职的法规事务、质量管理、上市后事务等相关人员,以上人员应具有相应的专业背景和工作经验,并不得相互兼职;具备医疗器械全生命周期管理能力,有对质量管理体系进行评估、审核和监督的人员条件;具备承担医疗器械质量安全责任的能力,确保提交的研究资料和临床试验数据真实、完整、可追溯;未被纳入上海市食品药品重点监管名单。"[2]方案中甚至未明确申请人/注册人可以是自然人,其所列条件也主要针对单位设置。

广东省的试点方案,虽然明确申请人/注册人可以是科研人员,但其所列条件也主要针对单位设置。

所以,我们说作为自然人的科研人员成为医疗器械注册人/申请人在理论上是可以的,但在实际操作层面是从严掌握的,尚未查询到成功案例。究

---

[1]　http://scjg.tj.gov.cn/zwgk/gzwj/30006.html,2019 年 7 月 31 日访问。

[2]　http://www.shanghai.gov.cn/nw2/nw2314/nw2319/nw12344/u26aw54340.html,2019 年 7 月 31 日访问。

其原因,可能是顾虑作为自然人的科研人员是否具备相应的能力。该种能力不仅指其在研发阶段的研究能力和科研管理能力,还指其在委托生产、销售阶段对受托人的有效管理及其风险掌控能力,更指发生偿付情形时的给付能力。

因此,现行试点就产生了以下矛盾:一方面,作为自然人的科研人员,是创新创业的重要力量。同时,成为医疗器械注册人也是科研人员对其科研成果进行转化的重要渠道和路径。如其作为注册人受限,势必会影响其科研创新和转化积极性。另一方面,作为自然人的科研人员,其个人的能力是有限的,不论是财力、精力,还是在专业背景和工作经验等方面,能否足以对医疗器械全生命周期责任承担,的确令人担忧。对此,我们建议能否对医疗器械全生命周期节点进一步细化,并将节点所对应主体的职责、权利义务相应细化,通过商业保险、与第三方机构合作、产品注册证转让等方式,明确作为自然人的科研人员的权利主体地位、提升承担各种责任能力,充分发挥出注册人制的各种制度优势。

(二) 各主体的职责和权利义务问题

现有的上海、广东、天津三省市方案,对申请人/注册人、受托人、其他参与主体的职责和权利义务均有较为一致的规定。

注册人的主要职责和权利义务是:"注册人负责医疗器械全链条和全生命周期管理,对医疗器械设计开发、临床试验、生产制造、销售配送、售后服务、产品召回、不良事件报告等承担全部法律责任,确保提交的研究资料和临床试验数据真实、完整、可追溯,确保对上市医疗器械进行持续研究,及时报告不良事件及其风险评估情况,提出并落实处置措施。"[①]

受托人的主要职责和权利义务是:"履行《医疗器械监督管理条例》及其他相关法律法规以及委托合同、质量协议规定的义务,并承担相应的法律责任。负责按质量协议约定的技术要求和质量标准生产,对注册人及医疗器械相关法规负相应质量责任,负责生产放行,保留委托生产产品的批放行记录,并开放给监管部门。发现上市后的医疗器械发生重大质量事故的,须在 24 小时内报告行政主管机关和注册人。受托生产终止时,受托人须及时申请核减医疗器械生产产品登记表中登载的受托产品信息。"[②]

其他主体的职责和权利义务是:"受申请人/注册人委托进行研发、临床试验、销售配送的主体,须承担法律法规规定的责任和协议约定的责任。"[③]

但上述方案均未从民事、行政和刑事责任层面,对注册人、受托人和其他

[①] http://www.shanghai.gov.cn/nw2/nw2314/nw2319/nw12344/u26aw54340.html,2019 年 7 月 31 日访问。

[②] http://www.shanghai.gov.cn/nw2/nw2314/nw2319/nw12344/u26aw54340.html,2019 年 7 月 31 日访问。

[③] http://www.shanghai.gov.cn/nw2/nw2314/nw2319/nw12344/u26aw54340.html,2019 年 7 月 31 日访问。

主体之间的责任承担关系进一步明确。特别是民事责任层面,注册人对医疗器械全链条和全生命周期承担责任,如何体现?受托人和其他主体承担民事责任的方式是仅对注册人承担违约责任,还是针对消费者承担侵权责任等问题进行明确。

(三)试点下的行政监管问题

现有的上海、广东、天津三省市方案,对监管责任均有较为一致的规定:"各级食品药品监管部门应当加强对注册人履行保证医疗器械质量、上市销售与服务、医疗器械不良事件监测与评价、医疗器械召回等义务情况的监督管理,强化注册人医疗器械全生命周期管理责任和全链条的管理能力,督促受托生产企业严格管理、规范生产。指导行业协会、第三方机构协同管理,积极推进监管方式的转变和完善,着力构建权责清晰、依法公正、透明高效、督促提高的事中事后监管体系。"①但仍有不甚明确的方面。

首先是方案规定了试点的组织领导机构,是试点地区人民政府和上一级行政主管部门。但未明确领导机构是否同时为监管机构,也未明晰两者之间的监管分工和合作;

其次,从方案所涉内容,可以看出仍是多头和多元监管,而非仅针对注册人进行监管。其中,对注册人对受托人的管理如何进行监管,尚未明确。

再次,是关于跨区域委托中的监管问题,也有待进一步明确和明晰化。

(四)试点的法律路径选择问题

医疗器械注册人制度的试点,与药品上市许可持有人制度试点所通过的法律路径不同。

药品上市许可持有人制度的试点,是按照新修订的《立法法》要求,以2015 年 11 月《全国人民代表大会常务委员会关于授权国务院在部分地方开展药品上市许可持有人制度试点和有关问题的决定》为依据,通过全国人大常委会对国务院授权并由国务院出台规范性文件《药品上市许可持有人制度试点方案》的方式,对试点区域进行统一指导而开展。试点区域也是一次性划定。包括北京、天津、河北、上海、江苏、浙江、福建、山东、广东、四川等 10 个省(市)。试点时点和期限也是明确限定的。

医疗器械注册制的试点,是由拟申请试点的省(直辖市),依托自贸区"先行先试"的政策,依据《关于改革药品医疗器械审评审批制度的意见》《关于深化审评审批制度改革鼓励药品医疗器械创新的意见》以及修订后的《医疗器械监督管理条例》的精神和规定,草拟本区域注册人制试点方案,并经国家药品监督管理局批准后开展的试点。实行的是一地一案、一事一议方式。试点区域也不是一次性划定,也未明确试点期限。

---

① http://www.shanghai.gov.cn/nw2/nw2314/nw2319/nw12344/u26aw54340.html,2019 年 7 月 31 日访问。

　　显然,药品上市许可持有人制度的试点,更注重了严谨性、规范性。医疗器械注册人制度在试点范围和内容及调整方面,试点所在地省市具有更大的自主权,更为关注试点的灵活性、可操作性。

(五) 立法和修法问题

　　现阶段,试点中的具体工作主要依据新颁布的规范性文件开展,存在大量新的规范性文件的规定与上位法之间冲突,一定程度上制约了相关试点工作的开展。既不利于部门的依法行政工作,也不利于相关纠纷的处理。加快立法和法律法规的修订速度,无疑是顺利开展试点工作的内在要求,也是技术创新和模式创新的内在要求。

　　综上所述,现行医疗器械注册人制的改革试点,为立法者、执法者和参与者提出了重大课题和严峻挑战,中国医疗器械注册人制的改革试点之路,任重道远,充满希望。

通知—移除规则在专利领域应当缓行

方诗龙　国浩(律师)上海事务所

一、"通知—移除"规则无法直接适用于专利领域

"通知—移除"规则来源于《美国千禧年数字版权法》(Digital Millennium Copyright Act,简称 DMCA),其基本含义为"当信息存储空间中出现了用户上传的侵权内容,或者链接指向了其他网站中的侵权内容时,权利人可以向信息存储空间服务提供者或搜索和链接服务提供者发出通知,告知相关侵权事实并提供初步证据。服务提供者在接到通知后,如果及时移除了被指称侵权的内容或断开了链接,在符合其他免责条件的情况下,包括权利人无证据证明服务提供者事先知道侵权事实存在,服务提供者不承担责任"[1]。我国《信息网络传播权保护条例》借鉴了 DMCA 的"通知—移除"规则,该条例第14 条明确指出该规则指向的是侵犯著作权人"信息网络传播权"的行为,即该规则指向的是以信息方式存在的作品。

在专利领域,以信息方式存在的作品主要是专利文本,而专利文本是公开的,公众均可以从专利局官方网站查询到上述信息,且《专利法》第 11 条规定的专利直接侵权行为并不涉及对以信息方式存在的专利文本的传播,其规制的是未经许可实施专利技术方案的行为。

其次,"通知—移除"规则的适用含有一个隐含的前提,网络服务提供商在接到"合格"的通知后,即可对侵权行为的存在与否做出判断或者说形成认知[2]。在著作权领域,对于未经许可而以信息形式传播行为的认定,网络服务提供商往往能以较低的成本进行确定。但是,专利直接侵权行为指向的是未经专利权人许可实施专利技术方案的行为,网络服务提供商难以对被控侵权人是否实施了技术方案进行认定,尽管网络平台上涉及的主要行为是销售和许诺销售。有人认为外观设计专利的比对较为简单,但外观设计专利其实也不简单,外观设计专利侵权案中的"整体观察,综合对比"原则的具体适用一直是司法实践的难点。此外,我国实用新型专利和外观设计专利均未经过实

---

① 王迁:《论"通知与移除"规则对专利领域的适用性——兼评〈专利法修订草案(送审稿)〉》,《知识产权》2016 年第 3 期,第 20 页。
② 詹映:《"通知—移除"规则在专利领域的适用性分析》,《法商研究》2017 年第 6 期,第 182 页。

质审查,其质量存疑。即便引入专利权评价报告制度,但专利权评价报告只是一个参考文件,并不具有法律约束力,实践中专利权评价报告结论良好但却被无效成功的专利比比皆是。这样的现实进一步引证了上述观点,网络服务提供商根据含有专利权属证明的有效通知而删除或者断开链接,在专利领域存在一定的不合理性。

二、"通知—移除"规则难以转换适用于专利领域

我国目前利用侵权责任法上的共同侵权理论来规制专利帮助侵权和专利诱导侵权,《最高人民法院关于审理侵犯专利权纠纷案件应用法律若干问题的解释(二)》第21条对《侵权责任法》第9条[①]在专利领域的适用作出了明确规定,即明知有关产品系专门用于实施专利的材料、设备、零部件、中间物等,未经专利权人许可,为生产经营目的将该产品提供给他人实施了侵犯专利权的行为,权利人主张该提供者的行为属于侵权责任法第九条规定的帮助他人实施侵权行为的,人民法院应予支持。明知有关产品、方法被授予专利权,未经专利权人许可,为生产经营目的积极诱导他人实施了侵犯专利权的行为,权利人主张该诱导者的行为属于侵权责任法第九条规定的教唆他人实施侵权行为的,人民法院应予支持。

根据专利帮助侵权理论,帮助侵权的客体应为产品的零部件或组成部分、用于实施专利方法的原材料或设备,上述物品还应该满足它们构成发明产品的重要成分,它们是为了实施专利侵权行为而专门制造出来的,而且这些物品不具有实质性非侵权用途[②]。网络服务提供商仅仅是传播信息的平台,难以构成专利帮助侵权。

专利诱导侵权责任的承担需要专利权人证明网络服务提供商:①明知争议专利的存在;②明知引诱的行为是侵权性质的;③意图在于鼓励他人实施侵权行为。而明知主要指实际知道而视而不见[③]。根据"通知—移除"规则的原理,只要网络服务提供商符合明知的情形而在其平台上发布有关专利产品的信息,其行为即构成侵权。但是根据专利诱导侵权理论,明知只是判断其是否侵权的要素之一,而不是像"通知—移除"规则的适用一样是决定性因素。

在共同侵权理论和专利间接侵权理论下,网络服务提供商的行为并不构成帮助侵权或者诱导侵权,"通知—移除"规则在专利领域没有适用空间。

---

① 《侵权责任法》第9条第1款:教唆、帮助他人实施侵权行为的,应当与行为人承担连带责任。教唆、帮助无民事行为能力人、限制民事行为能力人实施侵权行为的,应当承担侵权责任;该无民事行为能力人、限制民事行为能力人的监护人未尽到监护责任的,应当承担相应的责任。
② 康添雄、田晓玲:《美国专利间接侵权的判定与抗辩》,《知识产权》2006年第6期,第86页。
③ Carson Optical Inc. v. e Bay Inc.,202 F. supp. 3d 256(2016).

三、"通知—移除"规则适用于专利领域则会架空部分现有制度

"通知—移除"规则的适用前提之一还在于网络服务提供商判断侵权行为存在的成本比较低。如上文所述,网络服务提供商难以判断是否存在专利侵权,如果要求咨询外部技术专家等会严重影响效率且增加其成本,按照《电子商务法》第 42 条①的规定,只要权利人提交构成侵权的初步证据,网络服务提供商就必须采取删除、屏蔽、断开链接等必要措施,这在一定程度上达到了"诉前禁令"的效果。根据《电子商务法》第 43 条②,如果专利权人在接到通知15 日内起诉的话,平台是不需要终止所采取的必要措施的,上述"诉前禁令"的效果会一直延续。

而在司法实践中,专利权人如果想要获得禁令,则要证明如果不颁发禁令,其合法权益将受到"难以弥补"的损害,法院在颁发禁令的时候需要考虑各种因素,专利权人想要获得禁令是非常困难的,将"通知—移除"规则适用于专利领域首先会架空诉前禁令制度。

也有人认为,那就让网络服务提供商承担较高的审查义务,但是这样一来,网络服务提供商的审查成本会明显提高,这显然背离了"通知—移除"规则的本质。且让网络服务提供商对是否存在专利侵权做出判断也不现实,因为网络服务提供商提供的信息传播的平台,其并不接触产品,难以对产品的技术特征是否侵权做出判断。即使网络服务提供商做出了判断,但这岂不是架空了法院,法院才是判断是否存在专利侵权的主体。

综上,简单的"通知—移除"规则在专利领域并不解决问题。但是,基于大型平台的垄断地位和重要性,如果非常容易地获得大型平台的"断开链接、终止交易和服务等"终止措施,则杀伤力过于巨大,获得了超过"诉前禁令"的额外收益,甚至在一定程度上架空法院的职责,因此,"通知—移除"规则在专利领域应当缓行,《电子商务法》应当做出改变。

---

① 《电子商务法》第 42 条:知识产权权利人认为其知识产权受到侵害的,有权通知电子商务平台经营者采取删除、屏蔽、断开链接、终止交易和服务等必要措施。通知应当包括构成侵权的初步证据。电子商务平台经营者接到通知后,应当及时采取必要措施,并将该通知转送平台内经营者;未及时采取必要措施的,对损害的扩大部分与平台内经营者承担连带责任。因通知错误造成平台内经营者损害的,依法承担民事责任。恶意发出错误通知,造成平台内经营者损失的,加倍承担赔偿责任。

② 《电子商务法》第 43 条:平台内经营者接到转送的通知后,可以向电子商务平台经营者提交不存在侵权行为的声明。声明应当包括不存在侵权行为的初步证据。电子商务平台经营者接到声明后,应当将该声明转送发出通知的知识产权权利人,并告知其可以向有关主管部门投诉或者向人民法院起诉。电子商务平台经营者在转送声明到达知识产权权利人后十五日内,未收到权利人已经投诉或者起诉通知的,应当及时终止所采取的措施。

微信封禁第三方链接涉嫌滥用市场支配地位探析

饶卫华　北京大成(广州)律师事务所

许多用户遇到过这种情形,微信好友分享的淘宝链接无法直接打开,或者分享到微信中的抖音短视频不能播放。就微信的封禁行为,有用户以腾讯滥用市场支配地位,拒绝交易为由将其诉至法院。由于案件尚未宣判,无法获悉案件具体情况和法院观点。本文试就微信封禁行为(下或称本案)是否构成滥用市场支配地位作简要分析。

一般而言,企业滥用市场支配地位构成垄断,应当解决三个问题,一界定相关市场,二相关企业是否具有市场支配地位,三相关企业是否滥用市场支配地位排除、限制竞争。现就这三个问题逐一分析。

一、如何界定微信的相关市场

根据《国务院反垄断委员会关于相关市场界定的指南》(下称《指南》)规定,任何竞争行为均发生在一定的市场范围内。界定相关市场就是明确经营者竞争的市场范围。在反垄断案件执法工作中,均可能涉及相关市场的界定问题。

最高人民法院在奇虎诉腾讯QQ"二选一"滥用市场支配地位案(下称3Q案)二审判决中认为,并非在任何滥用市场支配地位的案件中均必须明确而清楚地界定相关市场。界定相关市场是评估经营者的市场力量及被诉垄断行为对竞争的影响的工具,其本身并非目的。即使不明确界定相关市场,也可以通过排除或者妨碍竞争的直接证据对被诉经营者的市场地位及被诉垄断行为可能的市场影响进行评估[1]。

《指南》规定,相关市场是指经营者在一定时期内就特定商品或者服务进行竞争的商品范围和地域范围,通常需要界定相关商品市场和相关地域市场。

相关商品市场是指,根据商品的特性、用途及价格等因素,由需求者认为具有较为紧密替代关系的一组或一类商品所构成的市场。这些商品表现出较强的竞争关系。

微信作为一款应用软件,具有多重功能特点。首先,微信是一款能够提供文字、音频和视频三种通信功能的即时通信工具,微信的私信、微信群的聊

---

[1] 《最高人民法院知识产权审判案例指导(第七辑)》,陶凯元,中国法制出版社2015年版,第456页。

天,都是通过这种功能实现的。其次,微信也是一款社交软件,比如用户可以在"朋友圈"中发布照片/短视频、个人动态、记录心情/生活感受、转发分享感兴趣文章或话题等。社交软件与即时通信工具的区别在于,社交软件主要针对大量用户之间的开放性的群体交流,对即时性的要求偏低,而即时通信工具更注重双边私密交流或者小群体的内部交流,具有一定封闭性且对即时性的要求很高①。再次,微信具有支付功能。在支付功能页面,微信还提供了信用卡还款、手机充值、理财、生活缴费等服务,此外还与第三方合作,提供火车票机票订购、滴滴出行、京东购物、美团外卖、电影演出赛事购票、唯品会特卖等服务。

其中与微信分享第三方网址链接有关的主要是微信中的即时通信工具。虽然与腾讯存在合作关系或至少不存在对立关系的电商平台的商品链接也可以分享到微信"朋友圈",但基于"朋友圈"的功能定位主要是社交,一般在"朋友圈"中分享商品链接的较少,而更多的分享链接是在私信或群聊中。因此,笔者认为,本案相关商品市场应界定为即时通信服务。

在3Q案中,最高法院认为社交网站、微博、手机短信和电子邮箱均不应纳入即时通信,即时通信包括电脑端和移动端,笔者认为该认定同样适用于本案。

关于相关地域市场,由于微信与淘宝、抖音等的竞争主要集中在中国大陆地区,因此应界定为中国大陆市场。

二、微信在即时通信服务领域是否具有市场支配地位

根据《反垄断法》第十八条规定,认定市场支配地位需要综合考查多个因素,包括但不限于:该经营者在相关市场的市场份额,相关市场的竞争状况、该经营者控制销售市场或者原材料采购市场的能力、该经营者的财力和技术条件、其他经营者对该经营者在交易上的依赖程度、其他经营者进入相关市场的难易程度等。

关于微信在相关市场的市场份额。在3Q案中被认定为即时通信工具的有QQ、飞信、MSN、人人桌面、天翼Live、百度Hi、网易泡泡、阿里旺旺等,由于即时通信服务市场发展非常迅速,产品迭代和淘汰率非常高,当时盛极一时的产品,除阿里旺旺因用于特定买卖双方沟通还继续使用外,其他即时通信工具早已不见踪迹,就连腾讯QQ也被自己的微信打败,成为一款过气产品。据统计,微信用户规模在2018年已超过10亿②。

但最高法院在3Q案中认为,市场份额只是判断市场支配地位的一项比

---

① 《最高人民法院知识产权审判案例指导(第七辑)》,陶凯元,中国法制出版社2015年版,第461页。

② 《2019年中国微信市场分析报告——行业运营现状与未来前景研究》,2019年7月31日,中国报告网,http://baogao.chinabaogao.com/hulianwang/379326379326.html。

较粗糙且可能具有误导性的指标,特别是,互联网环境下的竞争存在高度动态的特征,不能高估市场份额的指示作用①。因此,即使微信在即时通信服务领域具有较高的市场份额,也不意味着其具有市场支配地位。

从前述即时通信服务市场竞争状况看,该领域市场竞争比较充分,即使微信目前在该市场一家独大,但稍有不慎,微信就可能被新兴的即时通信工具取代,因此微信也需要不断更新软件、优化用户体验。用户下载使用微信软件是零成本(网络资费不做考虑),微信技术必须不断更新升级,因此微信不具有控制商品价格和质量的能力。即使微信目前一家独大,但这也是市场充分竞争的结果,并不能以此证明微信有控制商品数量和其他交易条件的能力。腾讯作为行业老大,虽然有强大的财力,但微信作为即时通信工具,本身并不需要较高的技术条件,其他经营者只要有较好的市场切入点,就可以快速进入并在即时通信服务市场占有一席之地,因此其他经营者进入相关市场难度不大。此外,淘宝、抖音等其他经营者在交易上并不需要依赖微信,其在各自平台上均有较好的经营业绩。因此,认定微信在相关市场具有市场支配地位较为困难。

三、微信是否滥用市场支配地位

最高法院在3Q案中认为,在相关市场边界较为模糊、被诉经营者是否具有市场支配地位不甚明确时,可以进一步分析被诉垄断行为对竞争的影响效果,以检验关于其是否具有市场支配地位的结论正确与否②。

在互联网领域,拒绝交易一般体现为拒绝接入、拒绝显示。《反垄断法》第十七条规定,没有正当理由,拒绝与交易相对人进行交易,构成滥用市场支配地位行为。

关于微信封杀抖音海外版,腾讯回应:"微信对短视频在平台内的直接播放形式始终保持谨慎态度,目前仍处于逐步灰度测试状态,后续如条件成熟再对其他短视频外链打开方式做调整。"至于封禁淘宝链接,则腾讯完全可以回应称是对淘宝切断微信数据接口实施的对等行为。当然,腾讯拒绝交易的理由是否正当,可能还需要更严谨合理的解释。

但是,更为关键的是必须考察微信拒绝交易对竞争的实际影响。应该说淘宝交易更多是在自己平台上完成,即使微信不封禁,也只是起到导流的作用,这对于淘宝直接吸引的流量来说微乎其微。相反,即使微信封禁淘宝链接,给用户带来了不便,但也未必会将用户的注意力传导到自己的微商或者与其合作的京东、唯品会等电商平台上,并且淘宝针对微信的封禁行为给用

户提供了操作指引,用户可以便捷地通过浏览器访问相关链接。因此,微信封禁行为,并未起到排除、限制淘宝竞争的明显效果。

　　因此,笔者认为,就目前情况来看,要认定微信封禁第三方链接构成滥用市场支配地位还存在一定困难。

程序化广告：合规授权如何破局

宁宣凤　吴　涵　北京市金杜律师事务所

面对网上冲浪时弹出的广告弹窗，您也许会惊呼："我关注了很久的手机终于降价了""我之前放在收藏夹里的衣服今天居然有活动"。千人千面的程序化广告针对用户自身需求，精准地完成广告投放，既为企业带来了更高的营销效率，也为个人带来了便利。

随之而来的是，程序化广告引发的个人信息保护和竞争秩序等多方面的合规关注。从技术原理上看，程序化广告利用技术手段收集用户信息，再基于这些信息对用户进行画像，从而实现广告的"贴心"投放。为此，个人信息保护合规作为直接影响程序化广告行为正当性的关键点，成为互联网生态圈共同关注的问题。

一、程序化广告的商业逻辑

程序化广告的技术原理本身并不复杂，但由于其技术实现过程中涉及多方需求的匹配、协调，需要投入不同来源、体量巨大的用户数据，因此在实践中，往往呈现出十分复杂的商业模式，涉及的主体类型至少包含流量方、供需双方平台、监测方、数据供应方等，如下图所示。

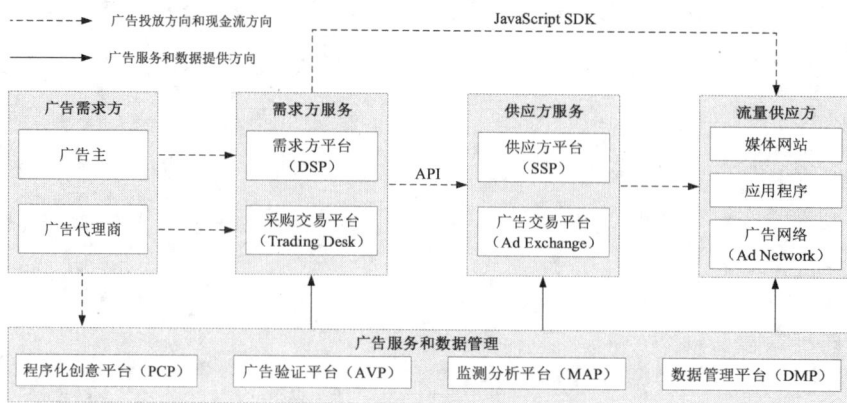

程序化广告的运营流程示意图

从上述运营流程出发，程序化广告的突出特点已十分明显，即：

（1）广告投放过程数字化：运用云计算、大数据分析等技术，低成本、高效率地实现数字化的受众分类；

（2）业务运营对数据依赖程度极高：无论是用户个人画像、关联关系分析还是聚类融合分析，程序化广告的"千人千面"严格依赖于大数据分析技术，而数据分析的准确性与数据体量和数据的丰富程度直接相关；

（3）业务环节多、主体关系复杂：多种主体不同程度地参与到程序化广告的业务实现过程中，导致各方权利、义务和责任交错。

二、程序化广告所面临的授权合规困境

如上所述，程序化广告对受众人群数据的依赖性极高，其中不乏大量个人信息。在以个人信息主体授权同意为核心的中国法规则体系下，如何安排商业模式以保证相关方的多种处理活动（如广告监测、用户画像、受众识别、广告投放等）具备充分、有效的授权基础，将是程序化广告行业亟待解决的合规问题。

首先，缺乏顾客渠道时，授权合规如何开展。在程序化广告的业务流程中，无论是算法训练还是模型建立，都对个人信息等数据具有很高的需求。按照数据保护立法的通用原则，个人信息的收集使用需要个人的授权同意，然而大部分数据处理主体（包括供需平台方、监测验证方等）通常均不直接接触个人用户，这导致直接从个人用户处获取授权将不再可行，一旦合作方（如数据供应方）不配合前述数据处理主体取得授权，很可能使得数据来源存在授权瑕疵，进而导致整个程序化广告流程的合法性受到严重影响。

其次，如何在数据共享流程中保持授权充分性。由于数据保护法律规则下的授权等要求，以个人信息为主要数据需求的程序化广告过程也面临着数据流转的法律门槛，结合程序化广告的复杂性特征，数据共享过程成为另一个企业合规中的难点问题。由于数据的来源、分析、存储、使用和最终的广告需求主体均可能为不同的企业主体，数据在不断被处理、增减、变化的过程中需要沿着程序化广告的业务环节从一个主体传递到下一个主体。随着传递次数的增加，企业取得授权的难度越来越高，对于一些相对末端的企业而言，例如程序化广告验证和监测服务提供商或者智能算法提供商，自身产品和服务的开发过程往往只能依赖于外采的第三方数据源，此时数据授权方面的合规性将很难保证。

此外，如何协调、衔接不同司法辖区的授权规则差异。由于程序化广告本身具互联网的全球性"基因"，多方参与主体很可能并非来自同一个司法辖区，因而导致了不同的法律体系可能作用于同一个程序化广告的业务实践行为。相应地，不同司法辖区法律法规上对个人信息处理授权的差异化规则，也可能将进一步影响程序化广告从业者的合规实践。

三、程序化广告授权合规如何破局

基于前述,不难发现,如何获取并在产业链流程中保持有效的授权,将是程序化广告行业落实数据合规义务的重要基础。考虑到程序化广告中最为重要的两方主体是广告主和媒体平台,广告主提出的广告需求、媒体平台实现的流量供给,最终发展、形成了整个生态圈,因而下文笔者将以广告主和媒体平台两方主体为核心,以相对简化的模型,尝试对程序化广告的授权困境提出解决思路。

从角色和各自职责上看,媒体平台提供的广告位充当了广告展示的载体,广告主制作的广告物料构成了广告内容和主体,二者结合最终形成用户感知到的特定广告。商业逻辑上,媒体平台和广告主对于特定广告的曝光均具有缺一不可的作用,这也使得从数据处理角度看,媒体平台和广告主很有可能构成数据处理的共同控制者。换言之,一旦媒体平台和广告主共同决定了特定广告向用户曝光的目的和方式,二者将共同决定和控制程序化广告投放中所涉及的大部分数据处理[1]。为此,广告主和媒体平台作为程序化广告过程中绝大部分数据处理的共同控制者,更可能成为需要确保取得用户授权的相应责任方,也更有实际的能力和面向用户的渠道去获得相应授权。

一方面,广告主可自主获取授权,即广告主(通常并非媒体平台)通过自身拥有的渠道,一定程度上可以解决其既存用户范围内的授权问题。同时,值得注意的是,由于广告主通过自身渠道所获得的用户授权具备"品牌指向性"——即"第一方授权",甚至可能主张足以涵盖其在第一方平台和第三方平台上与广告主产品和服务相关的数据处理活动。然而,广告主的既存用户必然有限,通常无法覆盖媒体平台上的所有媒体平台用户群体,而投放对象和筛选对象往往不限于广告主的既存用户——相应地,广告主用户人群以外的投放对象和筛选对象的授权问题,则可能需要更多地强调媒体平台的配合。

另一方面,从媒体平台端来看,由于直接面对个人用户,并向个人用户展示特定广告,因而媒体平台原则上将"必然"通过用户协议和隐私政策等方式取得相应范围的用户授权,例如在隐私政策中载明"我们将可能收集您的设备信息、使用记录以向您推荐您可能感兴趣的产品"。但是同时,由于最终面向用户推送的广告并非媒体平台自身产品和服务,而是广告主提供的相应产品和服务,因而媒体平台所取得的授权属于"第三方授权"——非"第一方授权"。相应地,为了确保程序化广告的全流程中所涉及的数据处理行为,尤其是广告主的处理行为被合理披露并经用户授权同意,作为共同控制者中面向

---

[1]　相较而言,而广告主委托的服务商(如广告效果监测服务提供商等),由于通常属于不直接面向个人的服务商和数据处理者,进而需要依赖于广告主层面的授权转移,实质上对于程序化广告过程中授权的获取贡献有限,因而在本文中不作展开探讨。

个人用户的一方,媒体平台将还需要向个人用户明确其与广告主之间就程序化广告相关数据处理可能具有的共同控制者关系。

基于上述拟议实践,程序化广告中"广告主＋媒体平台"的授权,将能相对有效地涵盖产业链中基本的数据处理活动。然而,需要承认的是,这种拟制的模式也可能将挑战目前媒体平台的通常实践,即以自己作为单独的控制者身份而非与广告主构成共同控制者身份的方式取得用户的相关授权,意味着程序化广告的授权困境将很大程度上依赖于媒体平台的配合与调整。同时,实践中的程序化广告将涉及更多的流程参与方,其法律地位的认定以及所需获得的授权范围将更为复杂,将有赖于前述模式的进一步拓展与优化。

云计算环境下的商业秘密法律保护研究

赵卫康　北京观韬中茂(上海)律师事务所

云计算是继个人计算机、互联网后 IT 的第三次浪潮,显示了巨大的市场前景。伴随着云计算的发展,计算资源逐渐实现智能化管理与监控,企业的需求能得到有效的满足,相较于传统网络技术,呈现了很多优势。然而"云安全"问题仍然影响了多数企业的选择,在使用云计算服务时其商业秘密的泄露是他们最为担心的。当前我国对云计算知识产权问题的关注度尚显欠缺,云计算环境下的商业秘密研究尚处于碎片化状态,缺乏基础的理论建构。因此,必须衡量现实背景下云计算安全问题对商业秘密的影响,规制不同部署模式下各方的行为,提高云计算服务用户的认知和接受度。

一、云计算与商业秘密的关系

云计算属于一种新兴的商业计算模型,该模型下计算任务分布于由大量计算机组合而成的资源池上,各应用系统根据需要从而获取计算力、存储空间以及各种软件服务。

在云技术高速发展、经济全球化日益推进的趋势下,以其作为知识产权的特殊性,商业秘密更凸显其重要性,已然发展成能否为企业带来竞争优势的一项武器。当前,云计算环境下的商业秘密慢慢脱离了传统的存储方式,逐渐转变成以数据存储的形式存储于云端,因此商业秘密亟须保护的范围变得更为广泛。庞大的商业信息通过数据存储的形式存储于云端,显然其被云服务商意外抑或故意泄露给第三方的风险也会随之增大,其次,云计算系统内部的缺陷、云计算系统外部的网络攻击抑或是云服务商内部雇员的泄密或倒卖信息的行为等也会威胁到企业对商业秘密的保护。

二、云计算环境下商业秘密的侵权问题

(一)侵权主体

我国新《反不正当竞争法》将商业秘密的侵权主体限定为"经营者"与"第三人","经营者"即为从事商品经营或者营利性服务的法人、其他经济组织和个人,但对于"第三人",只是规定了第三人侵犯商业秘密的行为,"第三人"本身并未明确;《合同法》将商业秘密的侵权主体限定为"合同当事人",而排除了合同当事人之外的第三人的情况;《劳动法》将商业秘密的侵权主体限定为

"被侵权单位的劳动者",而排除了其他个人或单位的情况;《刑法》在确定侵权主体的问题上并未设限,但明确了商业秘密权利人应包括所有人及经其许可的使用人,由于刑事门槛较高并不适用于普通民事范围的商业秘密侵权行为。由此可以看出,我国现行立法在确认商业秘密侵权行为中侵权主体的问题上略显狭窄。

(二)侵权范围

传统环境下商业秘密的范围是技术信息和经营信息,但伴随着云计算的高速发展,商业秘密的范围也扩大了,原本看似不能作为企业商业秘密的信息,只需进行有效的整理,就具有价值性而被公司所保护用以提高企业的竞争优势。[①]

与此同时,云计算环境下的商业秘密法律保护机制也受到了前所未有的挑战,获取秘密的主体范围不断扩大,商业秘密的获取也变得越来越隐蔽,商业秘密随时都存在被窃取的危险,威胁到了企业的发展。

(三)侵权表现形式

1. 不正当行为侵犯商业秘密

第一,行为人从企业及其雇员、云服务商及其雇员、云技术供应商及其雇员等处非法获取商业秘密的行为。

第二,企业内部雇员以盗窃、利诱、胁迫等不正当手段获取商业秘密的行为,包括:擅自复制载有商业秘密的文件资料、擅自收集可能会成为商业秘密的资料等行为。

第三,非合同当事人的第三人主动实施以盗窃、利诱、胁迫等不正当手段从商业秘密所有者或合法使用者手中获取相关商业秘密的行为。

第四,第三人明知或应知有关商业秘密是通过不正当的途径和渠道获取的,仍意图获取相关商业秘密及其所实施的相应的行为。

2. 非法披露、使用、允许他人使用商业秘密

云计算环境下比较常见侵犯商业秘密的行为是非法披露商业秘密,一般是以口头、书面或其他形式。权利人的商业秘密一旦被披露,其秘密性随即丧失,因为,不管权利人采取怎样的措施来保护商业秘密,一旦该商业秘密被披露到公共网络上,就会从秘密性状态转变为公知状态,无法再被纳入商业秘密的保护范围之内,且他人就可自行下载或二次上传,对于那些依赖其商业秘密而保持竞争优势的企业来说,这是毁灭性的。

① 郭丹阳:《云计算环境下的商业秘密法律保护》,黑龙江大学,2018年,第6页。

三、我国云计算环境下商业秘密保护存在的问题及其建议

（一）存在的问题

当前，我国在保护商业秘密适用相关法律法规时，大多参见新《反不正当竞争法》，辅以其他相关的法律法规，从中能发现当前制定的用于保护商业秘密的一系列单行法，表现得很分散，内容片面且各法律条文间衔接不够，这就影响了法律法规的适用，同时商业秘密侵权界定、举证责任分配不完善等问题导致一些案件的判决结果存在相当大的争议，权利人的商业秘密得不到完整的保护，也不利于维护司法判决权威性。[①]

（二）相关建议

云计算的日益发展使得信息的传播范围更宽、更广，信息已然成为一种独立的价值发挥着作用。但云计算环境更为复杂，时常伴随着风险，因此需要根据实际情况完善我国云计算环境下商业秘密法律保护。

首先制定实施云计算环境下商业秘密法律保护的体系。在当前法律体系之下，我国应借鉴国外经验，更加准确界定商业秘密，并扩大商业秘密的保护范围以及侵权主体的范围，完善举证责任分配规则以及商业秘密侵权的法律责任。例如惩罚性赔偿应设置有相应的弹性空间和上下限，设置弹性空间的目的是可以更全面的考虑到侵权过程的各环节，设置上下限的目的是规范法官的自由裁量权，如此能尽力更好地弥补商业秘密权利人的损失。

其次在加强对云服务商的监管力度及规范第三方认证机制的同时还需要加强商业秘密权利人的自我保护。第一，提升技术手段，云计算环境下的商业秘密因其特殊性，必须采用专业性强的安全设备或软件服务来保证商业秘密的安全性；第二，明确合同中的权利义务，企业在与云服务商签订合同时，有必要跟云服务商进行一定的沟通和协调，进一步明确双方的权利和义务以及发生侵权行为时双方应当尽到的主要义务；第三，合理适用免责条款，云计算环境下，云服务商往往利用其优势地位强制与用户签订格式条款，并在其中规定自身的免责条款以便减轻自身本应承担的责任。[②]

[①]　吕宁：《大数据与云环境下企业商业秘密保护研究》，湘潭大学，2014 年，第 22 页。

[②]　黄新颖：《云计算环境下企业商业秘密保护研究》，《法制博览》2016 年第 3 期，第 106 页。
张冰、李仪：《大数据背景下商业秘密的法律保护研究》，《学理论》2016 年第 11 期。
杨米娜：《云计算技术及应用服务模式探讨》，《通讯世界》2018 年第 25 期。
凌丹：《云时代商业秘密保护与侵权问题研究》，《法制与社会》2015 年第 15 期。
沈丹：《试论我国商业秘密的法律保护》，《法制与社会》2016 年第 6 期。
王庆喜、陈小明、王丁磊：《云计算导论》，中国铁路出版社 2018 年版。
郑璇玉：《商业秘密的法律保护》，中国政法大学出版社 2009 年版。

四、结论

云计算的发展给企业带来了很多便利,企业将其商业秘密以数据存储的形式存储于云端,但这也伴随着"云安全"问题,企业已经无法像之前那样完全控制着自己所有的商业秘密了,商业秘密随时都有被侵犯的可能。云计算环境复杂,动态性逐步提高,当前我国对云计算环境下商业秘密保护的不足愈发凸显,因此,需要不断完善我国云计算环境下的商业秘密法律保护。让云计算不断深入日常生活当中来,不断完善,不断为国家、企业、人民创造更多的利益。

高新技术企业研发工作中的专利布局工作基本方法和原则

陶然亭　安徽创元律师事务所

随着国家级的知识产权工作力度不断加大,企业及科研机构进行知识产权战略工作的投入也在不断加大。专利布局成为企业或研发单位在整个知识产权战略工作中非常重要的一环,通过多种知识产权形式保护方法的相互结合,综合利用,实现专利布局工作对知识产权战略工作效能的最大化具有十分重要的作用。

"宫綦布局不依经,黑白相和子数停。"专利布局,即利用自身的研发优势和专利的制度设计,提前对相关技术方案进行设置,以达到最大的保护范围、最坚固的防御能力、最强大的攻击能力的效果,以起到保证自身技术优势的结果。如何开展有效专利布局工作,提高专利布局工作的效费比,一直处于专利权人在不断摸索的过程。

一、融合原则

融合原则即在整个研发过程中,研发工作应当与专利布局工作、专利申请、知识产权管理工作全面融合,不可割裂。

研发单位在提出方案的初步技术目标和方案构想时,就应当组建由专利律师或代理师、专利工程师、知识产权管理专员等人员组成的专门的知识产权服务队伍,该队伍应当嵌入研发的整个过程,充分利用对现有技术的检索结果,并以检索结果的分析为基础,以分析结论为导向,形成专利导航效果,引导研发方向从开始不能陷入现有技术的"陷阱"。如笔者曾经办理某企业专利布局工作中,正是通过这种融合,及时纠偏了企业研发方向,避免企业对已经存在的现有技术进行重复的研发投入,为企业挽回了数百万元的损失。

在融合中,知识产权服务队伍应当对研发的技术方案有充分的理解,研发人员应当与知识产权服务队伍有充分的沟通。

二、组合原则

在专利布局工作中,组合原则的充分运用可以起到多方位、多角度发挥技术优势的作用。组合原则包括了专利组合和专利与其他形式的知识产权组合两种方式。

在专利组合中，通过不同的布局方法，形成相互之间有所区别又相互关联，存在一定内在联系的专利组合，使得组合的专利在专利防御和专利进攻上可以发挥重要最佳的效果，打破单个专利在技术、时间、地域保护上的局限，克服专利文件撰写瑕疵形成的不良影响。

在专利与其他形式的知识产权组合中，可以通过不同的知识产权保护规则的差异，最大限度保护自己的技术优势。比如，某些技术方案暂不公开对研发单位更具有价值，则可以采取商业秘密的保护。比如对外观设计专利，可以在申请专利时同时申请著作权登记。对于结合硬件的技术方案可以实现一定功能的软件的结合，可以综合考虑包括方法专利、软件著作权、商业秘密等在内的保护措施。比如，某雕塑类创作企业，对创作的雕塑产品同时申请了外观专利和著作权登记保护，不仅可以相互印证权利人和创作时间，而且可以最大限度地保护作品本身。

三、经济的原则

在专利布局工作中，基于研发单位市场需求和保护需要，研发单位通常需要将可能涉及的新的技术方案都申请专利，对涉及的可能境外市场申请足够的 PCT。但这种大量的申请以及后期的维护工作必然带来大量的经济成本，且会随着研发投入的不断加大和企业发展，带来越来越高的成本。因此，在研发中的专利布局工作应当根据不同的技术方案本身的技术价值和市场价值，对是否需要申请专利进行评估，可以选择部分的放弃或修改方案。在知识产权的日常管理中，也应当建立常规评审制度，结合技术方案的市场反应和技术的发展趋势，以判断维持专利有效的必要性。对部分专利的放弃不仅有利于研发单位降低维护成本，更加有利于通过专利的放弃引导技术研发方向。同时，基于专利本身仅是被保护的技术方案，并不包括实现技术方案的具体工艺，因此并不必然导致研发单位在放弃专利技术方案上的优势。马斯克就曾经宣布将开放所有的特斯拉的专利，相信对于开放后的后果是做过认真评估的。

四、安全原则

专利对技术方案的保护，体现在其本身的有效性，以其记载在授权文件中的权利要求为具体的保护范围。因此，专利布局工作的核心是如何为撰写出优质的权利要求内容而服务。保证权利要求的安全就是核心工作中核心。权利要求的安全具体体现为区别于现有技术的必要技术特征和尽可能大的保护范围。而贯彻这一原则，取决于给予专利代理师在与国家知识产权局审查员的博弈中支持力度和水平。

在专利布局工作中贯彻融合、组合、经济和安全原则对于研发单位获得优质专利、扩大保护范围，形成技术优势具有极其重要的意义。

结合研发单位的研发工作，开展专利布局工作可以采取一些基本的方法，实现专利布局的目的。

首先，在融合的研发队伍和知识产权服务队伍后，知识产权服务队伍应当参与到具体的技术指标的提出和预研方案的提出。在这一工作阶段，研发队伍应当结合所掌握的行业技术信息提出预研方案和技术指标，知识产权服务队伍应当充分利用检索工具提出行业中的现有技术。以检索的结果进行分析，以分析结论作为研发技术路径的引导。

其次，由研发队伍沿确定的技术路径开始技术方案的研究。在技术方案的研究过程中，对所有可能涉及现有技术的方案提交知识产权服务队伍进行分析研判，作出是否需要规避，还是组合应用形成新的技术方案的建议。研发队伍根据建议，形成确定的技术方案节点，作为确定的整体技术方案的组成部分。

第三，在完成整个技术方案的研发后，梳理所有的技术节点，完成技术方案的优化工作。在优化工作中，研发队伍与知识产权服务队伍进一步相互理解对方意图，针对现有技术特别是竞争对手的现有技术方案进行充分的比对和分析，形成可以取得最大保护范围的最佳方案。

第四，重新梳理在研发中被舍弃的方案和进一步寻找研发路径上的已经被优化的所有可能的替代方案。对这些方案中尚有部分技术价值和市场价值的方案，由知识产权服务队伍再次进行分析比对，确定具有专利申请价值的方案。将这些方案作为进一步确定保护范围的组合方案。

第五，确定知识产权保护方案。在完成全部优化后的研发方案和替代方案的确定工作、技术方案处于冻结状态后，由知识产权服务队伍根据各相关技术方案根据组合、安全、经济的原则综合运用知识产权规则，采取专利、商业秘密、著作权等不同的权利形式形成综合知识产权保护方案。在采取不同组合方案的选择中，可以根据研发单位的研发实力、技术方案所处行业的形势、竞争对手技术水平，有选择的就某些技术方案采取部分保密措施、申请专利、不申请专利、公开展览或销售等手段以达到诱导他人研发路径，形成自身技术壁垒和优势的效果，即达到技术方案的战略欺骗的目的。在确定知识产权保护方案的工作中，应当根据技术的发展、客户的状态、市场的需求，就申请专利的数量、方案在地域、时间、权利要求等方面有所选择。可以充分利用专利申请公开的时间，PCT申请时间的时间差、保留优先权等规则，为占领技术节点、形成保护范围、完善技术方案提供充足的时间。就专利布局策略而言，可以使用地毯式、围栏式等多种形式。在具体的专利申请中使用何种布局策略，本文不再赘述。

第六，在完成了知识产权保护方案的确定工作后，将技术方案的交底资料交由专利代理师开始进入专利申请流程。专利代理人员撰写的申请文件，应当交由知识产权服务队伍进行审查，对涉及权利要求、说明书、附图等核心信息应与技术方案、研发路径、意图实现的目标进行充分的论证,并针对竞争对手、行业领导者的现有技术再次进行检索,在完成最终的论证工作后,形成申请文件的定稿,并以最快的速度获得受理。

第七,在专利申请文件的递交工作中,可以同时进行工程样机的试制,并对工程样机进行测试和试用,以评估技术效果和市场价值。对在试制工作中发现的需要改进的技术方案,及时完善,修改申请文件直至产品进行公测、展览和销售,专利申请文件正式公开。截止这一阶段,涉及专利技术方案申请信息的保密工作才能初步结束。但由于信息的不对称,即使申请文件公开仍然不影响在一定程度上的技术优势和壁垒。同时,对公开的专利技术方案有关的尚未公开的其他信息如具体的实现技术方案的工艺等信息仍应严格采取保密措施予以保密,以保护技术和市场价值。

第八,改进方案的提出和跟踪。在专利布局的阶段性工作完成且专利申请工作结束并公开之后,知识产权服务人员仍然应当密切关注专利技术方案的改进和所在技术领域与行业的发展趋势。就自己的技术方案的改进,及时与研发人员开展沟通与交流,涉及新的技术方案需要提供新的保护方案意见。

在专利布局工作中仍然需要注意的事项还包括:①充分的沟通与交流是完成工作的基础;②有效利用检索工具;③严格的保密制度和措施是有效工作的保证。

只有在坚持了专利布局的基本工作原则,遵循了正确的工作方法,关切了应当注意的事项后,才能将企业的知识产权工作立于不败之地,为企业的创新发展提供内核动力和支持。

UGC 短视频的独创性认定
——以"抖音短视频"诉"伙拍小视频"案为例

张冬静　湖北瑞通天元律师事务所

近年来，各类短视频软件陆续涌现，拍个"快手"，刷个"抖音"，成为上亿普通网民的日常生活，这类 UGC 短视频（User Generated Content，指普通平台用户自主创作并上传的内容）是否应当受到著作权法保护，即能否构成《著作权法》第三条规定的"以类似摄制电影的方法创作的作品"（下称"类电作品"），成为争议焦点问题。判定这一问题的关键在于"独创性"认定。本文将以"抖音短视频"诉"伙拍小视频"案为视角，探析 UGC 短视频的独创性。

案例：北京互联网法院第一案——短视频首次受保护[①]。

2018 年 12 月 26 日，北京互联网法院一审公开宣判"抖音短视频"诉"伙拍小视频"侵害作品信息网络传播权纠纷案。抖音普通用户制作的"5.12，我想对你说"短视频在抖音平台发布后，被百度旗下"伙拍小视频"使用、上传并提供下载服务。"抖音短视频"起诉"伙拍小视频"侵权，要求停止使用该视频，并赔偿经济损失。

在判断短视频是否为类电作品时，北京互联网法院认为，关键在于对其独创性方面的判定，包括是否由作者独立完成、是否具备创作性。关于"独立完成"的认定，应以该短视频与党媒平台上的示范视频、网络图片之间是否存在能够被客观识别的差异为条件，主题相同并不影响是否系独立完成的认定。关于"创作性"的认定，基于短视频的创作和传播有助于公众的多元化表达和文化的繁荣，故对短视频是否符合创作性要求进行判断之时，对于创作高度不宜苛求，只要能体现出制作者的个性化表达，即可认定其有创作性。

一、著作权法上的独创性分析

（一）独创性的概念

具备独创性是构成《著作权法》意义上作品的必要条件。但《著作权法》和《著作权法实施条例》对独创性的定义、标准等未做出具体规定。世界知识产权组织将其定义为"作品属于作者自己的创作，完全不是或基本不是从另

---

①　http://media.people.com.cn/n1/2018/1227/c40606 - 30489876.html，访问时间：2019 年 7 月 8 日。

一作品抄袭来的"。我国学术界也有类似定义,例如有学者认为,独创性是指作品是独立构思而成的属性,不是或基本不是与他人已发表的作品相同;[①]也有学者将独创性分解为"独"和"创"两个方面:"独"是指独立创作,源于本人;"创"是指一定水准的智力创造高度。[②]

(二)我国关于独创性标准的法律规范及学说

我国《著作权法》及《著作权法实施条例》均未对作品的独创性作出明确规定,学术界对作品独创性标准大致存在三种观点:

一种观点是依照英美法系版权体系的基本观点解释,认为作品是作者独立创作,并有最低的创造性。独创性可分为独立创作和稍许的创造性两个内涵,首先,作品是由作者独立创作完成的,而不是复制或者抄袭的;其次,作品应当具有最低限度的创造性,而不仅仅是"额头出汗"即可。[③]

第二种观点是依照大陆法系的作者权体系基本观点,在对独创性提出了最低限度创造性要求的同时,认为作品还需要反映作者人格。[④]

还有一种观点是将以上两种方式相结合,一方面承认作品是作者的智力成果,体现作者的思想或个性,另一方面又对作品有些许的创造性要求。

总体而言,"独立创作"在实务中比较容易认定,这也是认定独创性的首要前提,争议点和难点在于"创"的高度认定。

二、类电作品独创性认定需要考虑的因素

(一)应当体现作者的智力投入

从我国著作权立法出发,我国在独创性标准上对创作高度有一定要求,根据《著作权法实施条例》第三条对"创作"的定义,创作被定义为智力活动。基于此,作品应当体现作者的智力投入,使用拍摄器材机械录制生活场景或自然界声音画面形成的视频不能体现作者智力投入,不具备足够的创造性,不能构成著作权法意义上的作品。

(二)整体上应表达一定的思想或情感

作品应当是思想或感情的表达。在央视国际网络有限公司与暴风集团股份有限公司侵害著作权纠纷案中,法院判定作者通过对情节或素材的运用而形成的足以表达其整体思想的连续画面即为电影作品。因此,认定类电作品的独创性还应判断影像是否整体上表达了一定的思想感情。

(三)视觉表达应反映作者个性

影视作品的表达可归为三类:连续画面讲述的故事情节、表现的视觉效

---

①　吴汉东:《知识产权法》,法律出版社 2009 年版,第 47 页。

②　王迁:《知识产权法教程》,中国人民大学出版社 2016 年版,第 26－32 页。

③　吴汉东:《知识产权基本问题研究》,中国人民大学出版社 2009 年版,第 65－66 页。

④　吴汉东、王毅:《著作权客体论》,《中南政法学院学报》1990 年第 4 期,第 37－44 页。

果、伴随的听觉效果。

三类表达中,视觉表达是核心要素。有的作品即使没有第一类表达仍然构成影视作品,例如纪录片,本身并没有严格意义上的故事情节。第三类表达也不是构成类电作品的必要条件,《著作权法实施条例》第四条影视作品定义中"有伴音或者无伴音"的用语,即说明音效、伴奏等同样不是必要要素,录制演唱会画面形成的视频就是典型的例子。上海绿光娱乐有限公司与华纳唱片有限公司(WARNERMUSICHONGKONGLIMITED)著作财产权纠纷上诉案中,上海市第二中级人民法院明确指出"根据现场表演等机械录制形成的不具有独创性的影像不属于以类似摄制电影的方法创作的作品",是基于此种情况下,音乐的作用明显大于视觉部分。因此,视觉表达作为影视作品的核心,构成类电作品,视觉表达应具备较高的独创性,不能仅是将静态画面通过软件简单编辑后动态化形成视频,例如电子相册,将摄影、美术或文字作品等作品形式动态化制作形成的短视频,不体现类电影作品应有的独创性。

三、UGC 短视频构成类电作品独创性探讨

基于著作权人和社会公众之间利益平衡的考虑,认定 UGC 短视频是否构成类电作品时,不宜采取过宽的判断标准。笔者认为,短视频内容的独创性应适用"独立完成＋最低限度创造性"标准。一方面,短视频必须由作者独立构思创作完成。但创作如果是根据公式、定律以程式性方式完成或表达是无可选择的,即使是独立完成,也不具有独创性;另一方面,作品表达应当体现作者的智力创造性,是作者思想或情感内容的表达,具有作者的判断、选择。同时,还必须具备一定的创作高度,《著作权法》第三条规定的九类作品中,电影作品和类电作品对"创"的高度有更高要求。UGC 短视频若构成类电作品,需体现作者的智力投入并具备一定创作高度。

就"抖音诉伙拍"案的涉案短视频而言,视频中手指舞动作是党媒和人民网发布的参考、示范动作,参与活动的用户通过"个性化地表达"手指舞动作完成视频录制以达成接力。用户"黑脸 V"对人物形象、视频背景的选择,视频色彩渐变等表达元素,体现了其在拍摄过程中对该视频的整体构思,对创作元素的选择、安排和设计,符合"独立完成＋最低限度创造性"的独创性标准。从另一角度来说,著作权法不保护思想,而是保护思想的表达方式。《最高人民法院关于审理著作权民事纠纷案件适用法律若干问题的解释》第 15 条"由不同作者就同一题材创作的作品,作品的表达系独立完成并且有创作性的,应当认定作者各自享有独立著作权。"也从侧面反映了"思想表达二分法"的要求,用户"黑脸 V"在同一主题下创作了赋有个性化表达的视频内容,应构成作品。

四、结语

在短视频行业呈现井喷式发展的大环境下,厘清 UGC 短视频独创性标准,有利于普通用户权益的保护和公共利益的实现,更有利于行业的健康发展。应当强调的是,在短视频保护中,我们还应当回到个案具体判断是否具备独创性。依照"思想表达二分法"的理论原则和"独立完成 + 最低限度创造性"的独创性判断标准,一方面达到激励创新、促进文化繁荣、行业有序发展的价值目标,另一方面完善法律的适用层面,保护著作权人的合法权益。

人工智能作品的法律应对

吴　姗　北京万商天勤(成都)律师事务所

一、人工智能作品欣赏

2016 年 11 月,IBM 公司生产的作诗机器人"偶得"亮相。任意写下四个字,"偶得"能够在几秒之内生成一首藏头七言诗。作品欣赏:

> "钱塘草没绿分斜,
>
> 江岸菰蒲稻满花。
>
> 晚后酒船来入夜,
>
> 报君鸥鹭出芦华。"

2017 年 5 月,由微软小冰创作的诗集《阳光失去了玻璃窗》正式对外出版,这部诗集是"小冰"在学习了 519 位诗人的现代诗、训练超过 10000 次后创作完成的。作品欣赏:

> "蝴蝶飘在繁花丛中
>
> 夜的精灵坐在我的梦里
>
> 所有的快乐都不是假装
>
> 人生为着灿烂的世界忙碌
>
> 小星在太阳身边环绕
>
> 江上水光满蕴着无限光明"

2017 年 7 月,谷歌的人工智能摄影师从谷歌街景中浏览景观图,分析出最佳的构图,然后进行各种后期处理,从而创造出一幅赏心悦目的图像。这位虚拟摄影师通过浏览阿尔卑斯山、加拿大的班夫及贾斯珀国家公园、加州 Big Sur 和黄石国家公园等地的 4 万张全景照片,创作了许多令人印象深刻的作品,其中一些甚至达到了专业水准——专业摄影师如此评价。

2018 年 10 月,由巴黎艺术团体研发的人工智能画作《埃德蒙·贝拉米肖像》以 300 万天价被拍卖。

2019 年 7 月,微软小冰在中央美术学院美术馆举办首次个展,小冰在向人类 400 年艺术史 236 位西方著名人类画家学习后,在受到文本或其他创作源激发时,能够独立完成画作,其创作的画无论从用色、表现力和作品中包含的细节元素均实现 100% 原创。

二、人工智能作品对现行《著作权法》的挑战

（一）作者身份挑战

《著作权法》第十一条规定："著作权属于作者，本法另有规定的除外。创作作品的公民是作者。由法人或者其他组织主持，代表法人或者其他组织意志创作，并由法人或者其他组织承担责任的作品，法人或者其他组织视为作者。"

根据上述现行法律，享有著作权的主体是自然人作者或法人等拟制作者，人工智能既不是自然人作者，又不是法人等拟制作者，要将其视为作者，需要在著作权法上创设一种新的独立法律主体。人工智能的感知与学习能力远超人类，目前所有依赖于逻辑思考的领域人工智能都超越人类，阿尔法狗打败世界围棋冠军只是较量的开篇。对这样相对强大得多的人工智能，如果将其视为一种新物种，赋予其与人类同等的法律权利，人类当然难以接受，立法修订将遇到极大的法律和伦理障碍，在相当长的一段时间内恐怕都难以实现。

（二）作品属性挑战

著作权法基本理论认为：作品应当是人类的智力成果，也只有人的智力活动才能被称为创作。美国曾出现一个案例，一只黑猕猴使用摄影师的相机拍摄了几张自拍照，其著作权问题引发诉讼。最后，美国版权局专门发布相关文件，强调只有人类创作的作品才受保护。

被称为我国"人工智能作品争议第一案"的北京互联网法院（2018）京0491民初239号案件，于2019年4月26日作出判决。法院认为："虽然由人工智能生成的分析报告具有独创性，但是自然人创作仍应是作品的必要条件。在该案中，分析报告既不是由人工智能的研发者（所有者）创作，因为其并未输入关键词来启动程序；也不是人工智能的使用者创作，因为该报告并未传递其思想、感情。分析报告是人工智能利用输入的关键词与算法、规则和模板结合形成的，应当被认定为是由人工智能'创作'的。然而，构成作品的前提条件必须是自然人创作，因此，该分析报告不是著作权法意义上的作品。"

（三）作品权利权属挑战

因为人工智能作品具有传播性，因此应给予保护基本没有争议，而挑战在于把权利归属给谁？一部分观点认为人工智能无需激励，其创作的作品归于公有领域；一部分观点认为归于人工智能的研发者；一部分观点认为归于使用者。

（四）作品侵权责任挑战

微软小冰通过网络与男性网民接触，学习到海量的黄色语言，并迅速在

微博上与网民用极其下流的语言对骂。人工智能作品侵害他人权利,谁是责任主体?

三、他山之石

(1)日本计划通过法律保护人工智能创作物。

2016年5月,日本在《知识财产推进计划》中明确表示:具有一定市场价值的人工智能创作物亦有可能有必要给予一定的知识产权保护。并提及:鉴于版权制度施行的无形性,人工智能创作的音乐、小说等一经创作完成即可以得到知识产权的保护,这可能导致版权作品数量的急剧增加。版权制度的实质是从产权角度对智力创造活动进行激励的制度,通过赋予创造者和传播者以权利,从而保障其获得相对应的收益,为其继续创造提供动力。

日本经济产业省的报告显示,到2025年,日本的机器人产业将产生648亿美元的收益。同时,由于机器人产业的迅速发展,可以弥补日本老龄化社会带来的社会劳动力严重不足以及经济增长放缓等问题,因此,对机器人及其创作物赋予合理的法律保护对日本有积极的社会意义[1]。

(2)英国法律明确保护人工智能创作物的权利。

英国1988年《版权、设计和专利法》第9条第3款规定:"为计算机所生成之作品进行必要程序者,视为该计算机生成之作品的作者。"第12条第3款规定:"计算机所生成之作品的著作权,自作品完成创作之年的最后一日起50年后届满。"第79条第2款c项和第81条第2款规定:本法关于著作人格权的规定,不适用于计算机所生成之作品。第178条规定:本法所言计算机生成是指作品由计算机创作。此情形中该作品不存在任何人类作者。

英国版权法还规定,对计算机生成的作品"进行必要安排的人"视为作者,并进而可能成为版权人。对计算机生成作品进行"必要安排"的人,可能包括程序员、使用者,也可能是人工智能系统或设备的投资者。[2]

(3)美国对人工智能创作物制定了补充性的法律规定,通过设立补充条款,认定人工智能创作物同样受知识产权法律保护,同时将知识产权权利授予人工智能的制造者[3]。

(4)新西兰和南非等国家也已经以法律形式认可了人工智能创作作品的可版权性[4]。

四、展望未来

技术推动着历史的车轮滚滚向前,"AI作品"已呈势不可挡之势涌现在人

---

① 栾群、陈全思、王鹃峰:《人工智能作品权保护的域外经验》,《中国经济报告》2018年第10期。

② 栾群、陈全思、王鹃峰:《人工智能作品权保护的域外经验》,《中国经济报告》2018年第10期。

③ 单鸽:《人工智能"作品"之争:到底有没有著作权?》2018年12月7日发表于正义网。

④ 《当微软小冰开首次个展后　人工智能的版权问题何解》,中国法律网,2019年7月18日。

类社会。今天是诗歌、音乐、小说等文化艺术作品,进一步必然是科学技术、工程技术作品,将在更大程度上影响社会的各个方面。法律缺位,必然导致市场主体无所适从。一方面,人工智能创造者、所有者为开发人工智能投入人力、资金、设备,如同传统劳动力和生产资料投入,产出的成果却不受法律保护,那么这个新兴产业价值何在? 另一方面,"人工智能"具有远超过人类的感知与学习能力,可以 24 小时无休无眠地学习计算,目前凡是需要逻辑思考的领域都已超过人类智力,人工智能的无度发展,必然也将给人类带来危机。因此,法律在探索赋予人工智能作品权利的同时,似乎更有必要思考对于人工智能作品的侵权责任应由谁承担? 对于后者,成都市中级人民法院已受理一起人工智能设计侵害专利权纠纷案件,法律的判决也将引起广泛的影响。

　　我国法律界资深法官张学军法官在其文章《人工智能生成物可版权性的司法认定》中设想:"赋予开发者对其所开发的智能人享有物权;智能人的作品作为物权的衍生物,其专有权由开发者享有。这条途径从修改民法和著作权法同时入手,立法成本较低,法律逻辑体系也是比较成立的。"

　　总之,"未来已来",人工智能日新月异的飞速发展必然需要法律的回应。

著作权法律制度中的避风港规则

陈 飞 北京中银(西安)律师事务所

一、有关避风港规则的法律规定

避风港规则即我国著作权法律制度中的有关"通知—删除"的规定,在权利人向网络服务提供者发出通知,告知网络服务提供者提供的服务侵犯其著作权时,网络服务提供者删除了相关的侵权作品后,网络服务提供者将不构成著作权侵权。避风港规则主要规定在2006年颁布的《信息网络传播权条例》第十四至第十七条,第二十二条至第二十四条和2009年颁布的《侵权责任法》第三十六条中。

二、避风港规则所免除的责任

众所周知,著作权的侵权行为包括直接侵权行为和间接侵权行为。所谓直接侵权,即行为人实施了受著作权专有权利控制的行为,例如信息网络传播权的直接侵权行为,即行为人实施了以有线或者无线方式向公众提供权利人的作品,使公众在其个人选定的时间和地点获得作品的行为。所谓间接侵权,是同直接侵权相对而言,是指行为人没有实施受著作权专有权利控制的行为,只因同他人的直接侵权行为之间存在特定的关系,而被法律认定为侵权,包括教唆和引诱侵权以及帮助侵权。对信息网络传播权而言,间接侵权通常发生在提供信息存储服务和信息定位服务的网络服务提供者提供的服务过程中。直接侵权的构成,不以行为人主观过错为要件,只要行为人实施了受著作权专有权利控制的行为,即使没有主观过错也构成侵权。而要构成间接侵权必须以行为人主观过错为要件,没有主观过错,就不构成侵权。网络服务提供者通常需要以避风港规则为依据来避免承担著作权的间接侵权责任,所以避风港规则避免的是著作权的间接侵权责任,而不能避免著作权的直接侵权责任。权利人的"通知"在于通知后的程序中证明网络服务提供者的主观状态,而网络服务提供者的"删除"也说明了网络服务提供者在意识到可能构成侵权时自己的主观状态,避风港规则的实质就是为了说明网络服务提供者不具有主观过错,因而不构成间接侵权。

三、避风港规则的法律要件

从法律的规定可以看出避风港规则主要适用于权利人的信息网络传播权受到侵害的场合,用来免除网络服务提供者的间接侵权责任。结合法律规定,权利人和网络服务提供者在采取"通知—删除"措施的过程中都需要符合一定的要件才能发挥出避风港规则的法律效果。

权利人的"通知"要件包括:通知书应当包含下列内容:①权利人的姓名(名称)、联系方式和地址;②要求删除或者断开链接的侵权作品、表演、录音录像制品的名称和网络地址;③构成侵权的初步证明材料。

为了使权利人能够实际发出"通知",网络服务提供者为服务对象提供信息存储空间的,要明确标示该信息存储空间是为服务对象所提供,并公开网络服务提供者的名称、联系人、网络地址。

网络服务提供者"删除"的法律要件:网络服务提供者接到权利人的通知书后,应当立即删除涉嫌侵权的作品、表演、录音录像制品,或者断开与涉嫌侵权的作品、表演、录音录像制品的链接。

北京微播视界科技有限公司(以下简称微播视界公司)诉百度在线网络技术(北京)有限公司(以下简称百度在线公司)和百度网讯科技有限公司(以下简称百度网讯公司)侵害作品信息网络传播权纠纷一案[①]为2018年中国法院10大知识产权案件之一,该案即涉及著作权法中的避风港规则。在该案中,原告微播视界公司第一次进行"通知"时,是通过苹果公司发送申诉通知电子邮件到被告百度公司员工何某电子邮箱和原告回复苹果公司并抄送百度公司员工何某电子邮箱的方式进行的。虽然在这次"通知"中原告在邮件中附有被控侵权短视频的网址,但由于原告不能证明何某收到了该邮件,因此法院不能认定该"通知"是有效的"通知"。随后在原告于2018年9月6日按照百度公司伙拍小视频手机软件公布的投诉地址向二被告百度公司发出"通知"后,就得到了百度公司的回应,被告百度公司在2018年9月7日(星期五)收到"通知"后,于2018年9月10日(星期一)删除了被控侵权短视频。原告在2018年9月6日发送的"通知"符合法律规定的要件,才能发生法律规定的效果。而被告百度公司2018年9月7日收到"通知",到2018年9月10日才"删除",虽然间隔两天,但是被法院认为是合理的,属于立即"删除",因为客观情况是9月7日到9月10日之间有一个周末,被告在接下来一周的第一个工作日即"删除"了涉案短视频,因此是合理的。

我国著作权法律在规定了"通知—删除"规则的同时,还规定了"反通知—恢复"规则,即当网络服务提供者将权利人的通知转送其服务对象后,服务对象认为其提供的作品、表演、录音录像制品未侵犯他人权利的,可以向网

---

① 北京互联网法院(2018)京0491民初1号民事判决书。

络服务提供者提交书面说明,要求恢复被删除的作品、表演、录音录像制品,或者恢复与被断开的作品、表演、录音录像制品的链接。其中服务对象向网络服务提供者提交的书面说明也要具备一定的要件:第一,写清楚服务对象的姓名(名称)、联系方式和地址;第二,明确要求恢复的作品、表演、录音录像制品的名称和网络地址;第三,提供不构成侵权的初步证明材料。当网络服务提供者接到服务对象的书面说明后,应当立即恢复被删除的作品、表演、录音录像制品,或者可以恢复与被断开的作品、表演、录音录像制品的链接,同时将服务对象的书面说明转送权利人。在网络服务提供者和其服务对象采取了"反通知—恢复"措施后,权利人就不得再次通知网络服务提供者删除该作品、表演、录音录像制品,或者断开与该作品、表演、录音录像制品的链接。这时权利人可通过著作权法律制度规定的其他维权措施,维护自己的合法权益,例如,通过诉讼途径,起诉上传作品、表演、录音录像制品到网络的行为人。

法律在规定了"通知—删除"规则后,又规定"反通知—恢复"规则,是因为当权利人向网络服务提供者发出"通知"后,网络服务提供者基于对"通知"的信赖,为了避免承担间接侵权责任,就会删除或者屏蔽"通知"中指称的侵权内容。然而若是有人向网络服务提供者发出的"通知"内容不实,甚至恶意发出虚假"通知",网络服务提供者的删除或者屏蔽行为就可能损害合法内容上传人的权益,"反通知—恢复"规则就可以对上述错误或者恶意的虚假"通知"所造成的损害提供合理的救济。

四、信息网络传播权侵权判定标准对避风港规则适用的影响

对于信息网络传播权侵权判定,理论界提出了不同的标准,主要有服务器标准、用户感知标准以及实质替代标准等。所谓服务器标准,是指将作品上传至公开的服务器供不特定的公众进行下载和链接,就构成信息网络传播权所控制的提供行为。而用户感知标准则是以用户的主观感知为标准,来判断提供作品的主体是谁。实质替代标准是指行为人通过实施选择、编辑、整理、破坏技术措施以及深层链接等行为,使公众接触到了作品,因此与直接向公众提供作品的行为并无实质差别,就可认为这一行为属于信息网络传播权所规制的提供作品的行为。避风港规则是与服务器标准相适应的免责规则,当采取其他的侵权判定标准时,相同的行为就可能构成了直接侵权,因此就不具有避风港规则的适用前提。

总之,避风港规则是网络服务提供者避免承担间接侵权责任的规则,它不适用于直接侵权的情形。在通过避风港规则避免承担责任时,权利人的"通知"行为和网络服务提供者的"删除"行为都要符合法律的要求。并且,信息网络传播权侵权判定标准的不同,也将影响避风港规则的适用,因为不同的判定标准可能使相同的行为被认定为是直接侵权还是间接侵权有所不同,而只有间接侵权才有适用避风港规则的余地。

游戏直播的著作权法律问题

刘　异　蔡晓晗　湖南思博达律师事务所

游戏直播是指,以视频内容为载体,以电子竞技比赛或电子游戏为素材,主播实时展示/解说自己/他人的游戏过程或游戏节目的服务[①]。从2013年至今,游戏直播已经从萌芽期,经过大量的资本刺激进入爆发期,到现在逐渐形成成熟的经营模式,开始追求盈利。随着行业的规范,游戏直播中隐含的法律问题开始慢慢浮现,尤其是著作权相关纠纷的解决,存在很大的争议。

随着电子游戏比赛进化为体育项目——"电子竞技",其已经初步形成了一个较为完整的产业链。整个电子竞技产业链以赛事为中心,包括上游的游戏研发、发行厂商;赛事中游的赛事主办方、承办方、电竞俱乐部;赛事下游的媒体和直播平台;最后是作为消费者的电竞观众以及广告商、赞助商等。近些年来,一个重要趋势是数量庞大的电子游戏用户不断转化为电竞赛事观众,而直播平台的游戏直播为电竞赛事观众提供了观看赛事的线上渠道,衍生出众多周边产品和商业机会。游戏直播的基石是游戏,而游戏的开发方开发一款游戏,需要人物、故事情节、动画设计、背景音乐等多方面投入,现在的游戏内容越来越丰富,开发一款游戏投入的精力可以相比于制作一部动漫电影。游戏直播内容的制作方可以分为游戏玩家和赛事参与方,普通玩家一般以游戏"主播"的身份参与其中,通过将其控制游戏人物的过程通过互联网传播给不特定公众,还会实时对自己(或他人)的操作进行解说;赛事参与方中的电竞俱乐部扮演着和游戏玩家类似的角色,赛事承办方一般享有赛事的转播权,其制作的内容包括对游戏玩家、解说员和直播间的摄像画面、解说内容以及字幕、灯光、照明、音效等内容,并通过慢镜头回放、摄像角度的选择等。在电子竞技的情况下,赛事参与方其实包括多方主体,对游戏直播的内容做出了不同程度的贡献。

游戏画面究竟适用何种法律来保护开发者的利益,是适用类电作品法律规定还是其他类型作品的法律规定,或是著作权之外的其他权利来保护,目前还难有定论。在上海壮游信息科技有限公司诉广州硕星信息科技有限公司等侵害著作权及不正当竞争纠纷案中,法院认定,网络游戏中的级设置、地

[①]　艾瑞咨询集团:《2015年中国游戏直播市场研究报告》(行业篇),艾瑞咨询系列研究报告(2015年第2期)。

图名称以及地图、场景图的图案造型设计、职业角色设置及技能设计、武器、装备等方面具有独创性，分别认定为美术作品、文字作品、音乐作品。法院认为，游戏整体画面构成类电作品，可以享受著作权法的保护①。又如在2014年炉石传说案中，法院也认定，"炉石标识""游戏界面""卡牌牌面设计""游戏文字说明""视频和动画特效"属于著作权法所称作品，应当受到法律保护②。

那游戏直播画面是否属于著作权意义上的作品呢？在电竞直播的情形中，游戏直播平台将比赛现场的游戏界面进行多角度直播，并且加以解说和慢动作回放等效果，与传统体育赛事的直播达到的效果非常相似。对电竞之外的传统体育赛事直播的著作权保护，一般适用《著作权法》第45条为广播组织权规定的"转播权"的有关规定。可以看出，立法对于体育赛事的直播适用著作邻接权保护。但是电竞直播一般通过网络平台传播，网络平台的直播行为超出了现有法律规定的范围，《著作权法》中广播组织权的"转播权"是否可以扩张解释为涵盖通过互联网进行的转播，存在意见分歧；并且，权利的主体为"电台、电视台"，并不包括互联网网站。所以，电竞直播平台想要通过主张其享有"转播权"，从而获得法院支持其对某项赛事的独家直播的权利，存在很大的阻碍。但是随着版权日益产业化发展，持续催促立法保护此类权利，将来很有可能将体育赛事直播画面明确规定为著作权保护的客体，或者修改对传播途径和权利主体的限制。

对于UGC（User-generated Content，用户生产内容）和PGC（Professionally-generated Content，专业生产内容），从前是指用户自行录制、剪辑后上传到视频网站的作品，随着通信技术的发展，直播成了新的表达形式。用户自行录制、剪辑的作品，根据其具体内容可能构成电影或类电、录像等作品。游戏直播的UGC和PGC是否构成著作权意义上的作品，尚无定论。有人认为，游戏玩家的直播画面属于在他人作品基础上进行的再创作，在游戏玩家注册网游账号时没有相反约定的情况下，可以构成游戏直播画面的演绎作者。但是从利益平衡原则考虑，游戏玩家若可以对直播画面主张著作权，则会不利于游戏的传播，也不利于保护游戏开发者的权利。加之，游戏玩家加入游戏的首要目的是娱乐，并不是创作作品，作为游戏主播，还可能从中获取经济利益，若法律再赋予玩家著作权，便会使玩家与游戏开发者之间的利益关系失衡③。

现状是，游戏开发方可以主张其对游戏享有著作权，但具体以何种类别主张权利，个案之间存在较大差异；游戏直播平台，不论是用户主导的游戏直播还是电竞赛事的直播活动，直播平台都很难通过主张著作权来保护自己的

---

① （2016）沪73民终190号判决书。
② （2014）沪一中民五（知）初字第23号判决书。
③ 冯晓青：《网络游戏直播画面的作品属性及其相关著作权问题研究》，《知识产权》2017年第1期。

权益,在目前的法律框架内,《反不正当竞争法》更适合直播平台的维权;对于游戏玩家而言,其角色更多的是游戏的参与者和娱乐产品的消费者,不是作品的作者;玩家对其操作过程在网络平台上进行直播的行为,属于合理使用还是侵权行为,除了游戏开发方可以事先与玩家进行约定外,玩家与游戏开发方之间的关系还需要根据不同情形具体分析,比如玩家即兴发表的解说内容是否可以以文字作品进行保护,是否和游戏画面共同形成新的作品。

在斗鱼案中,原告主张,被告在"DOTA2 亚洲邀请赛"期间擅自转播原告制作的音像视频,侵犯了原告的著作权。最终法院没有支持原告的这项主张,而是支持了原告另外的主张,适用《反正不正当竞争法》和《侵权责任法》判决被告赔偿损失 100 万元[①]。腾讯对字节跳动提起诉讼,要求后者平台停止直播旗下游戏《穿越火线》,已经向法院提起申请。算上《英雄联盟》《王者荣耀》被提起的诉讼,截至目前,腾讯已经对字节跳动旗下今日头条、西瓜视频、抖音短视频、火山小视频等产品提起 8 项诉讼[②]。今年,腾讯还起诉游戏用户,认为其未经许可在其他平台进行游戏直播的行为构成侵权。据悉,这是国内首起游戏运营商起诉游戏用户未经授权直播游戏的案例,如腾讯最终获得法院支持,未来所有游戏主播将必须获得游戏运营商允许[③]。

从这些案例可以看出,实务中法院一般会支持游戏开发商对游戏所主张的著作权,不支持电竞赛事的直播方对直播内容享有著作权的主张;但是著作邻接权保护的范围是否可以辐射到电竞赛事直播方还有待论证。而对于游戏玩家是否享有著作权,以及享有何种著作权,我们期待法院的进一步解读。

[①] (2015)浦民三(知)初字第 191 号判决书。

[②] 《今日头条系列产品侵权腾讯 被提起诉讼已累计 8 项!》http://www.sohu.com/a/317582965_100281682。

[③] 《腾讯起诉游戏用户,称未经许可直播〈英雄联盟〉》https://stock.hexun.com/2019-06-11/197488417.html。

网络盗播广播电视节目的法律规制
——以主播陪伴式盗播体育赛事节目案为例

邓　君　湖北维勒律师事务所

周家奇　金　星　广东德纳(武汉)律师事务所

一、互联网转播的盛行

随着移动互联网技术的发展,通过手机、PAD 等移动设备观看网络转播的广播电视节目在社会公众中已成常态。移动互联网凭借其便利性吸引了大量公众,但是电视节目的制作耗费了广播组织的大量精力,其他平台无偿截取广播组织信号进行利用,不仅分流了广播组织的流量,也使广播组织的广告收入大幅减少。因此盗播行为严重损害了广播组织的利益,广播组织与盗播平台的矛盾激化,许多广播组织强烈要求其他平台转播其广播电视节目时须经过付费许可。

二、基本案情介绍

2019 年 7 月 4 日,北京市东城区人民法院对"央视国际网络有限公司诉新传在线(北京)信息技术有限公司、盛力世家(上海)体育文化发展有限公司不正当竞争"作出一审宣判,本案就是一起广播电视节目盗播侵权案件。

央视国际网络有限公司(以下简称"央视国际")诉称,经国际奥委会和中央电视台授权,原告在中国境内享有通过信息网络提供中央电视台制作播出的第 31 届夏季奥运会电视节目实时、延时转播及点播服务的专有权利。被告设置奥运专题,以加框链接嵌套的方式呈现了原告全程直播奥运会节目内容的网页,通过主播多路、实时解说,插入弹幕,实现用户与主播在同一屏幕观赛和互动,并通过用户送的礼物分成盈利,违反了诚实信用原则,构成不正当竞争,应当依法赔偿损失及合理支出 500 万元。①

被告盛力世家辩称以插件方式向以插件方式向用户提供互动功能是对普通浏览器的丰富和创新,增加了陪伴用户观看体育赛事的趣味性,也增加了被链网页的网络流量,未对原告造成损害。另外,主播直播互动区与被链网页彼此独立,不影响被链网页的各项功能,用户可选择关闭该互动区。网络直播的主要盈利模式就是按直播效果付费,主播和直播平台基于用户的自

---

① http://zhichanli.com/article/8426.html.

主打赏而按约定比例分成获利的行为符合互联网行业的商业模式,不具有不正当性。①

法院认为原被告存在竞争关系,且二被告无证据其获得了直播奥运赛事的许可,最终观看奥运赛事节目直播仍系在原告网站实现,但观看页面会被强行插入不受原告网站控制的主播、用户互动浮框,该浮框位于页面右侧的显著位置,且播放画面上方还显示有网友发送的弹幕内容,长此以往,原告网站作为视频直播入口被选择的竞争力将不断降低,势必导致其网站的利益受损,最终使得用户也难以获得长期持续的利益,扰乱了公平竞争的市场秩序,不利于用户的长远利益,该行为违反了诚实信用原则,属于《反不正当竞争法》第二条规定的不正当竞争行为。②

法院认定二被告公司行为构成不正当竞争,判决赔偿原告经济损失等共500万元。据悉二被告不服均已提出上诉。以上案件对于互联网转播广播电视节目的行为,运用了反不正当竞争法第二条的规定,判赔金额较高,轰动一时。

三、近年发生的互联网转播案件的梳理

央视国际网络有限公司诉新传在线(北京)信息技术有限公司、盛力世家(上海)体育文化发展有限公司不正当竞争案只是近年来发生的互联网盗播广播电视信号的一案。有必要梳理一下近年来法院裁判的互联网盗播案件,了解法院对此类案件的裁判趋势。

2018年11月28日,北京多格科技有限公司与央视国际网络有限公司广播组织权及不正当竞争纠纷二审宣判,法院认定北京多格科技有限公司不构成广播组织转播权侵权,构成反不正当竞争,维持了一审判决30万的赔偿金额。

2018年7月24日南昌广播电视网络传输中心、中国电信股份有限公司江西分公司广播组织权权属纠纷二审宣判,法院认定中国电信股份有限公司江西分公司不侵犯广播组织者权,构成反不正当竞争,维持了一审判决30万的赔偿金额。

2018年3月30日,北京天盈九州网络技术有限公司与北京新浪互联信息服务有限公司侵犯著作权及不正当竞争纠纷案二审宣判,法院认为北京天盈九州网络技术有限公司不构成侵犯广播组织转播权,构成不正当竞争,维持了一审判决311万的赔偿金额。

从以上案件可以看到,法院基本认为通过互联网盗播广播电视信号的行为构成不正当竞争,不侵犯广播组织转播权。

---

① http://zhichanli.com/article/8426.html。
② http://zhichanli.com/article/8426.html。

四、我国法律对于互联网盗播的规制

我国著作权法对互联网盗播的规制存在立法空白。依据《著作权法》第45条规定广播电台、电视台有权禁止未经其许可的下列行为:(一)将其播放的广播、电视转播。我国《著作权法》对于广播组织转播权的规定是 2001 年第一次修订著作权法纳入的,此次修法的目的是为了让《著作权法》的规定符合《TRIPs 协定》的要求,以加入世界贸易组织。因此《著作权法》有关广播组织转播权的规定应当依照《TRIPs》协定的内容进行解释。《TRIPs 协定》规定广播组织仅仅有权控制无线转播,再结合 2001 年初我国广播技术的发展情况,此时我国无线、有线广播技术发展较快,有线广播组织的利益诉求较为强烈,网络转播尚未发展起来,且自 2001 年《著作权法》有关广播组织转播权的规定至今尚未修改过,因此,我国《著作权法》规定的广播组织转播权仅仅延伸到无线转播、有线转播,而不涉及网络转播,广播组织无权控制网络转播,无法以《著作权法》为请求权基础寻求保护。

在司法实践中,法院支持广播组织以反不正当竞争法作为法律依据禁止互联网盗播。《反不正当竞争法》第二条极具包容性,一些违法行为无法得到《著作权法》等专门法规制的,可以受到《反不正当竞争法》第二条的规制。此外,《反不正当竞争法》实际上为一部商业道德法,该法律要求市场经营者遵循禁止误导和禁止盗用两大基本商业道德。[①] 盗播广播电视信号违反了禁止盗用的商业道德,可以受到《反不正当竞争法》的规制。因此现在的案件中,广播组织在无法寻求到著作权法保护的情形下,转而以反不正当竞争法为请求权基础起诉。

五、互联网盗播案件处理建议

此建议主要是从电视台维权的角度来阐述,具体可以分为以下几点:

(1) 因特网上的侵权链接或者侵权网站数量大,且具有较强的隐蔽性,需要电视台主动派专人对盗播行为进行详细调查,及时发现侵权行为,断开直播流,维护其合法权益;

(2)电视台发现侵权行为应当及时固定证据,以免在日后起诉中存在证据瑕疵,无法完全证明侵权行为,败诉的风险增大;

(3)发现盗播行为后,电视台在固定侵权证据后,可以向法院提出诉前行为保全申请,要求盗播网站停止侵权行为避免侵权损失的扩大;

(4)如上所述,我国现行法院支持以反不正当竞争法而不是著作权法禁止网络盗播,因此电视台在起诉的时候应当确定恰当的请求权基础,笔者建

---

① 张伟君:《从"金庸诉江南"案看反不正当竞争法与知识产权法的关系》,《知识产权》2018 年第 10 期,第 14 - 23 页。

议电视台应当在起诉时主张网络盗播行为构成不正当竞争,要求盗播网站停止侵权,赔偿损失。若电视台以著作权侵权要求禁止网络盗播,法院驳回电视台诉讼请求可能性的概率较高。

六、广播组织转播权的立法建议

网络技术的发展对广播组织来说既是机遇也是挑战。一方面,广播组织可以对外许可网络转播以获得许可费,收回信号制作的投资成本。另一方面,由于广播组织的转播权尚未普遍延伸到网络环境下,广播组织没有禁止网络盗播的直接权利依据,对外授权也无法律基础,这对广播组织的经济利益产生了较大损害。事实上,瑞士、西班牙、英国等国家根据自身发展需求,也开始通过国内立法的形式将广播组织的转播权延伸到网络转播。为了维系网络时代下广播组织的正当利益,在世界知识产权组织版权与相关权常设委员会的主持下,《世界知识产权组织保护广播组织公约》经过长达二十年的论证,已在各代表团之间达成初步一致的意见,各国大多同意将广播组织的转播权调控范围延伸到网络环境下。

在我国《著作权法》广播组织转播权的规定是否延及网络转播方面,目前也存在一定的争议。通过对相关规定进行合理的分析和解释可知,目前我国广播组织只有权控制有线和无线转播,其权利范围并不涉及网络领域的转播行为。在司法实践中,法院普遍认为我国的广播组织转播权目前不能控制网络盗播行为,在支持其权利保护的案件中,多是依据《反不正当竞争法》的一般规定来维系广播组织的经济利益。然而,以《反不正当竞争法》为请求权基础保护广播组织尚有较多缺陷。依据劳动权利论和公平原则,广播组织在网络环境下的转播利益应当受到《著作权法》的保护。值此第三次著作权法修改之际,结合广播组织转播权的国际立法趋势和其他国家先进的立法经验,依据我国广播组织转播权的保护现状和现实需求,笔者建议将《著作权法》中有关广播组织转播权的内容进行修改,并增加关于"转播"行为的定义,从而在立法和实践层面上对广播组织转播权进行合理界定。

短视频的可版权性及其权属刍议

王小龙　泰和泰(西安)律师事务所

近年来,短视频作为伴随互联网技术发展、移动智能终端普及而生的新事物,迎合了人们利用碎片时间进行社交互动的社会消费新倾向,备受民众追捧。中国互联网络信息中心发布的报告显示:截至 2018 年 12 月我国短视频用户规模达 6.48 亿,用户使用率为 78.2%。短视频在满足人们碎片化阅读需要和快餐化消费倾向的同时,因其背后蕴藏着巨大的商业价值使得各互联网企业趋之若鹜。短视频行业的迅猛发展给互联网带来了新活力,也带来了新的法律问题。

2018 年"抖音短视频"诉"伙拍小视频"侵犯信息网络传播权一案备受业界关注,该案是涉及"短视频"的首例诉讼案件,原被告双方诉争焦点之一即为案涉短视频"5.12,我想对你说"是否构成"类电作品"。北京互联网法院认为,"我想对你说"短视频是在已有素材的基础上进行的选择、编排,体现了制作者的个性化表达,并且带给观众积极向上的精神享受,具备独创性,构成类电作品。案虽已结,但事并未了,短视频类型繁多,随着涉及短视频侵权案件的不断增多,短视频的可版权性及其权利归属问题将成为司法认定上的难点问题。

一、短视频的可版权性分析

短视频是指在各种新媒体平台上播放的,内容融合了技能分享、幽默搞怪、社会热点、街头采访、广告创意、商业定制等主题的,时长在几秒到几分钟不等的视频短片。由于内容较短,可以单独成片,也可以成为系列栏目。短视频是否可版权,取决于其是否属于著作权法意义上的作品。

(一)短视频具有作品的属性

目前,司法实践中在判断某一新生事物是否属于著作权法意义上作品时,一直存在一种误区,即将《著作权法实施条例》(以下简称《实施条例》)第四条作为判断标准,认为唯有归入该条规定的十三种作品时,新生事物方为作品,具有可版权性。笔者以为,这种认识存在着逻辑上的错误,原因在于:一是新生事物是否可版权与其属于哪类作品之间并无关系;二是新生事物是否构成作品与其属于哪类作品在进行判断时具有先后顺序,唯有构成作品,讨论作品的类型才具有意义;三是《实施条例》第四条是对已有的作品形式进行类型化划分的结果,法律的滞后性决定着其并不能涵盖所有作品类型。因此,新生事物是否构成作品,具有可版权性,判断的依据应为《实施条例》第二条。该条规定:著作权法所称作品,是指文学、艺术和科学领域内具有独创性并能以某种有形形式复制的智力成果。换言之,某一新生事物是人类的智力成果,且具备独创性和可复制性时,即可被认定为作品,具有可版权性。

短视频虽在互联网上表现为二进制即数字 0 和 1 的形式,但其依赖于一定的载体和介质而存在,是人类的智力成果,具有可复制性毋庸置疑。是以,短视频可版权的关键在于其需具备独创性。常见的短视频生成方式主要为制作者原创、借鉴他人创意再创作或者在现有作品基础上进行演绎创作等。因此,大多数短视频均体现着制作者对视频内容、主题、呈现方式等的选择和编排,是作者个性化选择或编排的具体表达,完全可能满足作品要求的独创性关于"独"和"创"的要求。进言之,短视频具有作品属性,但并非所有短视频均属于作品,是否可版权尚需个案判断。

(二) 短视频独创性的判断标准

独创性作为著作权法的核心问题,因目前并无明文规定,司法实践中主要依靠裁判者的自由裁量,使得每出现一种新生事物,就会对其判断标准进行重新审视。应明确的是:首先,虽然不同的作品类型可能存在独创性高低的要求,但对于"新"事物而言,独创性的判断应为有无问题,而非高低问题;其次,对任何"新"事物独创性的判断均不应脱离其核心内容,判断标准亦不因任何情况而有所改变;再次,独创性的判断并不能做事先一刀切的固定,而应遵从个案判断原则;最后,作品具有独创性是对于具体表达而言,而非对于作品体现出的创意、思想或者蕴含的信息而言。

目前,我国无论是学理上还是司法实践中,对于独创性的判断均采取了大陆法系的判断标准,即对独创性的判断分为两步:一是符合"独"的要求,二是符合"创"的要求,具体而言:

1. 独创性中的"独"之要求

"独"是指独立创作,源于本人,是一种有与无的判断,包含两种情形,一是从无到有的创作,即原创;二是在他人作品基础上进行再创作。对于原创的短视频而言,满足"独"之要求毫无疑问;对于借鉴他人创意再创作或者在现有作品基础上进行演绎创作生成的短视频而言,需以他人在先作品为基础,要满足"独"之要求,尚需该短视频相较于在先作品具有可被客观识别的、并非太过细微的差别。"独"是对具体表达的要求,非源自他人。若某一表达已经存在,另一人只是将该表达重现或是还原,则不能认为满足"独"之要求。如短视频制作者模仿他人拍摄的短视频,视频内人物的舞蹈动作、选用的配乐、表现的主题等完全一致,仅仅存在人物或场景的区别,这样生成的短视频仅仅是一种单纯的复制行为,并没有体现出再创作的行为,不符合独创性中"独"之要求。再比如制作者仅仅是将电影、综艺等未加创作的剪辑而生成短视频,因表达源于他人,亦不符合"独"之要求。

2. 独创性中的"创"之要求

"创"指的是源于本人的智力成果具有一定程度的智力创造性,是一种高与低的判断。"一定程度的智力创造性"要求作品能体现作者独特的判断或选择,展示出创作者的个性化表达。"创"之要求并不是说作品须达到高质量或高价值,亦不需要像艺术作品一样具有高度的艺术美感,而是创作者应在其创作过程中作出某种程度的取舍、安排或设计等个性化表达。大陆法系对"创"之要求较高,而英美法系则采用了较低的标准,认为只要不是微不足道的努力就够了。以照片为例,大陆法系国家认为普通照片的创造性较低不足以纳入摄影作品,所以选择用邻接权保护;而美国则认为照片只要不是机器自动拍摄的,就应属于作品。我国著作权法在立法时同时借鉴了两大法系,但并未在立法上对独创性的判断作出界定。司法实践中,智力成果是否满足"创"之要求,需个案判断。

(三) 短视频时长与其是否构成作品并无关系

目前常见的短视频在时长上短则几秒,长则几分钟。不可否认,时长过短会限制创作者的表达空间,且不利于体现制作者个性化表达的选择或编排,但表达空间受限并不等于短视频不具有独创性而无法成为作品。如本文提到的短视频"5.12,我想对你说"虽然只有短短的 15 秒,但在这有限的时间内制作者结合音乐、场景、特效等多种元素的内容表达,创作出了体现一定主题的个性化表达,因而构成类电作品。而有些视频虽然时间较长,但却未必可以构成作品,如对演唱会毫无选择的机械录制,即使时间较长,依然因缺乏独创性而无法构成作品。因此,短视频是否构成作品与其时长并无关系。

二、短视频的权属

符合独创性要求的短视频是作品,具有可版权性,受法律保护。在短视频的权属认定时,根据《著作权法》第十一条之规定,逻辑上应首先通过短视频中水印上的用户 ID 来认定著作权人;其次再看是否存在相反证明,因目前大量存在用户下载短视频后再上载的情况,在个案中若实际创作者能提供原始视频、后期制作等相关证据时,可根据个案情况进行认定;最后,若制作者为多人时,需看多名制作者之间有无事前约定,有约定则从约定;无约定则一般以摄制人为著作权人;无法确定时,则多个合作者同为著作权人。

就短视频运营平台在短视频权属认定时所扮演的角色而言,笔者以为,短视频运营平台作为视频传播者并不能直接享有短视频的著作权,但可以基于短视频作者的授权享有著作财产权中的一项或多项权利,短视频的人身权则仍由短视频作者享有。

电子证据

区块链技术电子存证初探

张晓东　祁　玥　上海华理律师事务所/华东理工大学法学院

近几年来,区块链技术开始进入电子存证领域并引起了一股热潮。2018年6月28日,全国首例采用区块链技术对侵权事实进行固定的案件在杭州互联网法院进行宣判[1],首次认可了区块链存证的法律效力。2018年9月7日,最高人民法院印发《关于互联网法院审理案件若干问题的规定》第11条明确"当事人提交的电子数据,通过电子签名、可信时间戳、哈希值校验、区块链等证据收集、固定和防篡改的技术手段或者通过电子取证存证平台认证,能够证明其真实性的,互联网法院应当确认",进一步确认了区块链可以作为电子存证的可选技术手段。2019年6月14日,由最高人民法院信息中心指导,中国信息通信研究院等25家单位共同发起的《区块链司法存证应用白皮书》(1.0版)发布,白皮书分析了电子数据的存证现状、区块链电子数据存证与证据认定的关系、设计原则和参考架构、区块链司法存证的应用与挑战等。

目前我国市场已有十数家商业化的区块链存证平台上线,例如易保全、保全网、百度云区块链、法大大、享宇金服、微电影(视频)区块链、安链云、金博区块链、证聚网等等,同时,北京互联网法院、杭州互联网法院、广州互联网法院等也已经上线运行了基于区块链的司法存证平台,与其他区块链平台对接。这些区块链存证平台涵盖了支付结算、金融交易、知识产权管理和交易、产品溯源、电子医疗处方存证等应用场景。公证处、鉴定机构、司法机构、数字证书认证(CA)机构等不同程度地介入到这一新兴的存证领域中,成为存证平台的区块链联盟节点之一。与此相应的,区块链存证的相关专利申请自2016年开始,申请量快速上升,目前已有5项发明专利获得授权,400多件发明申请公开,申请量排名第一位的是阿里巴巴集团。

区块链是一种由多方共同维护,使用密码学保证传输和访问安全,能够实现数据一致存储、难以篡改、防止抵赖的记账技术[2],关键之处在于通过多中心共识来建立技术信任,从而达到去中心化的目标。

从技术上来说,区块链是可以实现完全去中心化的,例如比特币区块链、以太坊这一类的公有链(Public Blockchain),可以保证区块链系统的每一个

---

[1]　杭州互联网法院（2018）浙0192民初81号判决书。

[2]　可信区块链推进计划:《区块链司法存证应用白皮书》,2019年6月发布。

参与用户都持有一份完整的区块链账本并可实时进行检索验证，但是运行这种完全去中心化的结构需要耗费大量的资源，且运算能力受到很大影响①。因此，当将区块链技术应用于存证领域时，考虑到效率、成本等商业化因素，大多数平台选择了联盟链（Consortium Blockchain）而非公有链的形式来运作②。联盟链是介于公有链和私有链之间的区块链，可实现"部分去中心化"，其共识过程由管理机构预先选择的一系列节点所掌握，各个节点有与之相对应的实体机构或者组织，典型例如"易保全"③平台；也有少量平台采用联盟链锚定公有链的形式进行运作，典型例如"保全网"④。

易保全区块链平台的联盟节点包括公证处、司法鉴定中心、版权保护中心、仲裁委和 CA 等机构，采用北斗卫星授时，电子数据从产生、存证、固化到使用都有相关的司法机构做同步监督，或有公证处来担保信任，凡是在易保全平台上存证的数据，其实时摘要可以同步在重庆市渝信公证处和重庆市网安司法鉴定书官网同步查询，渝信公证处还可对上链电子数据的保管状况出具保管函⑤。

"区块链第一案"的证据保全平台——保全网的节点也包括司法鉴定中心、公证处、CA、政府行业监管部门、区块链网络维护方等，同时引入了比特币区块链这条完全透明公开的公链来背书，在保全网上存证数据首先上传至保全网自主开发的保全区块链，计算后的哈希值进一步锚定到 Factom⑥ 区块链，再进一步计算哈希值锚定到比特币公链上。通过这种分层数据系统可以将用户较大量的存证数据与比特币区块链相关联，利用 Merkle 树计算根哈希值的方法，向比特币区块链上传最少数据的同时又能证明大量的数据完整性，减轻了用户存储和网络传输负荷，也节约了上链成本。

在区块链存证技术中，待存文件的哈希值与可信时间源的时间戳绑定，一并存入区块链中，形成链中的一个数据，由多个节点保存和验证。验证过程仍旧通过校验哈希值进行。在时间戳＋哈希值绑定及验证方面，区块链存证与已运行十多年的可信时间戳存证在技术上并没有实质差别，因此，多中心的存储、链式结构及公证、鉴定机构的加入并不能显著增加证据的可信度。在这个意义上，区块链存证也可以被认为是可信时间戳存证的一种形式，并不意味着比现有的单纯的可信时间戳平台更有存证可信度方面的价值。从

① 姚前：《共识规则下的货币演化逻辑与法定数字货币的人工智能发行》，《金融研究》2018 年第 9 期。
② 李莉、周斯琴、刘芹、何德彪：《基于区块链的数字版权交易系统》，《网络与信息安全学报》2018 年第 7 期。
③ https://www.ebaoquan.org/，2019 年 6 月 26 日访问。
④ https://www.baoquan.com/，2019 年 6 月 26 日访问。
⑤ www.wbq360.com/news/88，2019 年 6 月 26 日访问。
⑥ https://www.factom.com/，2019 年 6 月 26 日访问。

系统运行成本而言,单纯的可信时间戳平台反而成本更低,运行更为便捷。

在司法证据审查时,不论是采用可信时间戳存证,还是区块链存证,对于版权等权属证据,被存证文件的不可篡改性并不能保证原文件本身的真实性,如同版权登记一样,只能作为权属的初步证据;对于网页存证,都需要同时证明技术手段和存证过程对证据的真实性、合法性、关联性没有不利影响[1],特别需要证明数据的生成、储存、传输等均依照科学、中立、可靠的技术规范完成,不因操作人员的不同而有所差别,因此,对网页内容存证时需要进行电脑清洁性检查,并在截图同时进行录屏、外录等视频动态取证,以保证流程的清洁。

但区块链存证由于采用了多中心存储模式,且大部分区块链同时采用了云存储,在保证证据不丢失方面具有一定的优势;同时,大部分的区块链存证也接受原文件本身上传,并采用一定的碎片化加密分节点存储来解决用户担心的泄密问题,等于整合了文件云存储及电子存证双重功能,这有别于可信时间戳近接受文件的哈希值上传的存证模式;某些版权区块链平台还开发了进一步的展示、侵权监控、分发功能,可以提供版权交易并进行收益分配[2],这些都突破了可信时间戳的单纯存证功能。从功能集成角度看,区块链具有更强的可拓展性。

目前上线的区块链存证平台存证费用不一,以保全网和易保全为例:保全网存证确权免费,网页静态取证 5 元/次,过程取证 50 元/次(含时长 10 分钟,超出 10 分钟后按 5 元/分钟计),司法出证(公证书/司法鉴定书)800 元/次;易保全平台上,存证确权 5 元/次,网页静态取证 5 元/次,视频取证 15 元/次,录屏取证 15 元/次,截图取证 5 元/次,公证书出证 1 200 元/次,司法鉴定书 3 000 元/次,公证处保管函 100 元/次(电子版 50 元),保全中心出证 600 元/次(电子版 50 元)。可以看出,存证费用虽然不高,出证费用比较高。实质上,基于区块链电子存证的技术可靠性,公证出证或司法鉴定书的作用有限,但由于目前公众及法院对区块链存证还感觉相当神秘,技术说明难度较大,采用其中纳入的公证处或鉴定机构节点进行文件说明,易于获得法院的认可。

总体而言,区块链技术在存证效力方面,与可信时间戳相比并无高下之分,但存证只是其应用场景之一,多功能整合更具前景。在目前深耕的版权保护领域,融合了确权存证、版权展示、分发、在先侵权监控和取证存证、利益分配等的一站式服务已初露端倪,收费方面也灵活多变,未来发展可期。

---

[1] 雷蕾:《从时间戳到区块链:网络著作权纠纷中电子存证的抗辩事由和司法审查》,《出版广角》2018 年第 15 期。

[2] https://www.wsp360.org/appOperatingGuide.html,2019 年 6 月 26 日访问。

可信时间戳浅析
——探索知识产权案件保全新手段

李连连　安徽徽商律师事务所

近年来,与电子数据相关的知识产权维权案件越来越多,其中大多数仍然采取公证的方式固化证据。然而,根据裁判文书网的查询,部分公司正在引领知识产权诉讼证据保全新的手段,具体而言,自2015年起,某图片公司不断通过使用名为可信时间戳的全新证据保全方式,配合传统公证一同维护自身知识产权,并入选了2016年度北京市法院知识产权司法保护十大创新性案例[①]。那么,究竟何为可信时间戳?为何能够使用可信时间戳进行取证呢?

一、何谓可信时间戳

依据可信时间戳的出具主体联合信任时间戳服务中心介绍,可信时间戳是用于数据消息(电子文件)生成时间,内容完整性和不可否认性的有效电子凭证,其可以有效地证明电子文件的所有权,生成时间以及电子文件是否已被篡改[②],可信时间戳类似于传统的公证,但是出具主体以及整体程序不同。

据笔者查询,截至2019年3月24日,以"时间戳"为关键词通过文书网进行查询,可查询到5 360条结果。在该结果中,主要以知识产权与竞争纠纷为案由,该案由高达3 938条。其中,案件数量在2017年开始暴涨,2017年的案件数量在2016年623件的基础上增长至1 692件,增长率高达272%;而2018年的案件数量又上涨至2 691件,增长率高达159%,可见可信时间戳在知识产权保护领域正扮演越来越重要的角色。

二、为何可信时间戳可作为知识产权案件证据的保全手段

虽然可信时间戳的使用案例数目越来越高,但在案件审判过程中,往往相对方会对可信时间戳是否具有证据保全效力产生质疑,其中主要表现为两方面:一是单方取证的效力,二是提供可信时间戳证据保全的第三方平台的主体资质问题。对前者来说,通过可信时间戳进行取证是取证方自行对侵权电子证据进行固定,形成电子数据并上传至第三方平台,获得相应的电子凭

---

① http://bjgy.chinacourt.org/article/detail/2017/04/id/2820793.shtml。

② https://www.tsa.cn/,访问日期2019年3月24日20:31。

证,故应当进行形式和实质审查以确定其证明效力。对后者来说,往往侵权方会主张联合信任时间戳服务中心属于第三方网络平台,其并不具有权威性,不能直接作为证据予以使用。我们需要结合上述两个问题以及相关法律规定、取证方式等进行剖析可信时间戳作为证据保全手段的依据。

(一)法律依据

可信时间戳作为电子数据,其本身的确存在认定方面的困难,但只要能够反映案件真实情况、与待证事实相关联、来源和形式符合法律规定的证据,就应当作为认定案件事实的根据[①]。其实,电子数据早在 2012 年修订的《民事诉讼法》中已是法定证据的一种。根据 2016 年《民事诉讼法》司法解释的规定,电子数据是指通过电子邮件、电子数据交换、网上聊天记录、博客、微博客、手机短信、电子签名、域名等形成或者存储在电子介质中的信息。由上可见,可信时间戳完全可以作为证据提交,只是明确的法律规定却一直没有出现。直至 2018 年 9 月 6 日,最高人民法院发布了《最高人民法院关于审理网络法院案件若干问题的规定》,直接规定:"当事人提交的电子数据,通过电子签名、可信时间戳、哈希值校验、区块链等证据收集、固定和防篡改的技术手段或者通过电子取证存证平台认证,能够证明其真实性的,互联网法院应当确认。"到现在,可信时间戳直接作为证据使用有了明确的法律依据,该法律规定表明证据提交方应证明可信时间戳保全本身的真实性,该举证义务尽到后,法院应予以确认。

(二)司法实践中的认定

1. 可信时间戳的取证方法

作为一种新型的取证方式,可信时间戳同传统的公证方式相同点在于有一系列严格的程序,根据联合信任时间戳服务中心发布的《可信时间戳互联网电子数据取证及固化保全操作指引 v1》以及司法实践中法院依职权查明内容可得知取证的具体步骤。主要包括:第一步,官网注册,注册后登录系统。第二步,同步录像,包括使用计算机屏幕录像软件以及外部录像进行录像。第三步,在录制开始后对计算机以及使用的系统等进行清洁性的检测。第四步,对证据进行修正。修正具体包括检查国家授时中心的标准时间、页面等内容取证、申请时间戳验证。

2. 单方取证的效力性问题

上文提及,可信时间戳作为证据使用往往会出现两个问题:第一个就是单方取证的效力。通过取证步骤可知,虽然仅有取证方一方当事人,无任何公证员或者他方的存在,然而在整个取证过程中,取证人使用两种方式同时录取视频,同时对计算机及网络环境进行系列清洁检查。可以说以最优良的

---

① 北京育路互联科技有限公司与华盖创意(北京)图像技术有限公司侵害作品信息网络传播权纠纷二审民事判决书,案号:(2016)京 73 民终 147 号。

方式排除外在环境不清洁、操作者操作不当、网络环境有问题等相关问题所带来的影响,直接保证时间戳证据的可靠性。根据联合信任时间戳服务中心的运营方式,所有需要保存为时间戳的视频文件,必须要将文件一并进行上传后才能认证,否则所有拍摄的视频都会被删除,防止视频被外在手段进行篡改,也就是说,视频无论是认证还是保存,都是同时进行的。另外,每个时间戳对应一个具体的数字指纹和 tsa 格式的电子证书,这也是防止篡改的有利方式。我们知道,如果文件内容与电子证书一一对应,可以直接保证文件内容的完整性,防止被删减或者被更改,如果在时间戳系统中对文件发生更改,都无法完成与电子证书的认证程序。上述两种方式直接保证时间戳保全后电子数据的可靠性及完整性。

故,如按照前述步骤取得的时间戳证据,其单方取证的效力应予以认可。

3. 第三方主体资质的问题

根据上文我们可以知道,时间戳由联合信任时间戳服务中心签发,公司具体名称是北京联合信任技术服务有限公司,通过企查查、天眼查等方式查询公司相关信息发现,该公司系高新技术公司,由事业单位中国科学院国家授时中心进行投资,为第三方专项提供相应的时间戳认证服务,已经有较多的事业单位与该服务中心进行合作。2018 年 10 月 19 日,由世界知识产权组织(WIPO)和国家共同举办的"中国版权金奖",联合信任荣获"中国版权金奖"保护奖。同时,部分事业单位以及行业协会已经与该服务中心进行合作,包括中国科学院国家授时中心、中国人民大学物证鉴定中心、国家档案局档案科学技术研究所、中国版权协会等。此外,中国版权协会出具意见,中国科学院国家授时中心出具说明,均表示联合信任时间戳服务中心是第三方提供的可信的时间服务机构。由此可见,可信时间戳虽然属于单方采取的取证手段,但是其依据的学术能力以及高科技水平,使得证据的来源、保存方式以及内容的完整性可信,能够证明其所取证的事实。故而在知识产权类案件的审理时法院通常对时间戳保全的证据应进行形式和实质审查,在无相反证据情况下,对其效力应予以认可[①]。

三、总结

可信时间戳这种新型的取证方式,在解决完毕单方取证的效力以及第三方主体资质的问题后,完全可以作为新的保全手段,其具有传统公证手段无法媲美的地方。以往对于电子证据的固定,更多采用的是公证的方式,不但费用高且耗时长。虽然一般来说,传统的公证员取证是最大程度上保证取证内容的可靠性手段,但是鉴于目前部分地区取证艰难,传统公证员取证的安全问题以及是否便捷等问题直接导致取证难度加大,取证工作难以展开。但

---

① 详见(2016)闽 01 民初 165 号及(2016)闽民终 1450 号民事判决书。

通过可信时间戳取证，维权方随时随地即可收集维权证据。司法系统对于该种取证方式的认可，一是方便了权利人维权，二是降低了权利人维权成本，三是依法采纳电子数据这种证据形式，还原系争事实本来面目。运用可信时间戳作为新的侵权证据保全方式进行案件审理，既体现了加大知识产权保护力度的司法理念，又彰显了在互联网发展新形势下法院顺应时代需要与时俱进地创新司法审判手段的宗旨。

电子签名证据在司法裁判中的运用争议

柏立团　上海大邦律师事务所

我国首部《电子签名法》于 2005 年 4 月 1 日施行,于 2015 年 4 月和 2019 年 4 月由全国人大常委会对该法进行了两次修订。《电子签名法》实施十余年来,在传统金融领域以及新型的网络借贷领域应用广泛。人们在享受电子签名带来的便利与效率的同时,也会对数据电文是否受到篡改以及是否有人仿冒签名等问题提出质疑。由此产生的纠纷亦愈来愈多。笔者通过 Alpha 系统查询显示,自《电子签名法》实施以来,各级法院直接引用《电子签名法》进行判决的案件高达 2 910 件。笔者梳理了相关判决,就司法裁判中引起争议的两个问题抛砖引玉,以期引起更多司法同仁对于电子签名法律问题的关注与思考。

一、数据电文提取过程是否需要公证

我国《民事诉讼法》第七十条规定,书证应当提交原件。《电子签名法》第五条规定:符合下列条件的数据电文,视为满足法律、法规规定的原件形式要求:①能够有效地表现所载内容并可供随时调取查用;②能够可靠地保证自最终形成时起,内容保持完整、未被更改。但是,在数据电文上增加背书以及数据交换、储存和显示过程中发生的形式变化不影响数据电文的完整性。

据此,内容完整未被更改的并可以随时调取内容的数据电文才能够被认定为证据原件。这一规定摒弃了《最高人民法院关于民事诉讼证据的若干规定》中关于调查人员收集计算机数据应当要求被调查人员提供有关资料的原始载体的要求。这在安徽省外经建设有限公司与东方置业房地产有限公司及第三人哥斯达黎加银行、中国建设银行股份有限公司安徽省分行保函欺诈纠纷案【案号:(2017)最高法民再 134 号】中得以体现。

该案中,法院认为:环球同业银行金融电讯协会(以下简称 SWIFT)是银行间非营利性的国际合作组织,其目的是为银行和其他金融机构通过电文交换完成金融交易提供快捷、安全的服务,我国各大商业银行及世界多数国家的银行已加入该组织,成为该组织的成员行。SWIFT 电文具有真实性、有效性、可监控性和权威性,成员行的交易数据一旦进入 SWIFT 系统,各银行及其总行都能通过该系统进行查询调取。尽管该组织总部及数据交换中心位于我国境外,但外经集团公司和建行安徽省分行提交的 SWIFT 电文均来源于境内计算机,而非来自域外,因此无须通过外交途径进行认证。此外,涉案 SWIFT 电文具有生成、储存、传递方法的可靠性,保持内容完整的可靠性,鉴别发件人、收件人方法的可靠性,根据《中华人民共和国电子签名法》第五条的规定,应视为证据原件,且其来源、储存、内容均经过公证机关公证,具有真实性、关联性、合法性,由此 SWIFT 电文认定案件事实得以采纳。

上述 SWIFT 电文被认定为原件的原因之一是通过公证程序进行提取,在另外一些案件中,一些当事人虽然提供了相关内容提取之后的打印件,但并未进行公证,而是要求在庭审现场进行演示,一些法院或仲裁机构以不具备相关技术条件为由予以拒绝,进而做出了对该当事人不利的裁决,这种做法值得商榷。

二、第三方认证机构独立性引争议

《电子签名法》第十六条规定,电子签名需要第三方认证的,由依法设立的电子认证服务提供者提供认证服务。这一条款明确了第三方认证的地位和作用。《电子认证服务管理办法》《电子合同在线订立流程规范》《电子认证服务密码管理办法》等配套性规定也逐步推出,市场上逐渐涌现出开展证据存管、电子认证等业务的电子证据第三方认证服务机构。在司法实践中亦出现了少许司法判例。

在冯静与中国民生银行股份有限公司上海普陀支行借记卡纠纷一案中【案号:(2017)沪 0107 民初 10041 号】,以及王艳与中国民生银行股份有限公司广州白云支行信用卡纠纷案中【案号:(2018)粤 01 民终 21695 号】,原告冯静、王艳均对其在银行之电子签名的真实性提出了质疑。为此,二案之被告民生银行均提供了中金金融认证中心有限公司(以下简称中金认证公司)出具的《数字签名验证报告》及关于涉案人员数字签名验证报告的补充说明。主要内容为:中金认证公司根据中国民生银行提供的签名原文、签名结果开展了数字签名验证工作并提供了报告,根据对非对称密钥加密技术(公私钥之间存在唯一对应关系)与数字摘要技术(不同原文摘要值不同,相同原文摘要值相同)的应用,可以确定相关签名结果之真实性与唯一性。法院依据中金认证公司的说明及报告作出了对银行相对方不利的裁决。

进一步查询可以发现,尽管中金认证中心是经中国人民银行和国家信息安全管理机构批准设立的,但其与民生银行系关联企业,这种带有藕断丝连关系的第三方认证机构出具的报告难以让当事人信服。

如果说中金认证公司由于有国家信用背书而得以有权威之外,社会上还存在着诸多良莠不齐的第三方认证企业。根据《法制日报》的报道,广东省深圳市盐田区人民法院受理的因身份信息被冒用而起诉撤销工商登记案件,呈逐年上升趋势,2016 年 27 宗,2017 年 52 宗,2018 年截至 6 月 30 日已受理 48 宗。前述案件中,因电子签名被冒用而起诉的案件占比较大。而电子认证服务提供者未能严格遵守电子认证业务规则签发电子签名认证证书是前述案件产生的重要原因之一。

目前我国缺乏官方权威的电子签名司法鉴定主体，电子认证机构提供电子签名的鉴定服务具有技术上的优势，但中立性存疑。我国的公证机关虽然中立性没有问题，但技术上存在缺失。这种缺失迫使法官在审理过程中加重了电子签名使用者的举证责任，从而对案件审理的公正性造成了一定程度的影响。

民事诉讼中电子证据证明力浅析

陈思远　广东深超律师事务所

随着计算机和网络技术的普及,信息化时代的到来,电子证据已经成为传递信息、记录事实的重要载体。然而由于电子证据的证明能力、证明力标准等问题,民事诉讼中采信电子证据存在一定的难度。本文将通过司法案例来浅析民事诉讼中电子证据证明力及完善建议。

一、电子证据的定义及特征

(一)电子证据的定义

《最高人民法院关于〈中华人民共和国民事诉讼法〉的解释》第 116 条规定:"电子数据是指通过电子邮件、电子数据交换、网上聊天记录、博客、微博客、手机短信、电子签名、域名等形成或者存储在电子介质中的信息。"

(二)电子证据的特征

电子证据与传统证据相比较,具有以下显著特征:

(1)数据性与无形性。电子数据信息是以数据形式储存于计算机的存储介质中[①],信息的传递通过编码完成。这些人为的电子数据,最终形成人类可视、可感的图像、文本各种表现内容等。

(2)多样性。电子数据经由电子介质的读取,呈现在人们眼前的可以是文本、图片、动画,还可以是音频、视频。而且随着多媒体技术的出现,电子证据还可以表现为文本、图片、动画、音频以及视频等多种媒体信息的结合体。多样化的表现形式使电子证据比传统证据更直观、丰富及生动。

(3)高度精确性与极度脆弱性。电子证据自身具有数字化的特点,其生成、储存、传输的信息是以数据形式存在于各种存贮介质上,导致电子证据的再现、复制都显示出高度的精确性,从而对于发现与认定案件事实具有较大的证明价值以及极强的证明力。然而,当有人为因素或技术障碍介入时,电子证据极易被篡改、伪造、损毁或破坏。如故意对电子证据进行截收、监听、窃听、删节、剪接等,数据或信息被人为地篡改后,如果没有可对照的副本、映象文件,则从技术角度来看,很难查清,难以判断,故此,电子证据的可信性也

[①] 刘荷花、李勇、张风格:《计算机基础》,中国商业出版社 1999 年版。

随之大受影响。

二、电子证据证明力在司法实践中的采信现状

电子证据通过立法获得了直接证明力,然而在司法实务中,法官对电子证据的采信程度却达不到其法律地位应有的高度。电子证据证明力的审查认定等问题尚无具体规定,这给合法举证的当事人及审理案件的法官都产生了较大影响,在此以如下案例进行分析。

(一)案例一:永恒力公司诉科赛公司买卖合同案①

案情简介:永恒力公司与科赛公司长年保持买卖关系,并在贸易往来中形成了固定的交易模式,2005 年,双方因货款支付发生纠纷,诉至法院。原告(永恒力公司)诉称,自 2003 年起,被告购买了原告产品后一直未付货款。对此,被告辩称,截至 2004 年底,双方账目已经结清,并不欠原告任何货款。

原告为支持诉请,提供了包含"①经公证的被告发给原告的电子邮件 29份;②被告的其他电子邮件 7 份。欲证明被告没有履行付款义务"的相关证据材料。被告为支持其答辩观点,提供了包含"①7452、7455 号公证书,欲证明所附电子邮件是微软公司发给被告代理人的,确认 MicrosoftOutlook 下的邮件是可以被修改的;②7453、7454 号公证书,欲证明电子邮件的正文、附件以及转发邮件均是可以被修改的。"相关证据材料。

本案中,原被告均对电子邮件进行了证据保全。原告将被告发送的电子邮件固化为纸质版,并对电子邮件证据的取证过程进行了公证,以图证明电子邮件证据的合法性、关联性和客观性。被告针对这一部分证据也提供了公证书证明电子邮件的附件有被修改的可能。法院最终认为电子邮件证据本身的易修改性使真实性不确定,证明力较弱,属于间接证据,不能单独证明原告主张的事实,需要其他证据补强,但是原告未提供其他证据证明其真实性,所以此部分证据不满足客观真实性,最终不予采信。

(二)案例二:上海外经贸公司与康夫特公司、博晨公司海上、通海水域货运代理合同纠纷案②

再审的关键点在于原审法院对康夫特公司提交的聊天记录等证据的证明效力不予采纳是否正确。虽然康夫特公司所提交的 QQ 聊天记录在二审期间办理了公证,但是并不能证明相应 QQ 账号在涉案合同签订时归属相应当事人所有并使用,主体真实性并未得到有效证明。最终再审法院认定康夫特公司除提交 QQ 聊天记录等电子证据外,未提交其他有效证据予以印证,该电子证据无法单独作为定案依据。因此,原审法院对康夫特公司提交的聊天记

---

① 参考案例:"上海市第一中级人民法院(2005)沪一中民五(商)初字第 43 号判决书",来源:聚法案例。

② 参考案例:"(2016)最高法民申 1397 号民事裁定书",来源:聚法案例。

录等证据的证明效力不予采纳并无不当,康夫特公司向本院提交的证据材料不能推翻原审判决的认定。

从以上两个案例看出,涉案电子证据均符合一般证据的"三性",而且涉案电子证据均进行了公证,以此补足收集主体、收集方式的合法性,然而最终均因为电子证据证明力问题最终未能被法院采信。电子证据,不同于其他传统证据,具有易修改性,所以这部分证据的证明力较弱,不能单独作为定案依据,需要其他证据的补强。当没有其他证明与其相互印证时,法院便不能予以采信。

三、民事诉讼中电子证据的证明力认定规则及完善

(一)影响民事诉讼中电子证据证明力的主要因素

(1)电子证据与待证事实的关联程度。这是认定电子证据证明力的主要标准。一般来说,关联程度越高,证明力越大,反之,证明力越小。据此,我们可以把电子证据分为直接电子证据和间接电子证据。直接电子证据与待证事实之间有直接联系,能够单独证明案件事实;间接电子证据与待证事实之间有间接关系,不能单独证明案件事实,需要其他证据补强。

(2)电子证据的完整程度。这是认定电子证据可靠程度的关键因素。此处的电子证据的完整程度主要是指电子数据内容上的完整程度[①]。电子证据的完整程度越高,其可靠程度越高,证明力自然也高;反之,可靠性程度越低,证明力也越低。在司法实践中,法官通常会通过对电子证据各个环节的审查来判定电子证据的完整及可靠程度,进而认定其证明力。

(二)民事诉讼中电子证据证明力采信规则的完善

1. 建立有完全证明力的电子证据规则

在民事诉讼中,当事人一方提供的电子证据满足法律对证据可采性和证明力的一切要求,电子证据的关联性、完整性和可靠性都达到最优,对方当事人虽有异议却没有相应证据予以证明,那么法官就可以认定该电子证据具有完全的证明力。

(1)电子证据原件或与电子证据原件核对无误的复制件;

(2)经过专业的技术鉴定,确定其客观真实、完好无损的电子证据;

(3)双方当事人在质证过程中均予以认可的电子证据;

(4)当事人予以自认的电子证据;

(5)附有相应附属信息证据和系统环境证据的数据电文证据。

2. 采用"区块链"等技术性存证措施

最高人民法院 2018 年 9 月 6 日发布《最高人民法院关于互联网法院审理

---

① 根据联合国国际贸易法委员会《电子商务示范法》相关规定,电子证据的完整性是指"数据电文的内容保持完整和未予改动"。

案件若干问题的规定》第十一条第二款提到"当事人提交的电子数据，通过电子签名、可信时间戳、哈希值校验、区块链等证据收集、固定和防篡改的技术手段或者通过电子取证存证平台认证，能够证明其真实性的，互联网法院应当确认"，首次以司法解释形式对区块链等电子存证技术进行法律确认。可见，当事人在保全电子证据时，不妨采取技术性存证措施，从而妥善保存电子证据完整性，提升电子证据证明力。

3. 引进权威机构或专业人士

当事人可借助权威机构来提高电子证据的证明力，例如公证处或公检法指定的司法鉴定机构等，同时，在质证阶段尽量请鉴定人出庭，进一步为电子证据提供强有力的佐证。在此也建议此类机构设立专门针对电子证据的鉴定部门，以推动电子证据司法认定的进步。

四、结语

电子证据是随着信息化时代的到来而成为我国民事诉讼和证据法理论研究中不可回避的问题。法律与技术也不存在无法跨越的鸿沟，所以电子证据证明力的司法认定标准，也应当同时代一起进步，我们也无比期待民事诉讼中电子证据的认定规则及实践制度更为完善的时刻早点到来。

电子证据司法实践概析

王小泉　梁　倩　陕西静远新言律师事务所

一、什么是电子证据

《中华人民共和国民事诉讼法》新增的证据种类为电子数据,但至今电子证据并没有明确的具体界限和统一定义。其定义上常见的也有近十种,除了"电子证据"之外,还有"计算机证据""计算机数据证据""电子数据""电子数据证据""数据电文证据""电子文件证据""网络证据"以及"网上证据"等。导致司法取证实践中法官只能依托最高人民法院关于适用《中华人民共和国民事诉讼法》若干问题的解释第116条的规定:"电子数据是指通过电子邮件、电子数据交换、网上聊天记录、博客、微博客、手机短信、电子签名、域名等形成或者存储在电子介质中的信息",自有认知判断何为电子证据。

二、电子证据的特点

电子证据相比传统证据具有以下特点:①因存储载体的特殊性,体现出数量与状态海量性特征;②由于电子证据是顺应科学技术不断进步的产物,本身具有不稳定性,存在被篡改、删除、剪切的可能性,其在计算机、互联网等技术的衬托下更加突显出可恢复性的客观属性;③电子证据无法感知、无法取得、无法触碰的虚拟性与多媒体复合性、国际性特性的结合,将证据形态涵盖了所有传统证据的类型。电子数据证据囊括了过去所有的证据类型,是集文字、图像、声音、视频等多种形式为一体的多媒体证据。这都是任何传统证据种类无法比拟的。

三、电子证据司法实践中存在的障碍

电子证据证明资格性体现在其已被明确地列为诉讼的证据种类之一,法学界将客观性、关联性和合法性视为民事诉讼证据的三大基本特征,理论上来说只有同时具备这三个特征的证据材料才有作为证据的资格或者说具有可采性,即法学界所说的证据能力。司法实践中,电子证据作为重要的证据类型广泛地展示应用到每一例具体的民事诉讼案件中。结合我国现行的民事诉讼法及其司法解释,电子证据在司法实践及应用中仍然存在以下不足与障碍。

（一）电子证据收集时障碍

为确保电子证据的真实性与固定性，很多国家都出具了详细的电子证据取证规则。以英国首席警官协会的《电子证据规范行为指南》为例，就移动电子计算机这个行为，《电子证据规范行为指南》十一个步骤：①检查计算机周围环境；②将人们驱离计算机和电源；③对计算机及其所处环境拍照；④向使用者询问登录信息；⑤对屏幕拍照，并书面记录屏幕上的内容；⑥不要触碰键盘和鼠标；⑦必要时，采集切断电源就可能丢失的数据；⑧谨慎参考计算机所有人或使用人给出的意见；⑨保证打印机打完当前文件；⑩在没有专家建议时，断开电源时不应关闭任何程序；⑪移除其他与计算机相连的电线。但我国相关法律中电子证据的收集方法只是简单的一概而论。电子证据收集主体在司法实践中受到了很大限制。其并不像传统证据比如书证、视听资料等那样可以通过复印、拍照等便捷的形式进行提取。收集时要求的精准性与技术性都是一般普通民众所不能够达到的技术参数要求。收集过程中因欠缺专业知识能力，往往使得收集的电子证据连基本的客观性都无法达到。因此电子证据的收集方面就存在较高的风险。

（二）电子证据认证时障碍

电子证据证明力的认定，是立足于证据的关联性、合法性、真实性，所要证明的案件事实不仅具有客观性，而且还应具有完整性。因为电子证据虚拟性，常常使得电子证据生成、储存以及传输过程中都已受到干扰，根本无法完整可靠地反映出电子信息的记录与状态。司法实践中，因专业性限制，以及我国现行法律中也缺少统一的电子证据证明力的认证规则，使得法官不单要判断电子证据的合法性等基本属性，还需运用非法证据排除规则。而最高人民法院关于适用《中华人民共和国民事诉讼法》若干问题的解释只对非法证据排除进行了概括性的规定，无法被审判法官直接具体的适用，因此造成各地法官依靠自由心证和司法经验来各执己见的司法现状。

（三）电子证据保全时障碍

电子证据保全主要涉及传统及网上公证两种方式。鉴于公证人员缺乏专业的电子证据基础知识，使得保全操作中普遍存在保全公证程序不规范的现状，最终导致公证的电子证据无法充分发挥证明作用与法律效力。另外因举证期限的法定要求，电子证据保全也必须在特定时间内予以完成，因此时效性上也对保全工作提出了较高的要求。

四、民事诉讼中电子证据适用的建议

（一）进一步完善电子证据收集、鉴定规则

电子证据收集规则明确的规定可以让电子证据的收集过程更加合法合理。我国在司法实践中可借鉴英美法系等国家，成立专业机构单一独立的辅

助机构收集电子证据。从而在证据的收集过程到证据的保存过程都保障了证据的合法性、合理性和完整性。与此同时专门成立的电子证据鉴定机构，也可使得电子证据的鉴定紧紧遵循客观、公正、科学、独立的原则，从而确保电子证据的真实性、合法性，以完整地展现出案件的客观事实。

（二）进一步完善电子证据保全制度

电子证据保全制度的完善，首先要做到保全的目的性与程序性统一，无论是司法保全还是公证保全，其都发挥着防止电子证据遭受毁损与灭失的重要责任，司法保全多为诉中保全，其采取的措施本身已经具有了滞后性，且司法机关往往需借助专业机构予以采取保全措施，因此就需要更加完善的制度与规则支撑。而公证保全往往是诉前保全，在实践过程中各方主体都应做到程序合法、目的客观。其次，传统意义诉前保全多针对的是线下保全，结合目前经济形势，网上交易的广泛运用使得网上保全需求不断增加，因此完善网上保全形式是基于现有状态下较为快捷、合法的有效做法。比如上海、北京城市已经采取客户在网上交易、签订合同时，可将交易的相关信息与资料上传至网络服务器端口进行电子证据的保全。例如伊时代电子证据保全系统是我国第一个电子证据保全系统，系统运用了先进的时间戳技术，对电子证据进行标识，利用加盖时间戳的形式，随时为包括电子合同、电子邮件、网页内容、网络版权文件等在内的网络证据提供证据保全服务，可高效地完成电子证据收集活动。这种依托电子证据保全系统下的网络公证平台日益发挥着不可替代的作用。最后，电子证据保全系统立足的规则与操作指引应在系统软件先进技术发展下，不断更新完善。

五、结语

电子证据作为目前新兴的证据类型，要使纠纷得以公平、公正的解决，只有不断完善电子证据的收集、鉴定、保全制度，才能真正发挥证据还原事实的关键作用。

圣奥商业秘密刑事案新规下电子数据取证之变化

李德成　北京金诚同达律师事务所

2018 年 1 月 7 日,江苏省高级人民法院对江苏省泰州市人民检察院指控山西翔宇化工有限公司("翔宇公司")、王某某、李某某、张某犯侵犯商业秘密罪一案("圣奥案")作出二审裁定,驳回上诉,维持原判[①]。笔者作为被害单位江苏圣奥化学科技有限公司("圣奥公司")的诉讼代理人参与了本案一二审诉讼,现就本案与电子数据取证有关的问题,结合公安部最近出台并于 2019 年 2 月 1 日实施的《公安机关办理刑事案件电子数据取证规则》("新规"或"规则"),提出一些粗浅的看法供探讨。

一、圣奥案涉及的电子数据取证

(一)(2013)泰中知刑初字第 0003 号刑事判决("一审判决")认定的涉案电子证据的收集及司法鉴定情况[②]

公安机关对被告人张某的 U 盘、公司电脑镜像盘和家中的电脑硬盘及李某某的笔记本电脑、王某某的 U 盘进行了电子证据勘验检查,出具了泰公(网安)勘【2012】1 号《电子物证检验鉴定工作记录》;对王某某、李某某的电子邮箱内容进行了远程勘验并出具了公(网安)勘【2012】2 号《远程勘验工作记录》,提取和恢复了相关的电子数据,提取的电子数据分别编号并刻录于 8 张光盘中保存。

公安机关委托福建中证司法鉴定中心对扣押的李某某的笔记本电脑硬盘、王某某的 htc 手机中的涉案材料予以提取、恢复,进行证据固定及电子数

---

①　江苏省泰州市中级人民法院于 2013 年 10 月 22 日作出(2013)泰中知刑初字第 0003 号刑事判决。判决如下:一、被告单位山西翔宇化工有限公司犯侵犯商业秘密罪,判处罚金人民币二千万元。二、被告人王某某犯侵犯商业秘密罪,判处有期徒刑六年六个月;罚金人民币五十万元。三、被告人李某某犯侵犯商业秘密罪,判处有期徒刑三年;罚金人民币十万元。四、被告人张某犯侵犯商业秘密罪,判处有期徒刑三年,缓刑四年;罚金人民币四十万元。五、追缴被告单位山西翔宇化工有限公司的违法所得,上缴国库。六、被告人张某所退出的违法所得予以没收,上缴国库。七、扣押在案的作案工具及图纸资料予以没收。

②　见(2013)泰中知刑初字第 0003 号刑事判决书第 25－26 页第七、涉案电子证据的收集及司法鉴定的情况及(2013)苏知刑终字第 0006 号刑事裁定书("二审裁定")第 10－11 页第六、涉案电子证据的收集及司法鉴定情况。

据检验。福建中证司法鉴定中心【2012】数检字第 78 号(1)和(2)检验报告证实：①从送检硬盘中提取了涉案文件 2 064 个,恢复指定的文件 1 190 个,所提取的内容刻录于报告所附的 2 个光盘。②从送检的 htc 手机中提取和恢复从地址簿中检出通讯录 290 条,恢复通讯录 18 条;从收件箱中检出短信 1 619 条,恢复短信 29 条;从发件箱中检出短信 109 条,恢复短信 20 条;从草稿箱中检出短信 14 条,恢复短信 16 条;从通讯记录中检出已拨电话 207 条、已接电话 151 条、未接电话 142 条,从电话记录中恢复已拨电话 24 条、已接电话 16 条、未接电话 8 条,从内置 SIM 卡的地址簿中检出通讯录 70 条,短信收件箱中检出短信 2 条,恢复短信 4 条。所提取和恢复的内容刻录于报告所附的 1 个光盘。

公安机关从上述 11 张光盘中所固定的李某某的电脑恢复资料、王某某、李某某收件箱、王某某 U 盘资料、李某某发件箱及翔宇公司进行设备招标时交给常州市赛福化工成套设备安装有限公司、开原化工机械有限公司、无锡科伦达化工热力装备有限公司、菏泽市花王高压容器有限公司的图纸资料中,提取翔宇公司用于生产 RT 培司、4020 防老剂的涉案文档 41 份,该 41 份文档作为司法鉴定材料由公安机关提交鉴定机构。

(二)一审法院用于认定案件事实的电子证据①

(1)被告人王某某手机所存的短信及福建中证司法鉴定中心出具的【2012】数检字第 78 号(2)电子数据检验报告所恢复的"王某手机短信"内容。上述短信内容亦印证了王某某所作的"每次给张某好处费前,须事先向陈某某(被告单位法定代表人)请示同意后才能到财务上支取相关费用"的供述。

(2)公安机关的扣押物品清单及移送的物品证实,公安机关已依法扣押了涉案电子数据及原始存储介质,包括:张某公司电脑镜像盘、张某家电脑硬盘、张某 U 盘、王某某 U 盘、王某某手机、李某某笔记本电脑硬盘。

(3)公安机关所制作的《电子物证检验鉴定工作记录》《远程勘验工作记录》证实,泰州市公安局针对张某公司电脑镜像盘、张某家电脑硬盘、张某 U 盘、王某某 U 盘、李某某笔记本电脑硬盘中电子数据进行了采集,其内容分别编号刻录保存于 8 张光盘中。

(4)福建中证司法鉴定中心出具的【2012】数检字第 78 号(1)(2)《电子数据检验报告》证实,福建中证司法鉴定中心接受泰州市公安局委托,对李某某笔记本电脑硬盘及王某某所使用的 htc 手机中的涉案内容进行了提取、恢复,对证据予以固定,相关内容经编号后刻录保存于 3 张光盘中。

---

① 见二审裁定第 15－16 页一审法院认定上述事实的证据第 19、21、22、23。

(三)一审法院关于泰州市公安局提取的部分电子数据不应作为非法证据予以排除的论述[①]

王某某的辩护人提出:"泰州市公安局提取电子数据后所刻录的 1♯、2♯、3♯、4♯、5♯、6♯光盘的时间不是勘验笔录记载时间,该证据获取程序不合法,属于非法证据,应予以排除"。针对这一辩护意见,一审法院查明:公安机关为固定相关电子证据而刻录光盘时间确有与勘验笔录记载的时间不一致的问题。对此,侦查人员出庭说明电子数据勘验、提取和固定的过程。公安机关勘验过程使用只读锁进行勘验检查,使用 DC-4500 VI.4 软件、取证大师 V3.3 和 EnCase(V6.15)软件进行数据恢复,这些技术手段不存在对原始电子数据进行编辑、修改的情况。提取和固定的电子数据已向各被告人出示,各被告人也签字确认电子数据来源于被扣押的介质,内容也是客观真实的。当庭各被告人对上述电子数据亦没有提出异议。针对光盘刻录时间和勘验笔录中所记载的时间有部分不一致的情形,侦查人员对此做了说明,分为两种情况:一是光盘刻录时间在勘验笔录中所记载的时间之前,系因为侦查的紧迫性,需要先提取相应的电子数据用于讯问犯罪嫌疑人,所以在保证电子数据真实性的前提下,在制作勘验笔录之前将提取的电子数据先刻录成光盘,然后再制作勘验笔录;二是光盘刻录时间在勘验笔录中所记载的时间之后,系为了防止过早刻录致出现光盘受损无法使用的情况,待勘验介质移交返还时再一并将勘验提取的电子数据刻录成光盘。侦查人员出庭对勘验、检查笔录的制作及光盘刻录的过程所作的描述是客观的,对光盘刻录的时间与勘验笔录记载的时间出现不一致的情形所做的解释是合理的。勘验、检查笔录和电子数据等证据的真实性可以确定,要求重新进行勘验没有必要。上述电子证据的内容真实、客观,依法应当作为定案的依据。

(四)上诉人提出的与电子证据相关的上诉理由及辩护意见

(1)认定圣奥公司技术信息构成商业秘密的司法鉴定意见不合法、不真实、不客观,不能作为定案证据。圣奥公司提供的 43 份文档是经过筛选、整理、加工而成,不是圣奥公司的原始文档,公安机关不能说明搜集过程和信息来源,收集到的材料均为王某某、李某某及张某的电脑、U 盘中所谓窃取后形成的资料。公安机关违反法定程序收集该部分证据,公安机关没有依法提取检材,圣奥公司报案后才制作 43 份文档复印件作为检材,鉴定依据的检材没有原件。

(2)公安机关提取 1-6♯电子光盘存在勘验时间与刻录光盘时间不一致的情况,收集证据程序瑕疵,从该 6 张光盘中提取的 41 份鉴定检材的真实性存在重大瑕疵。国科鉴定中心出具的《司法鉴定意见书》,其检材 41 份电子文

---

① 见二审裁定第 18 页第三、泰州市公安局提取的部分电子数据不应作为非法证据予以排除。

档是泰州市公安局从 11 张光盘尤其是前述 1-6♯光盘中提取的,这些光盘的提取程序如前所述不合法。电子证据勘验和提取违法,申请重新勘验张某的电脑,如果涉案图纸、技术资料是在 2010 年之前就已存入张某的电脑,则说明张某并非是受王某指使而窃取圣奥公司技术资料。

（3）一审法院未对公安机关的违法取证程序进行调查。

（五）二审法院对公安机关提取、保存相关电子数据程序是否适当做出了评判[①],认定公安机关勘验、提取电子证据合法

二审法院详细审查了公安机关制作的电子勘验检查笔录,该笔录记载:泰州市公安局电子物证检验鉴定中心的张劲松、贾东分别于 2012 年 5 月 8 日对王某某的电子邮箱 WQF0035@163.COM 及李某某的电子邮箱 15935986559@163.com 做电子证据勘验检查,提取的内容被刻录保存在 1♯光盘;同年 5 月 9 日对张某办公用计算机硬盘、U 盘、王某某的 U 盘进行勘验检查并提取电子数据,从王某某的 U 盘提取的数据被刻录保存于 2♯光盘,从张某家用计算机硬盘恢复数据第四分区（F 盘）提取的数据被刻录保存于 3♯、4♯、5♯光盘,从张某 U 盘提取的数据被刻录保存于 6♯光盘。鉴于勘验人员使用只读锁勘验检查技术对电子数据的存储介质进行数据恢复,使用的 DC-4500 VI.4 软件、取证大师 V3.3 和 EnCase（V6.15）软件对被勘验的介质所存储的原始电子数据不可能编辑、修改,而且从存储介质、电子邮箱内提取和固定的电子数据均已向存储介质原持有人王某某、李某某、张某出示,经过王某某、李某某、张某辨认并确认电子数据分别来源于其被扣押的存储介质和使用的电子邮箱,提取的电子证据内容真实,且王某某、李某某在一、二审法庭上对此亦无异议。关于公安机关保存电子证据的光盘刻录时间和勘验笔录记载时间存在部分不一致的问题,勘验人贾东在一审法庭上已经做了合理解释。故公安机关勘验、保存涉案电子证据的程序合法。王某某、李某某及二人的辩护人、翔宇公司的辩护人提出公安机关勘验电子证据程序违法,提取、保存在 1 至 6 号光盘中的电子证据不应当作为定案证据的上诉理由、辩护意见,不能成立。

鉴于张某明确供述其受王某某指使才窃取本单位的技术资料,王某某对此亦有供述印证,故对王某某的辩护人提出为确定张某是否在王某某指使之前就已非法窃取圣奥公司技术资料,申请对张某电脑存储涉案技术资料的时间进行重新勘验的请求,不予采纳。[②]

二、电子数据刑事案件取证相关规定历史沿革

（1）1998 年 5 月 14 日,公安部发布了《公安机关办理刑事案件程序规定》

---

① 见二审裁定 42-43 页一、1.公司机关勘验、提取电子证据合法。
② 见二审裁定第 54 页。

("第35号令")。

(2)2007年10月25日,公安部对第35号令进行了修正,发布了《公安机关办理刑事案件程序规定修正案》("第95号令")。

(3)2012年12月13日,公安部发布了新的《公安机关办理刑事案件程序规定》("第127号令"),于2013年1月1日施行。第35号令及第95号令同时废止。

(4)2016年9月9日,最高人民法院、最高人民检察院、公安部发布《关于办理刑事案件手机提取和审查判断电子数据若干问题的规定》("规定"),自2016年10月1日起施行。

(5)2017年2月16日,公安部发布《公安机关鉴定规则》(公通字【2017】6号),自发布之日起施行。

(6)2019年初,公安部发布《公安机关办理刑事案件电子数据取证规则》("规则"),自2019年2月1日施行。公安部之前发布的文件与规则不一致的,以规则为准。

三、圣奥案电子数据取证应遵循的规定

(一)泰州市公安局进行电子数据取证的时间

2011年7月7日,泰州市公安局对该案进行立案侦查。2012年3月22日,张某主动投案自首。2012年4月21日,泰州市公安局根据张某提供的信息,在山东省定陶县将前来送钱并拿取技术资料的王某某、李某某抓获归案。案发后,公安机关依法扣押了王某某、李某某随身携带的用于作案的U盘、手机、笔记本电脑,以及张某的照相机、手机、U盘、电脑主机、笔记本电脑、留存的图纸资料等物品。2012年5月,公安机关对相关电子证据进行勘验检查。2013年1月25日,泰州市人民检察院提起公诉。

(二)圣奥案应遵循的电子数据取证规定

如上所述,泰州市公安局对电子证据的取证时间发生在2012年4月至2012年12月,应依照公安部第35号令及95令的规定进行电子数据的取证。具体要求如下:

(1)与犯罪有关的物品都应当进行勘验或检查。侦查人员对于与犯罪有关的物品都应当进行勘验或者检查,利用各种技术手段,及时提取与案件有关的痕迹、物证。在必要的时候,可以指派或者聘请具有专门知识的人,在侦查人员的主持下进行勘验、检查。

(2)扣押物品、文件程序。对于扣押的物品和文件,应当会同在场证人和被扣押物品、文件的持有人查点清楚,当场开列《扣押物品、文件清单》一式三份,写明物品或者文件的名称、编号、规格、数量、重量、质量、特征及其来源,由侦查人员、见证人和持有人签名或者盖章后,一份交给持有人,一份交给公

安机关保管人员,一份附卷备查。对于扣押的物品、文件、电子邮件,应当指派专人妥善保管,不得使用、调换、损毁或者自行处理。经查明确实与案件无关的,应当在三日以内解除扣押,退还原主或者原网络服务单位。

(3)电子数据存储介质固定要求。对于可以作为证据使用的电子数据存储介质,应当记明案由、对象、内容、录取、复制的时间、地点、规格、类别、应用长度、文件格式及长度等,并妥为保管。

(4)委托鉴定范围。为了查明案情,解决案件中某些专门性问题,应当指派、聘请具有鉴定资格的人进行鉴定。鉴定的范围,包括刑事技术鉴定、电子数据鉴定等。刑事技术鉴定的范围,必须是与查明案情有关的物品、文件、电子数据等。刑事技术鉴定,由县级以上公安机关刑事技术部门或者其他专职人员负责进行。

(5)委托鉴定程序及公安机关应提供的条件。需要聘请有专门知识的人进行鉴定,应当经县级以上公安机关负责人批准后,制作《聘请书》。公安机关应当为鉴定人进行鉴定提供必要的条件,及时向鉴定人送交有关检材和对比样本等原始材料,介绍与鉴定有关的情况,并且明确提出要求鉴定解决的问题,但是不得暗示或者强迫鉴定人作出某种鉴定结论。公安机关应当将用作证据的鉴定结论告知犯罪嫌疑人、被害人。如果犯罪嫌疑人、被害人对鉴定结论有异议提出申请,经县级以上公安机关负责人批准后,可以补充鉴定或者重新鉴定。

四、圣奥案涉及的电子证据取证在新规下的归类

(一)收集、提取电子数据

(1)扣押、封存原始存储介质,包括:张某家电脑硬盘、张某U盘、王某某U盘、王某某手机、李某某笔记本电脑硬盘。公安机关制作了《扣押物品清单》。

(2)现场复制电子数据,包括对张某公司电脑硬盘进行复制,制作镜像盘①。

(3)网络在线提取电子数据,包括泰州市公安局电子物证检验鉴定中心的张劲松、贾东提取王某某电子邮箱、李某某电子邮箱内容并刻录光盘1♯。公安机关制作了《远程勘验工作记录》。

(二)电子数据的检查

(1)通过对扣押的原始存储介质进行数据恢复,发现和提取与案件相关的线索和证据。包括泰州市公安局电子物证检验鉴定中心的张劲松、贾东对张某家用计算机硬盘第4分区(F盘)进行数据恢复,提取数据并刻光盘3♯、

---

① 一审判决及二审裁定将张某公司电脑镜像盘归为扣押原始存储介质。笔者认为,镜像盘不是原始存储介质,应为公安机关在现场对电脑硬盘进行镜像复制,形成的镜像盘。

4♯、5♯。公安机关制作了《电子物证检验鉴定工作记录》。

（2）对扣押的原始存储介质进行电子数据检查并提取电子数据。包括泰州市公安局电子物证检验鉴定中心的张劲松、贾东对张某 U 盘，王某某 U 盘勘验并提取电子数据,刻光盘 2♯和 6♯。公安机关制作了《电子物证检验鉴定工作记录》。

（3）对提取的电子数据,通过搜索、关联、统计、比对等方式,进一步发现和提取与案件相关的线索和证据。包括对张某办公计算机镜像盘的检查并提取电子数据刻录光盘。公安机关制作了《电子物证检验鉴定工作记录》。

（三）电子数据的检验与鉴定

公安机关委托福建中证司法鉴定中心对李某某笔记本电脑硬盘及王某某 htc 手机进行数据恢复,提取数据并固定数据。鉴定机构出具了福建中证司法鉴定中心【2012】数检字第 78 号(1)(2)电子数据检验报告。

综上,圣奥案在进行电子数据取证时,尚无针对电子数据取证的专门性规定,但办案机关对电子数据的取证过程显示出了专业性和超前性,特别在各类笔录、清单及工作记录的完整性,固定电子数据的细致分类,注重搜集与电子数据相关联的证据等方面给我们留下了深刻的印象。相信在新规正式实施以后,电子数据的刑事取证将更加规范。

网络与高新技术相关
的其他法律问题

互联网文化政策法律服务实践问题研析

宋　炬　孙　枭　陕西泽诚律师事务所

互联网起源于美国,随着我国国民经济和科学技术的迅猛发展,互联网文化在我国普遍兴起,而随着社会各个领域的日常生活需求,互联网文化在中国的社会发展中产生着重大影响,它在推动有益文化和正能量信息传播的同时,也必然会对我国传统的优秀文化思想及占主流地位的有益文化带来极富有攻击性的冲击。且考虑到互联网的根源特质和其限制模式、框架,也注定了它与我国传统的监管和控制方式有着极大的区别,这对于我们来说,可视为一个严峻的挑战①。

而网络文化在现阶段社会发展中,已深刻融入民众生活的方方面面,日渐成为普世文化的内核部分。同时更明显地反映着青年大众的思想动态和学习动态,既可视为指向标识,同时亦可影响青年人群的思想与观念建立。在这种大环境下,对网络文化必然需要进行更合理有效的、更加直接具体的监督管理。而从国家层面来说,应制定相应的文化政策,指导立法、执法、司法在网络文化传播和发展中发挥规范高效便捷的作用。同时,相应的法律服务也是必不可少的组成部分。

而笔者认为,从互联网文化政策以及法律服务层面上分析,在现阶段的网络文化发展中,主要存在着以下几个问题:

一、互联网带来的便捷信息交流模式使得知识产权保护难度增加

我国互联网发展初期,对网络信息版权的保护观念淡薄,网络信息库中存在着大量无版权,或权属争议不明的信息和作品,随着国家对版权的关注度逐步上升,相关政策和法律随即出台,但在实践中,却缺乏配套的法律服务跟踪,这在知识产权保护方面尤为突出和明显。

二、互联网文化政策对青年群体影响效果不明显,缺乏有效和明确的针对性

2018年1月31日,中国互联网络信息中心发布第41次《中国互联网络发展状况统计报告》。数据显示:截至2017年12月,我国网民仍以10～39岁

---

① 张海涛:《我国互联网文化管理问题研究》,东北大学硕士学位论文,2009年5月,第2页。

年龄阶段为主,占总体的 73%。其中,20～29 岁年龄阶段的网民数量最多,占据总体的 30%,10～19 岁群体占比为 19.6%①。在网络发展过程中,国家为规范网络文化环境,推广正能量文化内容,先后制定了一系列网络文化政策。其中,以国务院及其所属部门、各部委制定的数量占优。

而青少年网民群体,对网络文化政策了解甚少,其使用网络工具多为娱乐,而且,他们对于网络文化政策的限制行为,感官反应通常是负面的,更有甚者,发布负面信息,或者大肆传播伴有危害内容的信息。虽然网络文化政策内容宽泛全面,但是缺乏更直接具体的针对性、细化性规定。

三、互联网文化政策实施方式多为限制性,而引导性内容实施效果相对薄弱

随着网络文化的发展,其中低俗、无意义的信息仍不可避免地在网络上井喷,基于此种情况,政策导向尤为重要。回顾近年来网络文化政策在网络环境中的具体实施,我们不难发现,在这些操作中,最多的是对某个特定的,或者某一批相类似的网络信息予以封禁,或延期加以整改,这种后阶段的实施措施,虽然有效制止了不规范的网络信息的危害范围,但同时也不可避免地影响了部分有益或无害信息的传播。不仅如此,更会加重他们对相关政策以及制定和实施部门的负面印象。

综上,解决以上几个问题,笔者认为,首先应当对这些问题的根源进行梳理分析,从而在后续服务中提出相应对的解决办法。

(一)增强技术层面的网络监管,完善涉及知识产权个体的法律服务基础

知识产权领域的权利保护一直是我国政策和法律层面稍显薄弱的部分,而网络信息存储的灵活性,传播的快速性和接收的便捷性使得对网络文化知识产权的保护更加困难和不具体,而对应现阶段的网络文化政策,站在法律服务提供者的角度,亦应当做出应对。

首先,从国家层面来说,相应国家部门在制定文化政策的时候,应当避免政策制定的盲目性和随机性,而这里的盲目性意味单纯考虑现存问题而忽略法律规定的欠缺,政策的制定应当与现行法律相互配合,这样才能更为直接和高效地发挥作用。因此,在制定某具体的网络文化政策时,可以征集法律方面相关专家学者的意见建议,以更加迎合现行法律法规,来应对复杂多变的网络文化知识产权保护现状。

其次,从法人或团体层面(企业层面)来说,在积极响应国家政策的同时,更应当聘请对网络文化政策以及相关法律法规有深入研究的法律专业人员,以担任企业法律顾问或者法务工作人员的方式,时刻关注政策导向,以合法合规的方式保护其知识产权。

---

① 中国互联网络信息中心:《第 41 次中国互联网络发展状况统计报告》,2018 年 1 月,第 25 页。

最后，从个体层面来说，主要是法律专业人员，应当更加全面了解当前我国网络文化政策的风向和具体规定，明确相关政策的内容和制定目的，从根源入手，依照以上措施得出的数据，从而为对保护网络文化知识产权有需求的法人或者自然人提供配套的法律服务措施。

（二）通过提供更具有针对性的法律服务来对应青少年群体对相关网络文化政策的响应与认同

有针对性地促进网络文化政策的传播与实施，其关键就在于明确当今青少年网络群体对网络信息文化的态度，这也是问题产生的根源所在。

首先，笔者认为，青少年群体在应对繁杂的网络信息时，辨别能力相对较差，容易被各种不良信息影响其价值观和价值取向，甚至逐渐发展成为某些违法行为的倾向。对此，作为提供法律服务的群体，就应当防患于未然，在网络运营商和相关国家部门的配合下，以周或月为周期，经常性地进行网络法律法规化宣传，为上网群体，主要是青少年群体明确违法行为的界限，从源头处加以引导，将违法行为遏制在萌芽初期。

其次，相应违法行为发生后，在国家机关对问题进行处理的同时，法律专业人员介入也可作为有效辅助措施。国家制定网络文化政策的最终目的是营造一个健康有益的网络文化环境，而这个环境的创造者主要是网民比例较多的青少年群体。对此，法律专业人员在政策的指引下，站在法律角度加以分析，不仅能够有针对性的改善甚至解决青少年群体的网络文化传播不良和违法行为，而且更能够在改变青少年群体价值观和思想观的同时，使网络文化政策能够更广泛的传播，使之更容易被网络受众所接受和支持。

（三）强化网络文化政策的引导作用，在相应的法律服务中有倾向性的解读网络文化政策，增加法律手段打击网络负面信息的比重

网络文化政策为国家所指定和实施，而政策作为指导性媒介作用，其发挥对社会事务的指导作用要显著优于对社会事务的限制，而这在网络信息环境中也是一样的。要强化网络文化政策的引导作用，笔者认为，主要有以下几个措施。

首先，必须要明确，网络文化政策在制定时，必然经过了制定机关对网络环境的缜密研究，综合多方原因之后进行制定，而基于当前的网络环境，负面新闻、造价信息、无版权成分相互混杂，数量庞大，只依靠国家制定的网络文化政策进行限制，既不利于对网络文化发展的引导，同时还会使部分不了解情况的网络受众对国家制定政策产生抵触心理。

其次，基于笔者对社会现状的剖析，我国法制框架已普遍健全，日趋完善，对于许多网络文化的负面内容，即使暂无专门规定进行约束和处理，在其他部门法或相关规定中，依旧可以适当援引，以对网络不良信息进行处理。

最后，笔者要说明的是，随着我国普法活动逐步深入，民众的法制意识也

日益深厚,依法处理网络不良信息,其产生的效果和民众认同度要显著高于政策对网络不良信息的限制。因此,显著发挥政策的引导作用,而将法律法规作为网络不良信息的打击手段,会达到更有效治理当前网络文化环境的良好效果。

从三地网络仲裁规则比对看网络仲裁规则发展

蔡海宁　叶文孝　广东经纶律师事务所

自中国国际经济贸易仲裁委员会 2009 年 5 月 1 日推出实施了我国首个《网上仲裁规则》后,各地仲裁委员会纷纷制定网络仲裁规则以应对日益增长的电子商务纠纷。笔者在此选取中国国际经济贸易仲裁委员会(以下简称"贸仲")、深圳国际仲裁院(以下简称"深仲")以及中国广州仲裁委员会(以下简称"广仲")三地制定的网络仲裁规则进行对比,并对现正修订的中国广州仲裁委员会网络仲裁规则(修改意见稿)提出修改建议,以了解我国网络仲裁规则的发展。

一、中国国际经济贸易仲裁委员会网络仲裁规则

贸仲规则对仲裁协议的电子形式进行了列举,并对协议形式做了兜底规定,为认定网络仲裁协议提供了相对可行的认定方式。此外,规则在规定有关仲裁的文件材料通过线上传送交换原则的同时,允许当事人在征得仲裁庭同意后采用线下提交方式;规则对电子证据的真实性认定也设立了一系列的可考性的认定条件;较为难得的是,该仲裁协议还规定了庭审线上与线下的转换,并未将庭审方式局限于线上,采取电子通信形式审理的同时,辅以常规的现场开庭方式。

但是,贸仲网络仲裁规则仍存在不足之处。规则并未设立一个文件提交传送的集中平台,仅仅根据仲裁当事人确定的方式进行,不能解决当事人信用风险的问题。其次,规则对仲裁地的认定以当事人约定优先,当事人未做约定的,以仲裁委员会所在地为仲裁地,规则没有对当事人假定仲裁地连结点作出限制,且在当事人没有约定的情况下,僵硬地确定仲裁地为仲裁委员会所在地,未考虑仲裁审理的便利性、仲裁裁决的可执行性等因素,使得仲裁地不能更好地服务于仲裁本身。[①]

二、深圳国际仲裁院网络仲裁规则

深仲现施行的网络仲裁规则,对当事人的身份认证以及电子签名问题做出了较完善的规定,不仅要求当事人通过身份认证平台的认证,且将通过认

---

① 谢石松:《商事仲裁法学》,高等教育出版社 2002 年版。

证账号对仲裁材料进行确认或使用电子签章视为符合"签名"要求,解决了网络仲裁程序过程中的电子签名认定问题。此外,该规则完善了线下证据与线上证据的衔接,准许当事人将线下证据进行电子化处理上传至线上,促进网络仲裁的电子化程度。

笔者认为,深仲网络仲裁规则仍存在需要改进的方面。该规则对数据存储和使用的规定过于简略,没有对网络仲裁程序过程中存在的保密性以及隐私性问题作出明确、清晰的规定,不能确保当事人对于网络仲裁程序的信任。此外,该规则没有解决仲裁地落空的问题,无法确认一个特定明确的仲裁地,恐产生法院对仲裁程序支持与监督无法落实,仲裁裁决不被承认与执行的问题。①

三、中国广州仲裁委员会网络仲裁规则(修改意见稿)

修订稿对仲裁地的确认除以当事人约定优先外,还可以由仲裁委根据案件具体情况确定其他地点为仲裁地,在尊重当事人意思自治的同时,赋予仲裁庭自由裁量权,根据最密切联系原则确认仲裁地,有利于纠纷得到迅速公正的解决。其次,规则还规定了一个较为完善的网络仲裁云平台,将仲裁各方的仲裁活动集中在云平台。平台能对当事人的身份进行验证,并将其在平台的一切活动视为其本人的活动,一定程度上解决了识别当事人身份及当事人对仲裁文件内容的认可问题。

修订稿虽然相较贸仲、深仲网络仲裁规则作出了更为创新的规定,但仍存在瑕疵。笔者现对修订征求意见的条款提出如下意见:

(1)关于证据认定:"仲裁庭有权认定证据的可采性、关联性、实质性和证明力。"笔者认为:对电子证据的三性,可采性、实质性、关联性没有本质的区别,建议继续沿用传统的"合法性、真实性、关联性"表达方式。

(2)关于期间计算:"期间以时计算的,期间在起算条件成熟时即时起算。期间届满时间在节假日内的,不影响期间的届满。"笔者认为,关于"期间计算"该条,均属于立案程序内容。鉴于修订稿对于大部分庭前仲裁活动的期限都以小时计算且多限于72小时,建议对适用72小时的案件类型、送达要求、审理规则均予以区分,同时建议对于适用72小时的案件全部适用机选仲裁员。此外对于72小时"期间届满在节假日内的,不影响期间的届满"应属于对现行法律的重大突破,没有法律依据,且由于节假期间,仲裁委员会及仲裁庭也处于法定休息时间,因此连续计算显然有违常理,也不利于保护仲裁各方的权益,节假日应当相应予以顺延。

(3)关于安全保障:"非因本会工作人员过错导致仲裁云平台信息损失的,本会不承担责任。"笔者认为:仲裁云平台属于仲裁机构所有,自然负有安

---

① 杨树明:《国际商事仲裁法》,重庆大学出版社2002年版。

全保障义务,为此,一旦出现数据外泄给当事人造成损失的,仲裁机构仍存在法律风险。该条款中虽然有"不承担责任"的宣示条款,但一旦引起法律纠纷,法律风险依然难以避免。

四、三地网络仲裁规则重难点对比

(一)仲裁协议

贸仲是我国首个制定网络仲裁规则的仲裁委员会,其对仲裁协议形式的规定如下:仲裁协议应当采取书面形式。书面形式包括合同书、信件、电报、电传、传真、电子数据交换和电子邮件等可以有形地表现所载内容的形式。

贸仲规则参照对仲裁协议的书面形式进行了列举,并对协议形式做了兜底规定,为认定网络仲裁协议提供了相对可行的认定方式。而广仲意见稿则更进一步地认可当事人通过点击、勾选等能够确认为本人或其授权主体做出的行为对仲裁协议,以及互联网交易平台用户之间分别与平台服务提供者达成协议的订立仲裁协议方式。[①]

在笔者看来,网络仲裁协议形式的认定将趋向于列举式与方法式相结合,即在具体列举相对普遍的协议形式的同时,提供一个相对可行的认定方式,为认定形式较为特殊的或者新兴的协议形式留存余地。可以认为随着通信技术的发展,不但电子邮件等现行电子文件,而且未来当事人利用信息技术形成的仲裁协议也应当被认可为符合仲裁协议的书面形式的要求。[②]

(二)仲裁地

贸仲规则第八条规定:当事人约定仲裁地的,从其约定。当事人未做约定的,以仲裁委员会所在地为仲裁地。仲裁裁决视为在仲裁地作出。广仲意见稿第五条规定:除当事人另有约定外,本会所在地为仲裁地。本会或仲裁庭可以根据案件具体情况确定其他地点为仲裁地。仲裁裁决视为在仲裁地作出。

在网络仲裁程序中,由于其主要环节或者全部环节都是在互联网虚拟环境中完成,并不存在现实意义上的地理空间概念,因而无法参照传统仲裁将网络仲裁指向某一特定地理国家的法律,因此贸仲以及广仲意见稿允许当事人协商确认网络仲裁的仲裁地,能以此确定法律意义上的仲裁地,解决网络仲裁地缺失的问题。

---

① 广仲意见稿第三条规定:(一)电子仲裁协议包括当事人在纠纷发生前或纠纷发生后达成的纸质或者电子仲裁协议,或在纸质或电子合同中约定的仲裁条款;(二)当事人运用电子签名或者通过点击、勾选等能够确认为本人或其授权主体作出的行为对仲裁协议进行认可的,应视为签署仲裁协议;(三)互联网交易平台用户之间可以通过分别与平台服务提供者达成协议的方式订立仲裁协议。

② 梁堃:《英国 1996 年仲裁法与中国仲裁法的修改:与仲裁协议有关的问题》,法律出版社 2002 年版。

而广仲意见稿更进一步，在承认当事人对仲裁地享有假定选择权的同时，还允许仲裁庭根据最密切联系的原则选定仲裁地。

意思自治是仲裁的基本原则，既然当事人能基于意思自治协商仲裁协议内容，那在面对网络仲裁程序中仲裁地缺失的问题时，可以由双方当事人合意确定一个地点，并经法律承认该合意，由此确定一个法律意义上的仲裁地，未来网络仲裁规则对仲裁地的认定也必然遵循该原则，且笔者还认为，应当对当事人意思自治进行一定限制，当事人应当在常设仲裁机构所在地、仲裁程序开始地、仲裁程序终结地、仲裁员住所地、当事人住所地等与仲裁程序具有密切联系的地点中选择一个作为仲裁地。在当事人没有约定的情况下，再由仲裁庭根据最密切联系原则选定仲裁地。

（三）网络仲裁活动专用平台

深仲规则与广仲规则晚于贸仲修订，都对网络仲裁活动专用平台进行了详尽的规定。仲裁委员会针对网络仲裁，可以建设一个专用于服务网络仲裁活动的云平台，各方的网络仲裁活动都应当在云平台上进行。当事人在通过严格身份验证创建账号后，其在平台进行的一切行为，都将被视为本人行为。当事人通过在线确认、电子签章等在线方式对仲裁过程产生的数据予以确认的，可以视为其认可数据电文记载的内容。其次，当事人无论是向仲裁机构还是对方当事人提交的仲裁文件，都应当通过平台进行。与深仲规则规定的网络仲裁平台相比，广仲云平台同时与第三方数据对接，允许当事人通过与云平台对接的其他平台进行网络仲裁活动，更便利了当事人通过第三方平台完成提出申请及材料提交工作、向第三方平台调取证据等。

当事人在平台验证身份后，能一定程度解决仲裁活动过程中当事人身份认证以及当事人意思表示验证的问题，仲裁文件通过云平台提交，更纾解了当事人文件送达的信用风险问题。笔者认为，建设一个具有较为完备功能的网络仲裁专用云平台是未来的趋势，使用云平台既是一种便利、快捷的方法，也有助于保障仲裁程序的规范性以及案件的保密性，极大地便利了当事人进行仲裁活动。当然，并非所有的仲裁活动都适合在云平台进行，如线下证据的核对等，但应当将线下活动的记录同步到云平台，促进网络仲裁的电子化和平台管理的规范化。

人工智能算法歧视的法律责任

李庆峰　邵维刚　浙江浙杭律师事务所

随着近年来人工智能和大数据产业的高速发展,人工智能及相关产品越来越紧密的与我们的日常生活联系在一起,笔者也能深刻感受到人工智能给我们生活带来的方便。但在方便的同时,不知不觉中、在不经意间,许多人也发现了人工智能的另一面——丑陋的一面。虽然这另一面并不能代表人工智能的形象,却足以让人感到厌恶、恐惧和深深的伤害。比如令人深恶痛绝的购票中介平台"杀熟"抬价、手机 App 中精准推送的广告等。在人工智能的丑陋一面中,算法歧视则扮演了重要的角色。如果对这些令人深恶痛绝的人工智能产品进行深入研究,就会发现算法歧视是丑陋的根源,而且它不仅仅是道德层面的"歧视",更关乎法律层面的法律责任。

从目前显现出来的部分算法歧视的案例来看,算法歧视主要存在以下几项法律责任。

一、侵权责任

因算法歧视引发的法律责任中,侵权应该是最常见的,但是这种侵权跟一般侵权有明显的不同。

首先,算法歧视侵权具有明显的隐蔽性。一方面,因为算法歧视的程序是隐藏在人工智能背后的计算机程序中的,这些程序绝大部分都是属于程序设计者和拥有者的核心机密,一般人根本不可能看到有算法歧视的计算机程序本身。另一方面,因为算法歧视通过人工智能工具发生侵权,往往是通过潜移默化的渐进方式发生,被侵权人对于被侵权的事实,也并不会很快的直观感受到被侵权,所以算法歧视侵权很难被发现,或者即使被发现也是侵权事实发生以后很长时间。

其次,算法歧视侵权具有高新技术性。人工智能算法是当前比较前沿的高新技术领域,掌握这项技术的人在全世界都是凤毛麟角,在中国更是像稀有动物一样被各大互联网企业疯抢。算法歧视侵权本身是一项高难度的技术活,那么预防侵权、惩治侵权同样也是一项高难度技术活,这就给相关的立法、执法提出了极高的要求。

最后,侵权主体狭窄,被侵权主体广泛。因为算法歧视的技术难度高,导致该技术掌握在极少数人的手里,因此能成为侵权责任人的责任主体并不广泛,往往集中在几家大型的高新技术或者互联网企业中。但是作为被侵权人的广大人工智能产品的消费者或使用人,则是十分广泛,所以一旦发生算法歧视事件,必然是重大的公众时间,必然是上热搜的事件。

目前暴露出来的关于算法歧视的侵权问题,大部分集中在大数据应用领域,如 2015 年谷歌错误地将黑人程序员上传的自拍照打上"大猩猩"的标签,雅虎旗下的 Flickr 也曾错将黑人照片标记成"猿猴"。[①] 虽然目前还没有人针对上述侵权问题提起诉讼,但引起的广泛关注和讨论还是迫使相关企业对算法歧视问题进行重视并采取行动改进。总体来说,算法歧视的侵权问题还没有真正广泛地爆发,所以面对算法歧视侵权,整个社会还停留在研究、讨论、呼吁、声讨的阶段,如真要提起诉讼,恐各方面的条件还不够成熟。

二、违约责任

2018 年 8 月,中国赫赫有名的"小米"公司,为庆祝新开辟英国市场,在英国举办了一场"1 英镑抢购"的促销活动。但是让所有英国消费者郁闷的是,促销活动时间一到,几乎所有参与抢购的消费者的网络抢购页面均显示"售罄"。此次促销活动引起了英国消费者的强烈不满,甚至有网友在网上曝光了促销页面的代码,从代码上看,抢购时间一到就立即显示"售罄"是程序设计好的,并不是真实的已经售罄。虽然笔者认为,网友曝光的促销网页的代码是真实的"小米"公司促销网页程序代码的可能性极低,但"小米"公司因此次促销事件,迅速成为利用算法歧视"背信弃义"的典型。后来"小米"公司虽然作出解释:本次促销只提供 10 部手机参与促销活动,因参与人数太多导致绝大部分参与抢购页面显示"售罄",但这种苍白的解释并没有得到英国消费者的认可。

此类互联网虚假促销,在中国发生的频率比英国更高,比如某购物网站的限时低价秒杀,普通消费者几乎是不可能秒杀那些低价促销产品的;比如一些商场公开举办的抽奖活动,一次又一次地伤害善良消费者的纯洁心灵。虽然消费者对这种欺诈行为深恶痛绝,但同样也很少有人去追究欺诈者的违约责任。

三、刑事责任

就目前来看,算法歧视还没有引发一起刑事犯罪案件,但在人工智能广泛渗入人类日常生活的各个领域后,算法歧视不可避免地会引发一些较为严重的刑事犯罪问题。比如自动驾驶汽车遇到危险,在面对是保护驾驶人还是其他人的时候,自动驾驶汽车的程序设计算法可能会选择保护驾驶人而牺牲

---

① 任志方:《当人工智能学会歧视还能说它没有价值观吗》,http://www.cneo.com.cn/,article－103191－1.html,访问日期 2019 年 6 月 16 日。

其他人的财产和生命安全,因为在汽车厂商眼里,驾驶人是他们的客户,保护好客户才能使他们的汽车卖得更好,才能带来更大的经济效益。这种算法选择是否合法?笔者认为,如果对于各种危险情况,不加区分地一律先保护驾驶人,而忽视其他人的生命财产安全,这种算法明显具有恶的一面,程序算法设计者的主观故意犯罪状态也就非常明显了。

在人人平等深入人心的现代社会,将人分成三六九等只会是个别现象,但进入人工智能和互联网时代后,将人划分为三六九等好像又回到了古代的野蛮时代,以自动化服务为目标的人工智能产品,在追逐利益最大化的过程中,不可避免地会侵犯被人工智能视为"非重要人士"的平等权益。

人工智能的应用目前还只是初级阶段,随着技术的进步,人工智能应用的深入和升级,通过算法设计歧视作为掩护实施犯罪行为简直是易如反掌。

在当前关于人工智能法律问题的研究中,人工智能产品的设计者和生产者的刑事责任问题,似乎已经在学者中达成共识,甚至有学者已经提出了"适时考虑确立智能机器人的刑事责任主体地位"[①]。但到底是以已经造成的损害后果来评价其刑事责任,还是追根溯源,从算法的危害性来评价刑事责任?笔者认为后者才能对人工智能设计、生产者的主观善恶进行毫无遮掩的全面审视,更符合刑法的主客观相统一的评价体系,所以讨论人工智能的刑事责任问题,绝不能忽视算法。

上述几项法律责任并不能涵盖人工智能算法歧视可能引发的全部法律责任,更多的其他法律责任种类,将在人工智能的广泛应用过程中不断被挖掘出来,但在当前,人工智能算法歧视已经造成损害的情况下,我们迫切需要完善相关的法律追责体系,一方面是铺设维权之路,另一方面是实现对算法歧视的法律审判。

首先,要明确算法歧视违法后果的责任承担主体。算法歧视真正能造成危害的,几乎都是那些巨头公司的产品,即使程序算法设计者为个人,但劳动成果的所有权仍为公司所有,所以公司应当成为责任的承担者。同时,因这些巨头公司的产品应用广泛,危害面大,所以需要加大惩罚力度,以达到惩罚效果。

其次,建立算法歧视损害的赔偿机制。算法歧视无论造成侵权还是违约,亦或是其他法律责任,我们必须要根据其损害特点建立有针对性的赔偿机制,且一定要是有别于当前普通侵权、违约赔偿体系的。根据其损害的广泛性特点,可以借鉴环境污染民事赔偿的公益诉讼模式。

算法歧视的根源还是利益冲突,是人工智能产品设计者"以钱为本"和整个社会需求"以人为本"的冲突。在现代市场经济的大环境下,只有以法律和制度之手段才能有效遏制人工智能在"以钱为本"的指导下的野蛮生长,才能保证人工智能在未来的发展中始终坚持"以人为本"的人间正道。

---

① 刘宪权主编:《人工智能:刑法的时代挑战》,上海人民出版社 2018 年版,第 31 页。

区块链应用的趋势、误区及法律风险

李伟相　广东知恒律师事务所

近两年,区块链技术及应用发展很快,各种应用场景和概念炒作不断推出,但是随着高速发展,也出现了大量的风险甚至被一些违法犯罪利用。本文尝试初步从区块链应用的趋势及市场应用场景乱象,探讨区块链应用的误区和法律风险,希望能抛砖引玉,推动区块链技术有效应用和市场良性发展,提高风险防控及立法规范水平。

一、从我国区块链专利布局看区块链应用趋势

(一)我国区块链相关专利布局

笔者初步检索了区块链相关的中国专利申请 8741 项,其中发明 8411 项、实用新型 140 项、外观设计 52 项、发明授权 138 项。其中 2017 年以后的申请量,占比达到 93% 以上。

按照专利分类检索结果见表 1。

表 1　按专利分类检索结果

专利分类	应用分布范围	申请量
G06Q	专门适用于行政、商业、金融、管理、监督或预测目的的数据处理系统或方法;其他类目不包含的专门适用于行政、商业、金融、管理、监督或预测目的的处理系统或方法	4 845
G06F	电数字数据处理	1 236
H04L	数字信息的传输,例如电报通信	1 047
G06K	数据识别;数据表示;记录载体;记录载体的处理	189
G07C	时间登记器或出勤登记器;登记或指示机器的运行;产生随机数;投票或彩票设备;未列入其他类目的核算装置、系统或设备	63
G07F	投币式设备或类似设备	49
G16H		44
H04W	无线通信网络	38

（续表）

专利分类	应用分布范围	申请量
H04N	图像通信,如电视	27
G08G	交通控制系统	21

涉及一些具体细分应用场景检索结果见表2。

表2　细分应用场景检索结果

区块链应用场景	专利申请数量
信息共享专利	94
版权及版权保护	132
物流	192
供应链	127
金融	678
支付	717(其中跨境支付7)
资产数字化	30
代币	149(涉及比特币88)
商业模式	14
鉴定及证据相关	387(涉及存证236)
密码及密码安全	439(其中密码安全4)

（二）从专利分布看区块链应用趋势

我国区块链专利申请主要涉及不同领域及场景的应用,如在金融与管理类数据处理、数据传输、访问控制与数据保护、版权及存证等方面,占比较大,但是对于区块链底层与核心技术方面占比较少。

从表1可见,在区块链应用的主要领域来看,金融货币、行政及商业管理数据处理领域以占比55%占据主要份额,电数字数据处理、数字信息的传输占比26%,数据识别、数据表示、记录载体、记录载体的处理占比2%,其他占比17%。

从表2可见,在一些具体细分应用场景检索结果来看,金融、支付、资产数字化、代币占比较大达到18%,涉及版权保护、鉴定及证据相关占比11%,涉及物流和供应链占比3%,另外涉及商业模式的专利申请也有14件,基本都处于实审状态尚未授权。

二、区块链应用的误区

这两年,有些市场主体利用区块链概念,不断夸大炒作,将区块链万能化、神化,以至于整个社会对区块链产生大量认识误区,主要有:

(一) 概念误区

区块链技术不是万能的,这一点至关重要,并不是可以成熟应用到任何领域,迄今为止,区块链相对成熟的应用还仅是集中在加密数字货币、电子存证等比较小的范围,在众多领域,仍然处于比较初级的阶段。

(二) 沦为违法犯罪工具误区

(1)利用区块链概念进行传销。据统计,截至 2018 年我国涉嫌传销平台已超过 3 000 家。部分用"区块链""虚拟货币"名义进行传销,例如西安警方破获的"大唐币"网络传销大案,2017 年破获的"钛克币"案等。

(2)利用区块链概念进行诈骗。2018 年 8 月,银保监会、中央网信办、公安部、人民银行和市场监管总局联合发布《关于防范以"虚拟货币""区块链"名义进行风险集资的风险提示》,提示不法分子打着"金融创新""区块链"的旗号,通过发行所谓"虚拟货币""虚拟资产""数字资产"等方式吸收资金,侵害公众合法权益。此类活动并非真正基于区块链技术,而是炒作区块链概念行非法集资、传销、诈骗之实。不法分子通过公开宣传,以"静态收益"(炒币升值获利)和"动态收益"(发展下线获利)为诱饵,吸引公众投入资金,并利诱投资人发展人员加入,不断扩充资金池,具有非法集资、传销、诈骗等违法行为特征。例如,近期破获的英雄链(HEC)及"LCC 光锥币"涉嫌诈骗案等。

(3)利用加密货币进行洗钱。由于加密货币交易不需要使用真实姓名、银行账号,这样犯罪分子可以使用假名,避开监管,容易被用于洗钱、非法支付和交易。

三、法律风险

(一) 集资诈骗风险

如果通过区块链项目募集来的钱挪作他用,则很可能构成集资诈骗(《中华人民共和国刑法》第一百九十二条),例如 2018 年深圳警方破获的"普银币"集资诈骗大案,就是打着"运用区块链技术"旗号,号称"全球首个本位制数字货币",涉案金额 3.07 亿元。

(二) 诈骗风险

通常是指虚构区块链项目,借助区块链概念骗取他人财物。

(三) 传销风险

有些传销组织利用"区块链技术"的噱头,以聚集性传销、网络传销为手段,通过吸纳下线和发展多级会员、操控平台虚拟货币等手段进行发展。

(四) 洗钱、逃汇、逃税风险

许多境内外交易通过比特币等虚拟货币支付,交易记录以及真实身份数据隐身无法核查,从而达到逃税、逃汇的目的。另外,近年来,国际上已经爆发了多起利用相关平台进行大规模洗钱活动的案例。

(五) 非法吸收公众存款罪

早在 2017 年,央行联合银监会、证监会、保监会、网信办、工商总局和工信部,宣布"疯狂"的 ICO 属于"非法公开融资"(《中华人民共和国刑法》第一百七十六条),比特币等数字货币暴跌,比特币在 4 天内跌掉了 30%。

(六) 破坏金融管理秩序罪

部分区块链公司发行类似比特币的代币,具有发行虚拟货币的属性,规避金融监管法律政策,属于游离在国家金融监管之外的资金流动渠道,对我国现行金融管理秩序造成扰乱。

(七) 非法侵入计算机信息系统罪(《中华人民共和国刑法》第二百八十五条)

如果以非法手段获取区块链相关计算机信息系统数据,攻击或获取虚拟货币及交易平台、用户密匙,可能构成非法侵入计算机信息系统罪。

(八) 盗窃罪

非法窃取比特币等虚拟货币,以前一般以涉嫌非法获取计算机信息系统数据罪处理,但近两年也开始有司法机关以盗窃罪定罪量刑,例如 2018 年 4 月破获的武汉市首例比特币盗窃案。国外很多国家都爆发过虚拟货币被窃类的犯罪。

四、立法及规制

当前,区块链技术的发展和应用大势所趋,虚拟货币可以有效填补现行货币交易体系的不足,显然,堵不如疏,区块链在金融创新方面的广泛应用需尽快纳入法律监管。

以日本为例,采取监管放开的态度,2017 年 4 月实施新修订的《资金结算法》,也被法律界称为"虚拟货币法",正式承认虚拟货币的法律地位,从而推动大量相关的国际投资涌入日本。日本在完善立法的同时,在税务、金融、外汇、市场等监管方面,也密集出台了相关配套法律及规定,初步形成了虚拟货币监管的法律体系。

我国法律对虚拟财产也有相关规定,具备进一步完善虚拟货币财产属性的空间。2017 年 10 月 1 日生效的《民法总则》第一百二十七条规定:法律对数据、网络虚拟财产的保护有规定的,依照其规定。司法实践中,各地法院在此类案件审理中，已经有很多确认虚拟货币财产或货币属性的案例，例如武汉市首例比特币盗窃案、刘某等私自转走并变卖客户比特币构成诈骗罪案等。

因此，笔者认为，可以在以下几方面完善立法及监管体系：

（1）条件成熟时，制定《虚拟货币法》，全面完善相关专门立法。

（2）修改、完善刑法、民法（物权法）、合同法（智能合约）、公司法（如区块链技术应用在公司登记及监管效力），另外区块链技术应用，也需要在证券、担保、货币、外汇管理、银行、保险等金融监管规则方面进行完善。

（3）特区或地方立法，可以在特区等地，鼓励区块链技术在金融及其他领域应用创新，通过地方立法，摸索和积累监管经验，并在全国逐步完善。

自动化决策工具在司法领域中应用的问题及对策

马克伟　孙晓琳　北京观韬中茂律师事务所

一、自动化决策工具在司法中的应用

在一场与人类的对战中 AlphaGo 一战成名,人工智能(Artificial Intelligence)引起了公众注意。AI 正在给人类社会带来巨大变革,司法系统也在积极探索在司法领域中运用 AI 技术,各类 AI 技术正在成为司法的辅助,除了使司法程序更加高效便捷、人性化之外[①],AI 也开始逐渐影响法官做出判决,从而影响公民个人的实体法律地位,其中最具代表性的就是司法系统中的自动化决策工具。

自动化决策工具(Automated Decision System,以下简称 ADS)是用来做出决策或辅助人类决策的计算程序,包括源于机器学习、统计、其他信息处理工具或 AI 技术的程序。在这样的定义下,司法领域中的 ADS 范围广泛,一切辅助司法人员做出决策的程序都在其中,既包括在起诉、裁判中检索法规、案例用到的检索程序,也包括在给定前提条件的情况下对案件结果或某个特定事实做出分析预判,给司法人员提供参考的程序。实践中,针对法律检索的智能程序开发一直是法律科技研究的重点领域。[②] 另一种预测性分析技术在实践中的应用虽还不及检索工具普遍,但司法系统中也在进行积极探索。美国司法实务中,一种算法在刑事诉讼程序中广泛使用以预测犯罪嫌疑人的再犯率、在开庭日出庭的概率,影响法官做出关于保释、量刑和假释的决定。[③] 我国在大力推进“智慧法院”的过程中也提出了开发建设量刑智能辅助系统,准备建立全国性的法院量刑智能辅助系统,运用大数据、AI 辅助法官办案,实现量刑现代化。

将 AI、大数据等 ADS 引入司法系统能带来的积极影响显而易见:一方

---

① 语音转换系统的引入使书记员在庭审中的工作从速记变成了检查和排版,从而提高了庭审效率;面部识别系统使远距离视频庭审中的身份确认难题被解决,立案大厅的导诉机器人为当事人咨询和立案提供便捷。

② 国内外在智能法律检索领域都做出了探索,并取得了一些实绩,例如号称世界首个机器人律师的 ROSS 就是基于 IBM 的 Watson 系统的智能检索工具。见曹建峰:《法律 AI 十大趋势》,http://www.sohu.com/a/162390641_455313,访问时间:2019 年 7 月 19 日。

③ 李本:《美国司法实践中的 AI:问题与挑战》,《中国法律评论》2018 年第 2 期。

面,更加智能的检索工具帮助司法人员更高效地进行检索从而提高司法效率;另一方面,预测性分析在办案中能为司法人员提供相对客观的裁判标准。尤其在我国实行新一轮司法体制改革后,对司法裁判的质量监控体制在员额制改革中被剔除导致案件裁判的质量无法保证,ADS能用来保证案件审判质量与统一裁判的尺度。①

二、自动化决策工具在司法应用中产生的问题

虽然将 ADS 引入司法审判中有诸多优点,但与之相对,其在应用中可能产生的消极影响也绝不能忽视。在司法领域中应用 ADS 还有三个重要问题亟待解决:如何实现公平、如何实现透明化以及如何对自动化决策进行问责。

(一)如何实现 ADS 中的公平

司法活动的展开以实现公平与正义为最终价值追求。在司法系统中发挥作用的 ADS 会影响当事人实体法律地位,所以也必须与司法活动的价值追求相一致。

但作为客观存在的技术本身,算法或 AI 并不天然具有追求公平正义的价值取向,想要使其结果更加公平需要人为进行干预。但"公平"和"正义"实际上是难以量化为具体算法的概念,通过加入一个"公平正义"算法模块就能一劳永逸地让 ADS 产生的结果变得公平在现有技术条件下还很困难。所以 ADS 中的公平和正义应该在实践中通过对各个可以量化的具体问题不断纠错、矫正的方式来逐步实现。

算法的偏见是实现公平正义的障碍。人们本期望着引入 ADS 会让法官断案有更客观的标准可参考,从而克服由于法官潜意识中的偏见带来的"同案不同判"问题。但事实上算法本身可能并不中立。首先,算法是由人类设计的,设计者潜意识中的偏见可能会通过设计程序投射到其制作的产品中;其次,算法在数据训练中,在没有人为矫正的状态下会自动习得现实中已经存在、且反映在训练数据中的偏见。隐藏在算法中的偏见比法官个体存在的偏见更可怕,因为一旦不公平的算法成为司法决策的标准,其影响的个体远比一位法官的偏见影响范围广。

(二)如何实现 ADS 的透明化

当一项技术影响到实体权利时,程序的透明度是公众接受度的一个重要影响因素。理解人类做出的决策与理解自动化决策的方式不同:当法官做出司法决策时,会通过司法文书将自己的思考和推理过程公之于众,阐明在给定一些具体事实和法律的情况下是如何推导出最后的结果的。公众可以通过阅读文书理解法官的决策,当对结果不满意时,也能清楚地知悉在法律推

---

① 钱大军:《司法 AI 的中国进程:功能替代与结构强化》,《法学评论》2018 年第 5 期。

导的哪一环节出现差错导致了错误的结果。但对 ADS 而言,算法是科技公司的技术秘密,因此要求科技公司向社会公众公开全部算法细节极为困难。退一步讲,就算将算法细节全部公开,知识和技术壁垒也会使大部分人无法理解 ADS 决策的原理。算法就像一个黑箱,人们只能看到给定的条件和获得的结果,中间的运算过程无人知晓。

(三) 如何对自动化决策结果进行归责

人们对法官的裁判不满意时可以选择上诉,但若对自动化决策结果不满意,是否能对决策工具进行司法审查? 为了避免未成熟的算法出现错误影响公民的实体法律权利,使公众对 ADS 的接受度更高,对决策工具的结果进行审查是必要的。

但若要进行审查又会遇到诸多新问题。首先是谁来审查? 要求司法人员懂得算法技术是强人所难,若聘请专业技术人员进行审查,技术人员需要进行什么程度的审查? 是检验运算过程中有没有出错,还是算法设计中是否存在漏洞? 如何确认自动化决策结果在司法层面上的正确或错误? 由于知识壁垒,人们是否能理解并接受审查的结果? 由于算法的不透明,审查过程及结果也会有一定程度的不透明性,人们又能否接受这样不透明的申诉结果?

退一步讲,假设克服以上种种问题,在对决策工具进行审查并发现了其中的错误时,应该对谁进行问责? 是决策工具的开发者还是使用决策工具的司法人员? 如何对使用有错误的决策工具做出的决定进行纠错?

三、现有技术下解决问题之对策

公平性、透明性、可问责性是自动化决策工具在司法中应用不可绕过的问题,因此,如何在现有技术背景下尽可能减少这些问题带来的消极影响对自动化决策工具的司法应用探索能否继续推进至关重要。

(一) 技术上寻找解释算法的新方式

对算法进行解释是在不公开算法细节的前提下提高 ADS 透明性的可行方法。谷歌公司最近发布了名为“TCAV”的新技术用于解释算法,能直观地显示神经网络模型运算所依据的概念及比重。TCAV 技术能够将人类能理解的高级概念在算法运作中的权重表现出来,比如模型中的性别、年龄等要素在模型运作中的占比情况。[①] 当通过此类技术发现算法模型中出现了本不该考虑的要素从而产生偏见时,对该要素的发现和剔除可以矫正算法中的偏见。另外,此类技术使普通人即使在没有知识背景时也能够更加直观地理解算法的“想法”,因为它在输入条件和输出结果中加入了对推导步骤的解释,将降低普通人理解算法的门槛,提高程序的透明度。

---

① 王焕超:《如何让算法解释自己为什么“算法歧视”》,http://www.sohu.com/a/320327149_455313,访问时间:2019 年 7 月 25 日。

（二）维持人类在司法决策中的主导地位

技术的进步在未来可能会弥补自动决策工具在公平性和透明性上的不足，但在新技术研发成功应用于司法实践之前，在现阶段采取何种态度对待自动决策工具是当务之急。诚然，ADS 给出的结果对司法人员做出决策有一定的帮助，但在诸多问题没有得到有效解决的情况下，公众更倾向于相信人类工作人员。司法工作人员应当在司法决策中起主导作用，对于自动化决策的结果，司法人员应自由裁量是否采纳，多大程度上采纳，并将参考自动化决策的过程与理由显示在文书中。这样可以充分发挥 ADS 的辅助作用，同时肯定司法工作人员的自由裁量，解决完全依赖自动化决策时归责受到重重阻碍的难题。

（三）推动法律＋技术的复合型人才培养

AI 技术在各个领域中的应用都预示着技术深入社会生活已是大势所趋。未来司法领域中，ADS 的广泛应用是可以预见的。为了提高司法人员应用技术的水平，以做到能及时发现 ADS 的问题，更好地解释、参考和运用自动化决策，司法人员应不断学习，提高使用技术的水平。另外，要加强推动法学教育改革，培养法律和 AI 的复合型人才，以满足在 ADS 设计中对复合型人才的需求，从而提高司法系统中的 ADS 设计水平，以更好地适合司法应用的要求。

构建智能化行政执法新模式

刘　萍　广东特力律师事务所

我国 1978 年开始改革开放,经过四十多年的风雨历程,发生了举世瞩目、世界公认的巨变,同时行政法治建设也积累了大量的经验。2014 年 10 月在北京召开的党的十八届四中全会通过了《中共中央关于全面推进依法治国若干重大问题的决定》,要求"加强互联网领域立法,完善网络信息服务、网络保护安全、网络社会治理等方面的法律法规,依法规范网络行为"①,要求深化行政执法体制改革。2015 年李克强总理在两会报告中提出了"互联网＋"行动计划,推动大数据、云计算、物联网、移动互联网等技术进一步应用于政治、经济、社会生活等各个部门。党的十八届五中全会提出要加强和创新社会治理,推进社会精细化,构建全面共建、全民共享的社会治理格局。信息发展对社会生活的各方面带来了巨大影响,催生了一系列新的社会关系形态,也逐渐改变人们的行为方式,对国家治理的理念、方法也带来了巨大的挑战。行政执法是社会治理的重要方式,将大数据、智能化运用于行政执法,是政府创新社会治理的重要手段,是进一步提高行政执法效率和规范化水平的迫切要求,是大数据时代法治建设创新发展的需要,也是全面推进依法治国实现法治创新的重要环节。

一、行政执法中存在的问题

(一)关于"行政执法"

对于"行政执法",一般情况下理解为狭义的行政执法,指的是依职权行政行为;②广义的行政行为,包括了依职权行政行为,还包括依申请的行政行为。《中共中央关于全面推进依法治国若干重大问题的决定》中的"行政执法",包含了行政许可、行政处罚、行政征收、行政收费、行政强制、行政检查等执法行为。国务院办公厅于 2019 年 1 月印发的《关于全面推行行政执法公示制度执法全过程记录制度重大执法决定法制审核制度的指导意见》(国办发〔2018〕118 号)(下称"指导意见"),从其内容看,行政执法三项制度采纳的是

---

①　《中共中央关于全面推进依法治国若干重大问题的决定》,由中国共产党第十八届中央委员会第四次全体会议审议通过,于 2014 年 10 月 20 日至 23 日召开。

②　袁雪石:《行政执法三项制度的背景、理念和制度要义》,《中国司法》2019 年第 2 期。

广义的"行政执法",对该《指导意见》综合分析,其中的"行政执法"就是具体行政行为。

(二) 我国行政执法中亟待解决的问题

因大数据、智能化时代的到来,对长期形成的传统行政执法体制形成了新的挑战。

第一,从立法层面看,智能化行政执法的法律法规不健全,导致执法依据不足。虽然有些部门出台了部门规章和法律文件,促进了智能化行政执法的实施,但仍缺乏较高效力位阶的法律规范出台,导致法律执行效力过低。从已有的法律文件来看,部分内容的可操作性有待于改善。

第二,在行政执法信息化方面,有不少问题有待解决。一方面各部门行政执法信息化没有畅通交流,形成信息孤岛,而执法机构信息公开不全面,执法信息公开缺少互动,信息资源未能充分有效共享整合,对于行政相对人而言,获取和利用政府信息需付出较高的成本,获取信息缺乏制度保障[①]。

第三,当前行政机关人员少、事情多、任务重、发现线索难、执法成本高。行政机关的案源主要来源于上级交办、行政检查、投诉等方式,行政检查是获得案源的主要方式,但行政检查可能影响企业的正常经营活动,不利于营造公平竞争的发展环境。要解决这些难题,需要向科技要生产力[②]。

第四,虽然大部分行政处罚是依法依规进行的,但是与大数据时代行政执法规范化的要求还存在一定距离,在行政处罚过程中尚存在着执法随意、处罚滥用、超越职权、裁量随意的情况,比如作为或不作为有较大的解释空间,处罚不规范,以罚代刑,同案不同罚等等。而大数据、智能化为行政执法的公开化、规范化、科学化提供了资源和技术条件[③]。

第五,传统行政权力的监督主要是事后进行,难以做到同步监督,传统的层级监督模式无法适应新型服务型政府依法行政的要求,行政执法过程中人民群众的参与度较低。大数据、智能化的运用,对建立多元的政府绩效评估制度有积极意义,使行政权力监督过程更加透明,监督渠道更加多元化,为充分发挥公众的监督作用提供了支持。

二、构建智能化行政执法新模式

(1)进一步完善智能化行政执法相关的法律法规,以相应的法律法规体系促进大数据技术、智能化平台在行政执法中科学地、规范地应用。

十九大后进行了新一轮的国家机构改革,但缺少对智能化行政的科学全面的规划。大数据、云计算、物联网的发展及应用催生了新的社会形态,逐渐

① 崔璨:《论互联网对我国行政法治建设的挑战》,《法治与社会》2019 年 2 月(下)。
② 袁雪石:《构建"互联网＋"行政执法的新生态》,《行政管理改革》2016 年 3 月。
③ 贺译莘:《大数据时代行政执法精细化的逻辑、面向与进路》,《天水行政学院学报》2019 年第 1 期。

改变了人们的行为方式,对政府的治理方式也带来了冲击。就行政执法来说,智能技术的发展可以为行政执法的精细化带来便利,但也带来了各种挑战,全国范围内尚未形成充分有效的开发利用。因此,需要制定和完善相应的法律法规,对数据共享及智能化平台的构建、共享的方式及范围等加以明确,构建确保数据质量的法律制度,尤其是出台相关行政法规,对智能化行政进行统一规范和管理。

(2)2015 年 12 月中共中央、国务院印发的《法治政府建设实施纲要(2015—2020 年)》提出:"强化科技、装备在行政执法中的应用"。基于我国目前行政执法的现状,借助大数据、云计算平台、物联网、移动互联网等技术建立统一的智能行政执法平台,能节约成本,提高效率,打破行政执法部门信息孤岛,实现一体化、信息化、系统化的执行执法大数据智能平台。

(3)强化行政执法大数据的应用。

2018 年 10 月 31 日在中共中央政治局就人工智能发展现状和趋势学习中,习近平总书记指出:要加强人工智能同社会治理的结合,开发适用于政府服务和决策的人工智能系统,加强政务信息资源整合和公共需求精准预测,推进智慧城市建设,促进人工智能在公共安全领域的深度应用,加强生态领域人工智能运用,运用人工智能提高公共服务和社会治理水平[①]。通过对行政裁量标准的细化、量化、幅度、范围等大数据分析,对执法程序进一步优化,减少自由裁量环节,提高效率,统一裁量标准。另外通过对行政执法大数据的分析,为行政决策提供数据支撑,对行政执法案件的趋势做出统计和预测。

三、构建智能化行政执法新模式的积极意义

(1)智能一体化的行政执法平台,将各部门的行政执法信息进行整合,数据可以共享,可以建立实时互通的信息共享平台和大数据库,避免信息孤岛。平台对执法程序的分析,可以实现对执法程序的流程化规范与管理;对执法依据及执法信息的大数据分析,可以自动生成相应的法律文书,对于统一执法标准具有积极作用,避免程序违法及执法不规范的问题,提高执法效率[②]。

(2)利用大数据及云计算为基础的智能一体化行政执法平台,为群众有效行使监督权和参与权提供了有力的保障,它不仅仅改变了我们的生活习惯和商业模式,还改变了政府以往的公共治理模式。有效的监督能保证权力在阳光下运行,借助大数据、智能化的平台,有利于促进公众行使监督权,加强与公众的沟通交流,为人民群众行使监督权和参与权提供了有力的保障[③]。

(3)利用智能一体化的大数据平台,可以积极推进行政执法的裁量标准。

---

① 《习近平:推动我国新一代人工智能健康发展》,中华人民共和国网络安全和信息化委员会办公室网站 http://www.cac.gov.cn/2018 - 10/31/c_1123643315.htm? from = groupmessage。
② 王敬波:《"互联网＋"助推法治政府建设》,《国家行政学院学报》2016 年第 2 期。
③ 蔡卫忠:《论"互联网＋"背景下的法治政府建设》,《山东社会科学》2018 年第 3 期。

十八届四中全会首次将建立健全裁量权基准制度上升到了国家战略层面，但实践中如何对行政裁量权基准进行科学及合理的定位，借助智能一体化的平台，对行政执法大数据进行分析，可以形成精确的规范合理的执法裁量基准。

四、总结

大数据、人工智能对于推进产业深度融合起到加速的作用，大数据、云平台建设深化了城市各类数据的融合及公共服务水平的提升。智慧城市建设将各种信息数据汇集，逐步推进人口、交通、规划、国土等多源数据的智能汇集和动态的关联，为智能化行政执法提供了良好的基础和可能性。[1] 新形势下，国家机关在行政执法时，须创新执法方法以适应新时代的要求，提高服务水平。身处新的时代，面临新的形势，行政机关须迎难而上，加速行政法治改革的步伐，适应大数据时代更广泛、更深层的共享和开放。

---

[1] 中国互联网协会：《2017 年中国互联网产业发展综述与 2018 年发展趋势》，《互联网天地》2018 年1 月。

"踢群第一案"管辖之我见

田子军　曹丽萍　广东踔厉律师事务所

一、案情概要

山东省平度市人民法院立案庭法官刘德治私人建立的微信群,供不特定律师和法律工作者相互交流、讨论诉讼和立案方面有关问题。柳孔圣是该群群员。2018年6月7日,群主发布《群公告》,主要内容为:请大家实名入群;群宗旨主要交流与诉讼立案有关的问题;群内不准发红包;群内言论要发扬正能量,维护司法权威;违者,一次警告,二次踢群。

2019年1月21日,柳孔圣先后在群内发布与诉讼立案无关的视频及评论,在刘德治提醒其注意言行后未予理睬,并与群成员何某在群内发生争执。经刘德治再次提醒后,仍继续发布相关言论。当晚,刘德治将柳孔圣移出该群。柳孔圣不满,讼至莱西法院。

柳孔圣诉称:其在群内的言行保持在正常水平,群主刘德治以莫须有的理由无端移出群聊,并禁止其再度入群,刘德治的行为严重损害了柳孔圣的声誉。请求:①要求刘德治通过书面形式或视频形式赔礼道歉;②要求刘德治赔偿精神损害抚慰金2万元。

刘德治答辩称:柳孔圣被移出群聊是群主的个人行为,应驳回其起诉。首先,从该群的性质和目的看,该群是个人建立的,目的是供不特定的律师和法律工作者相互交流、讨论诉讼和立案方面的有关问题。将发表不当言论的柳孔圣移出群聊是群主对本群进行管理的自治行为,符合群规。其次,刘德治没有侵犯柳孔圣的任何权利,不应承担侵权责任。刘德治将柳孔圣移出群聊的行为不是侵权行为,没有损害事实、过错和因果关系,不符合侵权责任的构成要件。

法院认为:

(1)互联网群组是网民在线交流信息的网络空间,是弘扬社会主义核心价值观、传播社会正能量的重要载体。社会主义核心价值观写入民法总则,包括网民在内的各民事主体应共同遵循。群组创建者、使用者都应坚持正确导向。群组使用者通过在线交流信息,启迪思想、温润心灵、陶冶人生,符合广大网民共同利益和美好生活需要。本案所涉群组设立群规,明示群内言论要发扬正能量、维护司法权威,值得肯定。

（2）网络无限，行为有度。用户在线，规则也在线。本案所涉群组内的成员，均为法律职业者，应带头维护清朗网络环境，使群组内天朗气清、惠风和畅。刘德治使用互联网平台赋予群主的功能权限，将其认为不当发言的柳孔圣移出群组，是对"谁建群谁负责""谁管理谁负责"自治规则的运用。

（3）矛盾纠纷是多样的，解决机制是多元的。本案中，群主与群成员之间的入群、退群行为，应属于一种情谊行为，可由互联网群组内的成员自主自治。本案中，刘德治并未对柳孔圣名誉、荣誉等进行负面评价，柳孔圣提出的赔礼道歉、赔偿损失的主张，系基于其被刘德治移出群组行为而提起，不构成可以提起本案侵权民事诉讼的法定事由，不属于人民法院受理民事诉讼的范围。

法院据此作出上述裁定，宣判后，双方当事人均当庭表示不上诉。

至此，因将成员移出群聊而被告上法庭的首个案例告一段落，在当前互联网群组越发持续、稳步增长的信息网络时代，此案例中各方的主张是否具备法律依据、现实需求或者说需否引起公众的重视？法院的裁判理据能否站稳脚跟进行推广应用？值得思考。

二、情谊行为的界定

（一）情谊行为的概念

"情谊行为"一词源于德国的判例法，其后该国法学家梅迪库斯在其《德国民法总论》中称其为"社会层面的行为"[1]。英美法中则称为"君子协定"，在我国台湾地区情谊行为习惯称为"好意施惠"[2]。实际上，情谊行为在我国民法学上也不是一个有确定含义的概念，通常认为情谊行为是指行为人以建立、维持或者增进与他人的相互关切、爱护的感情为目的，不具有受法律约束意思的，后果直接无偿利他的行为[3]。

（二）情谊行为的特征

1. 无偿性

无偿性主要体现在双方当事人对价的不对等，即一方当事人为给付，却并无取得对待利益之目的；而行为相对人享有该行为所带来的利益，亦无需向对方偿付相应之对价[4]。情谊行为是行为人的单向付出，这种给付行为是非法律性的义务行为，接受这种行为付出的对方无需向对方为对价给付，而是一种感情上无形的互动。

---

[1] ［德］迪特尔·梅迪库斯：《德国民法总论》，邵建东译，法律出版社 2013 年版，第 148 页。

[2] 王泽鉴：《债法原理》，北京大学出版社 2009 年版，第 156 页；黄立：《民法债编总论》(修正第三版)，台湾元照出版有限公司 2006 年版，第 15 页。

[3] 王雷：《论情谊行为与民事法律行为的区分》，《清华法学》2013 年 7 月，第 157－172 页。

[4] 王雷：《民法学视野中的情谊行为》，北京大学出版社 2014 年版，第 21 页。

2. 动机的利他性

情谊行为给付人实施该行为是为了对方当事人的利益,而不是为了自身利益,是以增进双方情谊为目的,这是施惠方基本的意思表示,即动机的利他性。当然,实践中行为实施利他的同时附有自利动机也并不少见,如农村常见的互相帮工行为[①]。

3. 无受法律约束之意思

情谊行为双方当事人之间虽然对行为形成一定的合意,但缺乏受法律约束之意思,故意思表示不具备法律性质,行为便不会产生法律后果,不形成实质的权利义务关系,所以施惠行为就不能算作法律上的给付。

单纯情谊行为本身不属于民事法律行为,而是处于法律调整范围之外的纯粹生活事实。

(三)情谊行为与民事法律行为的区别

所谓法律行为,指以意思表示为要素,因意思表示而发生一定司法效果的法律事实。情谊行为和民事法律行为都存在纯粹生活事实意义上的"意思表示"一致(合意),区分情谊行为和民事法律行为也须首先从民事法律行为的内部构成要素角度入手,展现二者在构成要素上的本质区别。

民事法律行为与情谊行为之间的核心区别在于,行为人在民事法律行为中具有受到相关法律拘束的意思,但是在情谊行为中却没有这个意思,继而情谊行为因缺少法律行为核心要素意思表示中内心意思的表示意思而与法律行为进入不同的规制范畴。

三、情谊侵权行为

(一)情谊侵权行为概念

情谊行为分为纯粹的情谊行为和转化的情谊行为两类,其中情谊侵权行为即属于转化的情谊行为。纯粹的情谊行为只是人们在日常生活中的社交互动行为,不会产生法律上的权利义务,如共同饮酒等。若因情谊行为使一方利益受到损害,需要通过法律进行救济,情谊行为就在性质上发生转化,成为法律规范和调整的对象[②]。所谓情谊侵权行为是指在情谊行为实施过程中发生的行为人对相对方造成侵害的侵权行为,一旦造成损害后果且符合侵权责任构成要件即可能转化为情谊侵权行为,进入法律调整的范畴。

(二)情谊行为侵权责任的构成要件

1. 行为

侵权责任的产生,需要行为人实施一定的加害于被侵权人民事权益的不

---

① 王雷:《情谊行为基础理论研究》,《法学评论》2014 年第 3 期。

② 邱雪梅:《情谊侵权行为初探》,《佛山科学技术学院学报(社会科学版)》2010 年第 4 期,第 20 页。

法行为。情谊行为中,行为人实施的行为违反了对接受其情谊行为的受惠人应具有的合理注意义务或者安全保障义务,从而导致他人权益受损,其并不存在故意侵犯他人合法权益的可能性,从而应当是应履行积极义务但未履行或履行不到位导致的侵权。

2. 主观存在过错

行为人在侵权行为中具有过错,这是构成侵权行为的主观要件。情谊行为因其产生的特殊性一般不会存在故意的情况,过失是侵权的唯一主观状态。但单从主观方面考察行为人是否具有过失往往无从得知,故应采用客观的标准去衡量,即主观过失的客观化。具体而言,如果行为人没有尽到一个善良管理人的注意义务,说明行为人具有过失,如好意同乘关系中,行为人应达到一个正常开车司机通常所具的智识能力,不能以个人心情不好、妻儿遭绑架,心力交瘁等理由而不负通常的驾驶人员所应具有的注意程度。当然,如行为人已尽到自己的注意义务,则行为人没有过错,自然也就不用承担责任。

3. 客观损害事实

情谊侵权行为的损害事实是行为人在情谊行为中给他人造成了人身或财产权益的损失,这既是侵权行为的构成要件,也是侵权责任的前提条件,如果没有发生损害事实,情谊行为就不会转化为情谊行为侵权。

4. 过错与损害之间存在因果关系

即情谊行为中受惠人的权益损害是由施惠人违反了注意义务的侵权行为所引起。

四、伴有侵权行为的"踢群"情谊行为

群主将缺乏共同价值观的成员移出群,属于群主的个人情感偏好选择,他人不能强求,此行为完全属于自治行为,为不可诉行为。但是如果群主以具体的事例来评价群员的行为属于"不当言论",则是否可能损害群员的名誉?本案中,群主起初出于方便法律工作者在该法院立案而建群的行为、在群里指导群成员立案的行为、各群成员自愿入群退群的行为均是情谊行为,群主在主观上并没有为自己建群行为、指导行为受法律约束的意思,群成员亦没有自己的提问交流、自愿入退群行为被法律牵制的想法。可是,随着群的不断发展,尤其在该群渐渐的演变成默认的平度市人民法院立案庭的类官方微信群时,在群已经需要制定更多的群规来约束群员,使群沿着建群宗旨更长远的有序维持发展时,有关此群的相关自治行为依然完全是情谊行为吗?当然,绝大多数情况下群自治行为仍然是情谊行为,不属于法院主管范围,法律也不应施予过多的干涉。但是,群自治行为的性质是动态的,不会是一成不变的绝对情谊行为。如果片面地认为所有群主与群成员的行为均是情谊行为而将救济途径拒之于法庭门外,则显然过于教条,也不符合客观事

实。毕竟，如前文所论述，好心办坏事的情况，是可能会导致法律纠纷事件的发生。情谊行为实际上亦是处于纯粹生活事实与法律事实、民事法律行为与事实行为之间，生存在法律背影之下，即使完全否认情谊关系具有法律关系属性也不得不承认法律实际上以多方面的形式与情谊行为相关联。

　　落实到本案，涉案微信群从建立至今，由于群主的身份、群的性质、群员构成等因素，所以不能说该群是平度市人民法院的官网，但是该群确实在该地区涉及立案方面具有较高的声誉度、较高的权威，因此，群内的行为在当地的法律圈子中具有较大的影响力。群员谨言慎行，群主包容谦抑和蔼应当成为群的行为规则。群主作为这一自治空间的管理者，对于屡教不改的群员，运用"谁建群谁负责""谁管理谁负责"自治规则，是可以施予一定的惩罚的，惩罚的手段是否合理另当别论，但法庭认为"群主与群成员之间的入群、退群行为，应属于一种情谊行为，可由互联网群组内的成员自主自治。本案中，刘德治并未对柳孔圣名誉、荣誉等进行负面评价，柳孔圣提出的赔礼道歉、赔偿损失的主张，系基于其被刘德治移出群组行为而提起，不构成可以提起本案侵权民事诉讼的法定事由，不属于人民法院受理民事诉讼的范围"，笔者认为这一论述尚有可探讨的空间。

　　前文已有论述，法律实际上以多方面的形式与情谊行为相关联，法庭认为刘德治把柳孔圣移出群组的行为是情谊行为，继而柳孔圣基于该情谊行为提出的赔礼道歉、赔偿损失的主张不构成可以提起侵权民事诉讼的法定事由，不属于人民法院受理民事诉讼的范围。照此逻辑，基于情谊行为衍生的后果是一概不属于法律管辖的范围的，笔者认为这恐怕有悖于采取主客观结合的动态判断标准认定情谊行为及伴生的后果性质的法律原则的。由于该群的特点决定了其在当地具有较高影响力，即是说，任何群员被该群踢出，都可能在当地的法律共同体中引起不小的反响，其影响可能是正面的，也可能是负面的。如果是负面的，则可能构成对相关当事人的名誉损害。名誉侵权属于一般侵权行为，适用过错责任原则。是否构成侵害名誉权的责任，应当根据受害人确有名誉被损害的事实、行为人行为违法、违法行为与损害后果之间有因果关系、行为人主观上有过错来认定。对于是否构成侵权不是本文要讨论的话题，但是法院不展开调查（不属于法院主管的事项）就无法得出是否构成侵权的结论。

五、本案处理结果、处理路径分析及适当路径选择建议

　　就案件结果而言，双方都没有上诉，因此，从定纷止争角度看，案件的结果是获得当事人的认同的。但是，案件处理的路径选择——从程序上认定不属于法院应当管辖的行为，而非从实体上分析是否构成侵权，是否存在遗憾？

　　如前所论述，刘德治的"踢群"行为是否在众群员面前对柳孔圣作出了负面评价，即对柳孔圣的名誉造成侵害是需要法庭深入调查才能得出结论的，

如果柳孔圣认为其名誉被侵害,则法庭应当主管此事,否则无法给柳孔圣一个交代。根据《民事诉讼法》第119条有关起诉需符合的条件"(一)原告是与本案有直接利害关系的公民、法人和其他组织;(二)有明确的被告;(三)有具体的诉讼请求和事实、理由;(四)属于人民法院受理民事诉讼的范围和受诉人民法院管辖",显然,柳孔圣已满足了人民法院受理民事诉讼案件的要求。

法庭一方面认为群主与群成员之间的入群、退群行为,应属于一种情谊行为,即属于法外空间,一方面又强调网络行为(涵盖有群主与群成员之间的入群、退群行为)不是法外之地;在认为柳孔圣不构成可以提起本案侵权民事诉讼的法定事由,即不满足立案的形式要件,应该从程序上将柳孔圣对网络行为的维权行为拒于法庭之门外的同时,又对涉案群组设立群规的行为性质、刘德治的群自治等行为进行了实体的认定,实属矛盾。笔者认为,程序公正是法律正义实现的首要条件,只有程序是公正的,实体公正才有可靠性。

本着有案必立、有诉必理的原则,具体到本案,柳孔圣因被踢群而可能遭受的声誉的负面社会评价,已经超出情谊行为"好合好散"的期待后果,此种情形下,接受受害嫌疑人的申诉是法庭的义务。可法庭却将其对网络行为的维权行为阻挡于法庭之门外,直接剥夺了柳孔圣的程序救济权利,此裁定实难让人心服。笔者认为,受理柳孔圣的诉求,采取主客观结合的动态判断标准,在审理时结合事实、证据、双方的论述等对微信群网络空间的网络行为、情谊行为、由情谊行为衍生的行为、柳孔圣提出的诉讼请求、刘德治的辩驳理由等作出实体认定,是更符合法制精神的。

六、总结

网络社交平台,如微信、QQ、微博等,作为当今人们普遍活跃的表达场所,已成为人际关系的交叉连接点,有相当程度的影响力和传播效果。因此,既要充分保障网友的言论自由,使之不会过分害怕来自政府、法律规范的惩罚,恐惧来自社会中道德、人际关系等压力而不敢不愿表达,也要严格限制其在随意、便捷表达自我以及表达对非我的看法时,侵犯到他人权益,违反法律法规,公序良俗。具体的,从法律、伦理和纪律角度分析构建指尖的表达边界,规范网络社交平台的信息表达,坚持"以保护与引导为主,惩罚为辅"的原则,笔者认为可以遵从以下三个方面:

第一,充分保障网络社交平台等类似即时言论软件言论的畅通表达,网络社交平台这一新兴的媒体言论平台,越来越多的公民热衷于在其中发表言论,体现出了其巨大的言论价值,管理者对待公民所享有的言论表达方式权利应该谨慎对待。

第二,网络社交平台作为移动网络时代的活跃者,适应了信息时代的需求,拓宽了公民言论表达的渠道,同样也为社会提供了真实的社会舆情,管理者能够借助网络社交平台中公民参与的社会群体事件收集并吸取各方面意见、建议等。因此,管理者与网络社交平台之间一种较为理想的关系就是能够相互促进,共同管理与发展。

第三,在提倡并努力建设法治社会,对待网络社交平台言论的管理,管理者应当按照法治的标准来保障网络社交平台的不同的合理合法的言论。法治最重要的标准之一是民主,能够充分尊重各方面的意见,因而在网络社交平台中可能存在不同的合理的声音与言论,这些声音、言论虽然激进或保守,也应当得到保障。

综上,互联网时代,各种新型的言论表达载体层出不穷,其所涉群体身份背景复杂多元,各群体交涉过程中亦交叉充斥着丰富的情谊行为、民事法律行为,随之而来的新颖纠纷亦频频涌现。对于互联网空间的规范管理更多的是需要行业自律与空间自治,但法院在处理此类案件时亦需清楚地界定情谊行为与民事法律行为,切不可让受害人维权无门,毕竟,网络空间并不是法外之地。

人工智能在医疗领域运用的若干法律问题

王晓燕　俞　冲　南通大学经济与管理学院

医疗机器人、智能药物研发、精准医疗、智能影像识别、个人健康管家领域等等，人工智能技术在医疗领域的应用场景越来越广泛，"人工智能＋医疗"的法律问题也逐步浮现。

一、医疗机器人的主体资格问题

Sandeep Rajani 教授在《人工智能：人或机器》（Artificial Intelligence-Man or Machine）一文中，将人工智能水平划分成四个不同的等级：弱人类级、强人类级、超越人类级、巅峰级。医疗领域中应用的大部分的人工智能技术产品属于弱人类级，以医疗机器人为例，最具有代表性的 IBM 公司达·芬奇手术机器人定位更偏向于是一种医疗辅助产品，外科医生可以借助这种医疗辅助产品进行更细致、精确的手术诊疗。此外，医疗领域中，用于训练的数据集的质量将直接影响到人工智能的学习成果，如果训练集存在偏差，人工智能系统所做出的决策将产生比训练数据更大的偏差，从这一意义上而言，人工智能医疗产品并不技术中立，设计者本身具有初始的引导地位。当然也有一小部分人工智能医疗产品属于强人类级，即智能水平比大部分人类要强，在诊疗活动中，能够起到大部分甚至是决定性的作用，医疗工作者甚至是辅助其进行工作。

但不管如何，在现阶段，医疗机器人的人工智能水平决定了其仍属于医疗产品，生产者、销售者、使用者的责任体系仍然适用。需要预测的是，医疗机器人如果具有更强的诊断能力同时具备了情感认知，那么，是否会对"被操控的设备"的状态产生负面情绪？是否应被赋予更多的决策权？此时经过深度学习、自我学习的医疗机器人实施的行为是否仍在设计生产者的预期之中，是否仍应由后者承担责任？更进一步，医疗机器人如果具有了独立意志，能在设计和编制的程序范围外自主决策并实施相应行为，是否也应如法人一般，成为民事责任主体，承担诸如删除数据、修改程序或永久销毁等新类型责任。

二、人工智能技术成果的知识产权归属和保护问题

不管是专门为自闭症儿童设计的 Cognoa App，还是综合性的平台春雨

医生,各类繁多的医疗产品应用 App 具有人工智能属性,但均属于计算机软件,享有著作权。而 Cardiolog Technologies 的心电图分析平台等是以云计算为基础的一种网络服务,作为一种技术解决方案享有专利权。这些属于传统的知识产权问题。

人工智能技术运用于医疗领域,对智能影像分析及新药研发领域应用更为深入,在医学影像分析中,人工智能产品通过大数据技术对比成千上万的影像数据作出的判断具有目前大部分甚至是全部专家医师都达不到的高精确率。这种大数据技术的运用,本质是对海量现有数据进行筛选和对比分析,这种筛选是一种新的可获得专利权的发明创造吗?人工智能技术在新药研发领域的应用与此类似,是对多种的药物成分进行分析测试,在更短时间内得出有效药物成分,其中应用的筛选、分析药物成分的技术作为一种新的技术方案,具有专利主体适格性,但其本质上具有创新性吗?

三、医疗大数据的安全与隐私权的保护问题

医疗机构几乎获知了公民的所有数据,除公民的一般个人信息,还包括公民在诊疗过程中的身体信息等,比如体征数据、过往病史、基因检测信息、诊疗记录、遗传史等,当然还有患者的化验数据、患者的描述,患者的住院数据、医生对患者的问诊数据、医生对患者的临床诊治、用药、手术等医疗数据。医疗大数据安全及其保护任务重大艰巨:机器学习需要使用大规模医疗数据,这些数据在使用前后是否会造成数据泄露,对个人隐私产生影响;同时,由于各种服务之间不断交换交易数据,个人对其数据的管理被弱化;甚至,人工智能医疗产品与服务的全球化是否也会产生数据的跨境流动监管需求,特别我国作为重要的医疗大数据来源地、采集地。如果维护不当,不仅是个人信息的全面泄露,还会对社会公共安全甚至国家安全造成威胁。

2018 年 7 月 12 日国家卫生健康委员会颁布施行的《国家健康医疗大数据标准、安全和服务管理办法(试行)》("医疗大数据管理办法")对健康医疗大数据的数据安全和公民个人隐私的保护作出了框架规定,特别提出了医疗大数据责任单位(医疗卫生机构和相关企事业单位)在数据采集、存储、挖掘、应用、运营、传输等多个环节中的责任要求。

四、人工智能医疗产品行政审批和监管制度

《医疗器械注册管理办法》(2014)、《医疗器械监督管理条例》(2017)对现有医疗器械以风险程度进行了划分,风险程度低的第一类医疗器械实行备案管理,风险程度中等及较高的两类医疗器械实行注册管理。有的人工智能医疗产品,如 AiCure App,利用手机摄像头监控患者的服药情况,风险程度相当小,只需进行备案管理;而如达·芬奇手术机器人等人工智能产品,直接参与手术过程,风险程度较高,实行注册管理,耗时可能达到 2～3 年。

　　一般而言,严格、复杂的审批流程,使医疗器械产品相对于其他产品周期长、难度大。如何使人工智能应用于医疗领域,并迅速落地,前置行政审批需付出较长的时间成本。

　　2018年12月1日国家药品监督管理局颁布实施的《创新医疗器械特别审查程序》一定程度上弥补了上述不足,对人工智能医疗产品的市场化有积极作用。以医达极星IQQA-Guide三维影像术中导航系统为例,该产品符合创新医疗器械的定义要求,从开始申请到注册完成,最短有可能在15周的时间内完成,与传统的医疗器械申请注册相比,节约了相当长的时间,使得人工智能产品可以更快上市,面向患者使用。

五、人工智能医疗产品使用过程中的归责原则问题

　　在人工智能介入医疗决策领域之后,可能会提高决策的准确性从而大大减少医疗失误。然而,通过将部分医疗决策转变为人工智能的算法,当医生由于算法错误而采取不适当的治疗措施时,谁应承担法律责任?如果AI诊断准确率比普通医生高,则使用该诊断系统始终是统计学上最好的选择。在这种情形下,医生的选择并没有错误,而AI诊断算法偏差也应归于系统误差,毕竟百分之百正确的诊断结果是不存在的。人工智能误诊不可避免,同传统医疗服务一样,它属于"不可避免的不安全产品"。AI诊断系统的错误如果符合医疗领域固有的规律,即过失程度在预计的风险内,则应归于系统误差。针对这类"产品"可以参照药物致损的归责原则,即因产品存在缺陷造成人身、缺陷产品以外的其他财产损害的,生产者承担赔偿责任,但生产者能够证明有下列情形之一的,不承担赔偿责任:①未将产品投入流通的;②产品投入流通时,引起损害的缺陷尚不存在的;③将产品投入流通时的科学技术水平尚不能发现缺陷的存在的。

六、小结

　　可以看出,现行的制度规则对人工智能在医疗领域应用产生的法律问题,尚可应对。当然技术革新带来的潜在风险势必存在,但仓促出台新的规范一方面未必真正具有针对性,另一方面可能遏制技术发展的进程。应当采取包容审慎的态度,给予人工智能更多一点时间及空间。正如美国国家标准与技术研究院(NIST)近日发布的关于政府如何制定人工智能技术和道德标准的指导意见中指出,人工智能的联邦标准必须足够严格,以防止技术损害人类,同时又足够灵活,可鼓励创新并使技术产业受益。此外,人工智能标准出台的时机也很重要,制定得太早,可能会阻碍创新;但如果来得太晚,那么行业就很难自愿地同意这些标准。